0745

Licenciamento Ambiental

ATUAÇÃO PREVENTIVA DO ESTADO À LUZ DA CONSTITUIÇÃO DA REPÚBLICA FEDERATIVA DO BRASIL

M149l   Machado, Auro de Quadros.

     Licenciamento ambiental: atuação preventiva do Estado à luz da Constituição da República Federativa do Brasil / Auro de Quadros Machado. – Porto Alegre: Livraria do Advogado Editora, 2012.

     154 p.; 23 cm.

     Inclui bibliografia e apêndices.

     ISBN 978-85-7348-807-4

     1. Direito ambiental. 2. Licenças ambientais. 3. Brasil. Constituição (1988). 4. Proteção ambiental – Direitos fundamentais. 5. Política ambiental. 6. Administração pública – Responsabilidade (Direito). I. Título.

CDU 349.6

CDD 341.347

     Índice para catálogo sistemático:

1. Direito ambiental   349.6

(Bibliotecária responsável: Sabrina Leal Araujo – CRB 10/1507)

Auro de Quadros Machado

Licenciamento Ambiental

ATUAÇÃO PREVENTIVA DO ESTADO À LUZ DA CONSTITUIÇÃO DA REPÚBLICA FEDERATIVA DO BRASIL

Porto Alegre, 2012

© Auro de Quadros Machado, 2012

Capa, projeto gráfico e diagramação
Livraria do Advogado Editora

Revisão
Rosane Marques Borba

Direitos desta edição reservados por
Livraria do Advogado Editora Ltda.
Rua Riachuelo, 1338
90010-273 Porto Alegre RS
Fone/fax: 0800-51-7522
editora@livrariadoadvogado.com.br
www.doadvogado.com.br

Impresso no Brasil / Printed in Brazil

Agradecimento

À Deus agradeço por tudo e pela vida incondicionalmente. Não posso deixar de agradecer a todos aqueles que comigo trilharam esta obra, especialmente os aqui nominados.

À **Angela**, esposa e amiga que pacientemente soube compreender os momentos de angústia e inspiração em que fiquei distante do convívio familiar.

À **Juliana**, minha filha amada, que muito tem me orgulhado em sua trajetória pessoal e profissional, que tenho certeza que em muito iluminará com seu talento, não só a mim e a minha esposa, mas a toda a comunidade jurídica.

Aos meus amados pais **Francisco** e **Maria**, exemplos de perseverança, dedicação e a certeza de que podemos acreditar em um mundo melhor e mais justo.

Às minhas amadas irmãs **Rose** e **Suzi**, sempre presentes em minha formação humana.

Aos **amigos** que sempre me incentivaram a trilhar o viés acadêmico, dando inúmeras sugestões para o desenvolvimento desta obra, em especial a minha querida tia Teresinha Gonzales Machado, Advogada brilhante que tive o privilégio de atuar em seu Escritório então no primeiro semestre da Faculdade de Direito, a toda a equipe técnica da SMAM – Secretaria Municipal de Meio Ambiente de Porto Alegre, primeira Secretaria de Meio Ambiente do país, que muito orgulha a comunidade ambientalista gaúcha, à Assessoria Jurídica da ASCAR – EMATER-RS, nas pessoas do Dr. Alexandre Yugueros Neto, Maria Marques Godoy, Ricardo Brito Velho, Arno Leo Eick, Jorge Arthur Morsch e a Edite Przyczynski, onde tive a oportunidade de conviver e aprender com eles, aos colegas da Procuradoria Geral do Município de São Leopoldo, na pessoa de seu Procurador-Geral, Dr. João Cacildo Przyczynski, agradeço a todos pelo convívio e por poder ter participado de inúmeras discussões jurídicas.

Ao amigo **Douglas Fischer**, que tenho o privilégio de ter sido seu colega nos tempos da Faculdade de Direito da PUCRS, quem sempre me incentivou a escrever esta obra e a ter consciência da sua importância.

Ao **Professor Carlos Molinaro**, que me tem ensinado o melhor caminho dos estudos e por apresentar inúmeras sugestões para o aprimoramento desta obra.

Ao **Professor Ingo Sarlet**, Coordenador dos cursos de Doutorado e Mestrado da PUCRS, que com sua polidez e inteligência vem conduzindo com brilhantismo os trabalhos e principalmente instigando os discentes a pensar o Direito.

Ao **Professor Orci Bretanha Teixeira**, pelo estímulo e pelo apoio dado, em especial pelos inúmeros debates travados sobre a questão ambiental brasileira.

À Editora por acreditar neste trabalho, especialmente ao Walter Abel Filho, amigo de longa data.

Aos estudantes dedico essa obra. Continuarei a esforçar-me para que, de alguma forma, o seu conteúdo possa ter algum impacto na melhoria da qualidade de vida de todos vocês.

Prefácio

É sempre uma enorme alegria apresentar o trabalho de nossos alunos do Programa de Pós-Graduação (Mestrado/Doutorado) em Direito da Faculdade de Direito da Pontifícia Universidade Católica do Rio Grande do Sul, pois eles são o resultado da excelência do ensino e pesquisa ali desenvolvidos. No presente caso, temos a imensa satisfação de enfatizar a relevância de um novo trabalho, o do Me. E Professor Auro de Quadros Machado.

O autor-pesquisador, buscou interrogar, no âmbito do Direito Ambiental, importante objeto: o Licenciamento Ambiental sob o enfoque da atuação preventiva do Estado à luz da Constituição de 1988; para tanto, elaborou ampla pesquisa sobre este, por vezes mal compreendido, procedimento administrativo. Trata-se de metódica e procedimento que oportuniza aos órgãos ambientais competentes, as condições para o licenciamento, a localização, instalação ou ampliação e a operação de empreendimentos, atividades e serviços que se valem de recursos ambientais (renováveis e não renováveis), ou de alguma forma neles interfere, pois considerados potencialmente contaminadores ou indutivos de degradação ambiental.

No proemio da introdução de seu trabalho Auro cita a bem articulada e suposta Carta-Resposta do Chefe Seattle, de 1854, enviado ao Presidente dos Estados Unidos da América, o "Grande Chefe Branco", sobre a oferta que lhe fora feita por uma grande área de território indígena e prometendo uma "reserva" para os índios. Este documento, de duvidosa redação e autoria, o que não importa para o nosso propósito, acabou por inaugurar o marco do que se tem entendido por "consciência ecológica", não pela precariedade de sua fonte, mas pela belíssima narração que revela, ao seu modo, o interfacial da vida na incomensurabilidade da natureza. Esta mesma "onsciência ecológica", este sentimento de pertencimento, é que reclama por regulação na sua acepção latina mais integral de *regula* (régua, reta simples, o que mede) para o verbo *regulo*, regular, dirigir, dispor, colocar em ordem, o que podemos encontrar na Carta de 1988 na atribuição que faz de um poder-dever de proteção ao ambiente ao Estado e de um direito-dever da coletividade em salvaguardar a qualidade ambiental para a nossa geração e àquela do porvir (art. 225).

Neste cenário, o autor examina o ato administrativo "licenciamento" (ou *licentia, ae* que é permissão e que confronta o *licentiosus* aquilo que é contra as regras) no que refere aos instrumentos de intervenção administrativa ambiental às instalações ou atividades susceptíveis de afetar à segurança, à saúde das pessoas ou ao meio ambiente. Para tanto ordena a pesquisa a partir da ideia de um Estado Socioambiental e Democrático de Direito que tem por objetivo unir os reclamos das necessidades decorrentes das relações socioculturais e econômicas às necessidades de proteção do complexo sistema ecológico de base física onde essas relações se dão, enfatizando a emergência dos direitos e deveres fundamentais ambientais postos em "xeque" com o binário "desenvolvimento econômico" e "sustentabilidade". Traz na sua pesquisa amplo debate doutrinário e pretoriano onde o tema é objeto das mais aprofundadas reflexões, examinando em particular as exigências de garantias e ações que estão atribuídas ao Poder Público, à Administração na prática da proteção ambiental. Aqui é de notar que as concepções de garantia foram as mais diversas no decurso do tempo, pendente a ciência que as estudava. No direito público, adquiriu significação metonímica, pendente ao tipo de seguridade envolvida ou a característica da proteção pretendida em favor dos governados num Estado de Direito. Uma das garantias – senão a maior – do cidadão e da cidadã está no respeito aos direitos humanos e aos direitos fundamentais devidamente efetivados, que lhes são atribuídos pela ordem positiva internacional e pela ordem constitucional do Estado. Entre esses direitos, está o direito fundamental à vida, bem como as condições de vivê-la dignamente. O direito ambiental, também fundamental, vale dizer, o direito ao gozo de um ambiente são e equilibrado, constitui-se como essencial à existência da vida como a conhecemos. Sua garantia, inclusive, a ultrapassa, para assegurar à vida vindoura, considerações estas que são bem analisadas pelo autor, percorrendo os princípios constitucionais em sede de direito ambiental, destacando o estado da arte na concretização destes princípios especialmente os da prevenção e precaução, publicidade, cooperação e do desenvolvimento sustentável pelos gestores públicos e sua importância para o êxito do licenciamento ambiental. Finalmente, o autor imerge no estudo propriamente dito do ato administrativo de licenciamento, examinando sua natureza jurídica, bem como os instrumentos que lhe dão fundo, o estudo de impacto ambiental, o relatório, o acesso a esses estudos, a publicidade e os meios, em especial a audiência pública, para então demonstrar que ou quais atividades estão sujeitas ao licenciamento ambiental.

Obras como a oferecida, agora, à comunidade acadêmica e ao público em geral, devem servir a nossa consciência para refletir que mais de cinquenta por cento dos recursos e serviços que brindam os ecossistemas do planeta estão degradados e que as consequências desta destruição podem agravar-se de maneira significativa nos próximos anos. A contaminação ou degradação da água doce, da pesca industrial e do ar e da água, dos climas regionais, que geram as catástrofes naturais e as pestes, são os recursos e serviços naturais mais ameaçados. Lembremos que a degradação dos sistemas aumenta a probabilidade de mudanças abruptas que podem afetar gravemente o bem-estar humano, com o surgimento de novas enfermidades, deterioração na qualidade da água, o colapso de reservas de pesca e mudanças na climatologia regional. Ademais, a concentração de dióxido de carbono na atmosfera aumentou muitíssimo, elevando os níveis de contaminação para patamares perigosos para o ecossistema global. De outro modo, tenhamos presente que a degradação dos ecossistemas afeta aos mais pobres e, em alguns casos, é a principal causa da pobreza. Atente-se que os países ricos não podem isolar-se dessa degradação, não há fronteiras, *e.g.*, para a contaminação do ar. Algumas mudanças nas políticas, internacionais e nacionais, poderiam reduzir o dano causado pela pressão sobre os ecossistemas. Contudo, se tratam de grandes transformações, não inteiramente possíveis atualmente, *e.g.*, a melhora da governança local e o ensaio de uma governança global; incentivos fiscais locais e internacionais; mudanças no modelo de consumo e de desenvolvimento; novas tecnologias não predadoras e não incentivadoras de dominação econômica; e, mais qualificada investigação para administrar melhor os ecossistemas. Entretanto, não podemos esquecer que nenhum progresso, até a erradicação da pobreza e da fome, a melhora da saúde e a proteção ambiental será sustentável, se a maioria dos recursos e serviços dos ecossistemas seguirem degradando-se. Daí a importância dos estudos – nas ciências ambientais, onde se inclui o Direito – sobre a proteção devida ao meio ambiente, âmbito no qual merece destaque o licenciamento ambiental, pois este consiste em um dos instrumentos mais importantes para a formulação da política de proteção ao meio ambiente, de modo especial para bem definir os direitos e deveres acometidos a todos, Estado e sociedade.

Para não alongar, não sendo nosso intento aumentar a distância entre o leitor e a obra ora apresentada, resta-nos, mais uma vez, parabenizar o autor e a editora por este oportuno lançamento, almejando que venha a obter a merecida acolhida, não apenas, mas especialmente na esfera jurídica, onde uma lufada de ares oriundos de outras fontes do saber cada vez mais se faz necessária.

Porto Alegre, abril de 2012.

Prof. Dr. Carlos Alberto Molinaro
Prof. Dr. Ingo Wolfgang Sarlet

Sumário

Introdução 13

1. O Estado Socioambiental Democrático de Direito 17

1.1. A construção do Estado Socioambiental Democrático de Direito 17

1.2. Direitos e deveres fundamentais de proteção ao ambiente 28

1.3. Desenvolvimento sustentável x desenvolvimento econômico 34

2. Poder-Dever do Estado de Proteger o Ambiente à Luz da Constituição da República Federativa do Brasil 39

2.1. Previsão constitucional de impor ao Poder Público e à coletividade o dever de defender e preservar o ambiente para as presentes e futuras gerações 39

2.2. A redefinição da supremacia do interesse público sobre o interesse privado: interesse primário 41

2.3. Controle da administração pública 46

2.4. Discricionariedade ou não da administração pública: o princípio da boa administração 50

2.5. Omissão do estado e consequências 59

2.6. Poder de polícia em matéria ambiental. Limites do poder de polícia 63

2.7. Controle judicial do licenciamento ambiental 69

3. Princípios Constitucionais Fundamentais em Matéria Ambiental 75

3.1. Cenário atual da concretização dos princípios 75

3.2. Princípio da precaução 80

3.3. Princípio da prevenção 86

3.4. Princípio da publicidade 88

3.5. Princípio da cooperação 91

3.6. Princípio do desenvolvimento sustentável 93

4. A Relevância do Licenciamento Ambiental em Busca do Equilíbrio 99

4.1. Natureza jurídica da licença ambiental 99

4.2. A constitucionalização do estudo prévio de impacto ambiental prevista no artigo 225, inciso IV, da Constituição da República Federativa do Brasil de 1988 107

4.3. O estudo de impacto ambiental e o relatório de impacto ambiental............114

4.4. Acesso ao estudo de impacto ambiental, publicidade dos atos administrativos e audiência pública..120

4.5. Atividades sujeitas ao licenciamento ambiental....................................123

Conclusão..127

Referências bibliográficas...131

Anexos

Constituição Federal – Capítulo VI – Do Meio Ambiente...............................137

Lei Complementar, de 8 de dezembro de 2011...138

Resolução do CONAMA nº 237, de 19 de dezembro de 1997.........................146

Introdução

> Tudo o que acontece à Terra, acontece aos filhos da Terra. Se os homens cospem no chão, eles cospem em si mesmos. Isto nós sabemos – a Terra não pertence ao homem – o homem pertence à Terra. Isto nós sabemos. Todas as coisas estão ligadas como o sangue que une uma família. Todas as coisas estão ligadas. Tudo o que acontece à Terra – acontece aos filhos da Terra. O homem não teceu a teia da vida – ele é meramente um fio dela. O que quer que ele faça à teia, ele faz a si mesmo.
>
> *Carta do Chefe Seattle* em 1854 enviado ao Presidente dos Estados Unidos da América.

Vivemos atualmente um frenesi socioambiental. Inúmeras nações estão atentas e preocupadas para de alguma maneira tentar minimizar o impacto no Planeta, seja o aquecimento global, a camada de ozônio ou o desmatamento desenfreado. As nações ricas não aceitam diminuir o ritmo de crescimento econômico, e as nações em desenvolvimento, entre elas o Brasil, não aceitam se comprometerem, assumindo o ônus de frear o desequilíbrio ambiental a qualquer custo.

Ora, o que nossos governantes não entendem é que o viés que a humanidade está se encaminhando, em que o desenvolvimento econômico está acima, e não ao lado da preservação ambiental, não há vencedores e vencidos. Não há mágica. Devemos sim buscar o desenvolvimento, mas preservando, minimizando assim o caos em Gaia,[1] pois todos somos partes de um todo.

Nesta senda que iremos desenvolver ao longo do trabalho, os deveres e os direitos fundamentais de proteção ao ambiente. O primeiro está contemplado na Constituição Federal no artigo 225, impondo ao Poder Público o poder-dever de proteção ao ambiente. Além do Poder Público, a coletividade também tem responsabilidade perante a Constituição Federal de proteger o ambiente em toda a sua amplitude. O direito ao ambiente está inserido na Constituição Federal como um

---

[1] A palavra *Gaia*, pela mitologia grega significa, "organismo vivo capaz de se autorregular".

Licenciamento Ambiental

princípio contemplando a dignidade da pessoa humana. Esta, por sua vez, se dá, por exemplo, com a concretização do direito que o cidadão tem de usufruir de uma qualidade do ar e da água saudável, em consonância com a Política de Ambiente em vigor no país.

Portanto, Poder Público e a coletividade, juntos, devem assegurar a qualidade ambiental para as presentes e futuras gerações. Neste contexto, o desenvolvimento sustentável e o desenvolvimento econômico devem andar de mãos juntas, afastadas ideias neo concebidas e livres de preconceitos e radicalismos de qualquer espécie.

A Constituição Federal deu *status* constitucional ao estudo prévio de impacto ambiental, previsto no ordenamento jurídico pátrio já em 1981,[2] em pleno Governo militar. Nos empreendimentos que apresentam significativo impacto ambiental, de acordo com as normas ambientais em vigor, é necessário a apresentação de um estudo prévio de impacto ambiental, acompanhado de um relatório de impacto ambiental. Trata-se de instrumento da Política de Ambiente em vigor que buscam assegurar de forma preventiva a minimização dos fatores de impacto no ambiente.

O processo de licenciamento ambiental é um processo administrativo posto à disposição dos empreendedores pelos integrantes do SISNAMA – Sistema Nacional de Meio Ambiente –, para se adequarem às normas em vigor. Se for necessário prevenir, que busquemos então a prevenção e a precaução. Tais princípios serão desenvolvidos no capítulo terceiro quando do momento de análise dos princípios constitucionais relevantes destacados no presente trabalho. Limitaremo-nos aos princípios da precaução, da prevenção, cooperação, do desenvolvimento sustentável, além da publicidade.

O procedimento adotado no presente trabalho foi o indutivo. A pesquisa foi realizada a partir da ideia de um Estado Socioambiental Democrático de Direito, em que estão presentes os direitos e deveres fundamentais, entre eles o direito ao ambiente. Também presente o farol orientador onde se esculpe a atribuição da dignidade ao humano, inserido no contexto em que se propõe do direito ao ambiente.

Um esclarecimento terminológico se faz necessário. No decorrer da dissertação, utilizou-se a palavra *ambiente*, que significa o lugar, sítio, recinto, espaço que envolve os seres vivos ou as coisas. Com efeito, seria uma redundância a expressão *meio ambiente*, vez que o ambiente já inclui a noção de meio. De qualquer sorte, trata-se de expressão já

---

[2] Lei Federal n. 6.938/1981.

consagrada na língua portuguesa e utilizada pelo legislador ordinário e pelo constituinte originário inclusive.

Outra questão relevante objeto do estudo foi o Poder-dever do Estado na proteção ao ambiente. Não somente o Estado tem o dever de zelar pela sua preservação, mas também o cidadão tem sua parcela de responsabilidade perante a sociedade civil organizada.

Questão nuclear que não poderíamos deixar à margem deste estudo foi no tocante ao caráter transnacional da questão ambiental, em especial a sua degradação. A gravidade do problema ambiental reside antes de mais nada como afetará as próximas gerações e por consequência infringir o dispositivo constitucional pátrio.

Fixadas estas premissas, para bem compreender e desenvolver o tema, buscou-se examinar as bases em que se instrumentaliza o licenciamento ambiental, à luz da Constituição da República Federativa do Brasil e das normas em vigor, além de como está se dando a concretização principiológica do fenômeno jurídico do ato administrativo denominado licenciamento. Também foi objeto de estudo decisões jurisprudenciais, principalmente dos Tribunais superiores, acerca da aplicação das normas ambientais em vigor.

Não menos importante é o controle da Administração Pública. Examinaremos se há por parte dos Administradores à frente dos órgãos ambientais certa margem de discricionariedade da Administração Pública. Também buscar-se-á investigar os casos em que há omissão do Estado e suas consequências e o poder de polícia em matéria ambiental, seus limites e o controle judicial do licenciamento ambiental.

O primeiro capítulo trata acerca do "Estado Socioambiental democrático de Direito". Relata como se deu a construção do Estado socioambiental democrático de direito e enfatiza a relevância dos direitos e deveres fundamentais de proteção ao ambiente. Além disso, versa sobre a dicotomia desenvolvimento sustentável X desenvolvimento econômico, suas *nuances* e peculiaridades nos dias atuais.

O capítulo segundo, "Poder-dever do Estado de proteger o Ambiente à luz da Constituição da República Federativa do Brasil", propõe-se a visualizar a previsão constitucional de impor ao Poder Público e à coletividade o dever de defender a preservar o ambiente para as presentes e futuras gerações. Neste sentido, buscou-se enriquecer o debate, trazendo à baila acórdãos de nossos tribunais acerca da matéria com o intuito de vislumbrar como o Poder Judiciário vem aplicando as normas em vigor e qual seu viés.

Licenciamento Ambiental

15

O capítulo terceiro, "Princípios constitucionais fundamentais em matéria ambiental", procura destacar o cenário atual da concretização dos princípios, principalmente os princípios da prevenção e precaução, publicidade, cooperação e do desenvolvimento sustentável. A sua aplicação pelos Gestores é de fundamental importância para o êxito do licenciamento ambiental.

Por sua vez, o quarto capítulo, "A relevância do Licenciamento Ambiental em busca do equilíbrio", busca situar o instrumento da Política de Meio Ambiente que é o licenciamento e a constitucionalização do estudo de impacto ambiental para atividades com significativo impacto ambiental assim entendido pelos órgãos ambientais à luz das normas em vigor.

No dia 8 de dezembro de 2011, foi editada a Lei Complementar federal nº 140, que fixa normas, nos termos dos incisos III, VI e VII do *caput* e do parágrafo único do art. 23 da Constituição Federal, para a cooperação entre a União, os Estados, o Distrito Federal e os Municípios nas ações administrativas decorrentes do exercício da competência comum relativas à proteção das paisagens naturais notáveis, à proteção do meio ambiente, ao combate à poluição em qualquer de suas formas e à preservação das florestas, da fauna e da flora; e altera a Lei nº 6.938, de 31 de agosto de 1981. Esta lei era um anseio da sociedade civil organizada desde a promulgação da Constituição Federal de 1988. Um dos pontos nevrálgicos do SISNAMA é a falta de sintonia entre os órgãos ambientais responsáveis pelo licenciamento ambiental. Até então o que regulava a competência para fins de licenciamento era a Resolução nº 237/97 do CONAMA.

Espera-se que com a edição desta lei o SISNAMA entre em sintonia, e que os empreendedores comemorem. Este é o desejo de todos!

1. O Estado Socioambiental Democrático de Direito

> A Terra é suficiente para todos, mas não para a voracidade dos consumistas.
>
> *Gandhi*

1.1. A construção do Estado Socioambiental Democrático de Direito

A construção de um Estado Socioambiental Democrático de Direito tem sido objeto de inúmeros debates.

Oportunas são as palavras de Carlos Molinaro:[3]

No caso brasileiro, matizado pela Carta de 1988, sem dúvida podemos caracterizá-lo como um Estado socioambiental e Democrático de Direito, por força expressiva da complexidade normativa esculpida no seu art. 225. Ali se supera, como já afirmamos, a dicotomia público/privado – onde todos se obrigam em manter o equilíbrio e a salubridade deste "lugar de encontro" que é o ambiente (seja ele natural ou cultural), e a todos, Estado e cidadãos e cidadãs, são cometidos direitos e deveres, pretensões e obrigações presentes e futuras (solidariedade intergeracional) inderrogáveis, já que o direito ao ambiente sadio é essencial à vida, e como direito fundamental, está ao abrigo do art. 60, § 4º, IV.

Pretendemos desenvolver ao longo desta obra como se concretizam as condições mínimas estruturantes para caracterizar um Estado Socioambiental de Direito, seus deveres e direitos fundamentais ao ambiente ecologicamente equilibrado, entre eles o direito à dignidade, previsto na Carta Política de 1988.

---

[3] MOLINARO, Carlos Alberto. *Direito ambiental*: proibição de retrocesso. Porto Alegre: Livraria do Advogado, 2007, p. 103.

Antes do advento da Constituição Federal de 1988, denominada de Constituição Ambientalista por José Afonso da Silva,[4] a ecologia – como se dizia à época – foi entendida como uma espécie de freio que se colocava diante do crescimento econômico, um custo a mais que haveria de ser suportado, mas que, aos olhos dos desenvolvimentistas, só deveria ser acionado quando o país atingisse efetivamente o pleno desenvolvimento econômico. Esse era o preço a pagar para o país sair da condição de subdesenvolvido e adquirir sua autonomia perante os demais países.

A racionalidade ecológica vai muito além da simples consideração do ambiente como uma variável de mercado, traduzido por uma estratégia de desenvolvimento dita "sustentável". Sob essa ótica, considera-se vital a implementação de um conjunto de mudanças institucionais, sociais e paradigmáticas apontada por Leff:[5]

> La resolucion de los problemas ambientales, asi como la posibilidad de incorporar condiciones ecológicas y bases de sustentabilidad a los procesos econômicos – de internalizar las externalidades ambientales en la racionalidad econômica y los mecanismos de mercado – y para construir una racionalidad ambiental y un estilo alternativo de desarrallo, implica la activación y objetivación de un conjunto de procesos sociales: la incorporación de los valores del ambiente em la ética individual, em los derechos humanos y en la norma jurídica que orientam y sancionan el comportamiento de los actores econômicos y sociales; la socialización del acesso y apropiación de la naturaleza; la democratización de los procesos productivos y del poder político; lãs reformas del Estado que Le permitam mediar la resolución de conflictos de intereses em torno a la propriedad y aprovechamiento de los recursos y que favorezcan la gestión participativa y descentralizada de los recursos naturales; las transformaciones institucionales que permitam uma administración transectorial del desarrollo; y la reorientación del conocimiento y de la formación profesional.
>
> [...]
>
> El discurso ambientalista – aún aquél que orientado a refuncionalizar la racionalidad econômica dominante incorporando la lógica de los procesos naturales dentro de los mecanismos del mercado – apunta hacia um conjunto de câmbios institucionales y sociales necesarios para contener los efectos ecodestructivos de la racionalidad econômica y asegurar um desarrollo sustentable.

O tratamento concedido pela Constituição Federal de 1988 acerca dos direitos fundamentais, incluindo o ambiental, concede-lhes aplicação imediata, forte no art. 5º, § 1º, da Constituição Federal de 1988.

---

[4] SILVA, José Afonso da. *Direito ambiental constitucional*. São Paulo. Malheiros, 2003.

[5] LEFF, E. Sociologia y ambiente: sobre El concepto de racionalidad ambiental y las transformaciones Del conocimiento. In: VIEIRA, P. F.; MAIMON, D. (orgs). *As ciências sociais e a questão ambiental*: rumo à interdisciplinaridade. Rio de Janeiro: Aped/Naea, 1993, p. 189-216.

Segundo ensina Ingo Sarlet,[6] os mesmos estão protegidos não apenas contra o legislador ordinário, mas até mesmo perante ação do poder constituinte reformador, visto que integram o rol das cláusulas pétreas previstas no art. 60, § 4º, inciso IV da Constituição Federal de 1988.

De fato, com o advento do art. 225 na Constituição Federal de 1988, o desenvolvimento sustentável efetivamente ingressou no ordenamento jurídico pátrio, destacando-se a responsabilidade solidária que se dá entre a sociedade civil organizada e o Poder Público. Ambos são responsáveis pela preservação ambiental. Assim decidiu o egrégio STJ em 22 de maio de 2007, quando o Ministro João Otávio de Noronha julgou o REsp.[7]

---

[6] SARLET, Ingo Wolfgang. Os Direitos fundamentais sociais na Constituição de 1988. Disponível em: <http://www.direitobancario.com.br/artigos/direitoconstitucional/01 mar_151.htm>. Acesso em: 10 jul. 2010. Uma versão ampliada pode ser compulsada na Revista Diálogo Jurídico, Salvador, CAJ – Centro de Atualização Jurídica, v. 1, n. 1, 200. Disponível em: <http://www.direitopublico.com.br>. Acesso em: 10 jul. 2010.

[7] REsp nº 647.493 – SC (2004/0032785-4). Rel. Ministro João Otávio de Noronha. AÇÃO CIVIL PÚBLICA. POLUIÇÃO AMBIENTAL. EMPRESAS MINERADORAS. CARVÃO MINERAL. ESTADO DE SANTA CATARINA. REPARAÇÃO. RESPONSABILIDADE DO ESTADO POR OMISSÃO. RESPONSABILIDADE SOLIDÁRIA. RESPONSABILIDADE SUBSIDIÁRIA. 1. *A responsabilidade civil do Estado por omissão é subjetiva, mesmo em se tratando de responsabilidade por dano ao meio ambiente, uma vez que a ilicitude no comportamento omissivo é aferida sob a perspectiva de que deveria o Estado ter agido conforme estabelece a lei.* [grifo nosso]. 2. A União tem o dever de fiscalizar as atividades concernentes à extração mineral, de forma que elas sejam equalizadas à conservação ambiental. Esta obrigatoriedade foi alçada à categoria constitucional, encontrando-se inscrita no artigo 225, §§ 1º, 2º e 3º da Carta Magna. 3. Condenada a União a reparação de danos ambientais, é certo que a sociedade mediatamente estará arcando com os custos de tal reparação, como se fora auto-indenização. Esse desiderato apresenta-se consentâneo com o princípio da eqüidade, uma vez que a atividade industrial responsável pela degradação ambiental – por gerar divisas para o país e contribuir com percentual significativo de geração de energia, como ocorre com a atividade extrativa mineral – a toda a sociedade beneficia. 4. Havendo mais de um causador de um mesmo dano ambiental, todos respondem solidariamente pela reparação, na forma do art. 942 do Código Civil. De outro lado, se diversos forem os causadores da degradação ocorrida em diferentes locais, ainda que contíguos, não há como atribuir-se a responsabilidade solidária adotando-se apenas o critério geográfico, por falta de nexo causal entre o dano ocorrido em um determinado lugar por atividade poluidora realizada em outro local. 5. A desconsideração da pessoa jurídica consiste na possibilidade de se ignorar a personalidade jurídica autônoma da entidade moral para chamar à responsabilidade seus sócios ou administradores, quando utilizam-na com objetivos fraudulentos ou diversos daqueles para os quais foi constituída. Portanto, (i) na falta do elemento "abuso de direito"; (ii) não se constituindo a personalização social obstáculo ao cumprimento da obrigação de reparação ambiental; e (iii) nem comprovando-se que os sócios ou administradores têm maior poder de solvência que as sociedades, a aplicação da *disregard doctrine* não tem lugar e pode constituir, na última hipótese, obstáculo ao cumprimento da obrigação. 6. Segundo o que dispõe o art. 3º, IV, c/c o art. 14, § 1º, da Lei n. 6.938/81, os sócios/administradores respondem pelo cumprimento da obrigação de reparação ambiental na qualidade de responsáveis em nome próprio. A responsabilidade será solidária com os entes administrados, na modalidade subsidiária. 7. A ação de reparação/recuperação ambiental é imprescritível. 8. Recursos de Companhia Siderúrgica Nacional, Carbonífera Criciúma S/A, Carbonífera Metropolitana S/A, Carbonífera Barro Branco S/A, Carbonífera Palermo Ltda., Ibramil – Ibracoque Mineração Ltda. não-conhecidos. Recurso da União provido em parte. Recursos de Coque Catarinense Ltda., Companhia Brasileira Carbonífera de Ararangua (massa falida), Companhia Carbonífera Catarinense, Companhia Carbonífera Urussanga providos em parte. Recurso do Ministério Público provido em parte.

Licenciamento Ambiental

No mesmo sentido decidiram os Desembargadores Federais Valdemar Capeletti e Maria de Fátima Freitas Labarrère, do TRF 4ª Região.[8] [9]

Como bem anota Tiago Fensterseifer,[10] "a edificação do *Estado Socioambiental de Direito*, é importante consignar, não representa um marco 'ahistórico' (ou 'marco zero') na construção da comunidade político-jurídica estatal, mas apenas mais um passo num caminhar contínuo iniciado sob o marco do Estado Liberal, não obstante a importância das formulações jurídico-políticas de organização societária que o antecederam. O novo modelo de Estado de Direito objetiva uma salvaguarda cada vez maior da dignidade humana e de todos os direitos fundamentais (de todas as dimensões), em vista de uma construção histórica permanente dos seus conteúdos normativos, já que, como refere Haberle, ao destacar a importância histórica da Revolução Francesa, em 1789, há uma eterna peregrinação, constituída de inúmeras etapas, em direção ao Estado Constitucional".

O novo modelo de Estado de Direito representa um avanço da sociedade contemporânea, assegurando e preservando os direitos e

---

[8] APELAÇÃO CÍVEL Nº 2001.72.09.001810-1/SC, Relator Des. Federal Valdemar Capeletti. ADMINISTRATIVO. AÇÃO CIVIL PÚBLICA. REVISÃO E REGULARIZAÇÃO DO LICENCIAMENTO AMBIENTAL SOB PENA DE SUSPENSÃO DAS ATIVIDADES, BEM COMO A CONDENAÇÃO NA RECUPERAÇÃO DOS DANOS AMBIENTAIS REVERSÍVEIS E AO RESSARCIMENTO, EM ESPÉCIE, DOS DANOS AMBIENTAIS IRREVERSÍVEIS. PROCEDÊNCIA PARCIAL. *Condenação da empresa ré, juntamente com a co-ré FATMA, ao cumprimento da obrigação de fazer, consistente na recuperação do meio ambiente degradado*, que terá sua extensão mensurada por regular liquidação por artigos, na qual também serão apuradas as medidas adequadas para a recuperação ambiental, tudo em conformidade com parecer de técnico competente e sob diretrizes básicas que deverão ser fornecidas pela FATMA e fiscalizadas pelo IBAMA. [grifo nosso]. A condenação que compete à FATMA limita-se ao desenvolvimento de soluções atinentes à parte técnica necessária ao bom andamento do retorno ao status quo ante do local atingido pelo dano, sob as diretrizes fornecidas pelo IBAMA. Descabimento de condenação na honorária advocatícia de sucumbência. [grifo nosso].

[9] TRF da 4ª Região, AC 403277, Terceira Turma, Relatora: Maria de Fátima Freitas Labarrère, DJU 20.11.2002. ADMINISTRATIVO. CONSTITUCIONAL. AÇÃO CIVIL PÚBLICA. MEIO AMBIENTE. MINERAÇÃO. DANOS CAUSADOS. INDENIZAÇÃO. RESPONSABILIDADE OBJETIVA DO POLUIDOR. RESPONSABILIDADE SUBJETIVA DA UNIÃO. I – Inocorrência de cerceamento pelo indeferimento de prova, porquanto a responsabilidade do poluidor é objetiva, prescindindo da prova de culpa, constituindo-se o dano e o nexo causal fatos notórios conforme elementos comprobatórios encartados nos autos do inquérito civil público. II – Incidência do artigo 1518 do Código Civil que consagra a responsabilidade solidária dos causadores do dano. Possibilidade de regresso com fulcro no artigo 1524 do Código Civil. III – A responsabilidade civil da União na espécie segue a doutrina da responsabilidade subjetiva, traduzida na omissão – "faute du service". Hipótese em que provada a ineficiência do serviço fiscalizatório. Responsabilidade solidária do ente estatal com o poluidor. [...]

[10] FENSTERSEIFER, Tiago. *A dimensão ecológica da dignidade humana*: as projeções normativas do direito (e dever) fundamental ao ambiente no Estado Socioambiental de Direito. PUCRS: Porto Alegre, 2007. Dissertação (Mestrado em Direito), Faculdade de Direito, Pontifícia Universidade Católica do Rio grande do Sul, 2007.

deveres fundamentais, entre eles, o da existência digna de todos os seres humanos. A humanidade está trilhando passo a passo um viés em busca de um sentido para a vida. O ambiente sem dúvida faz parte "deste sentir" que a humanidade atualmente reflete acerca de seu futuro, as consequências, por exemplo, de tudo que o homem até então fez ao planeta.

É inegável que a Constituição da República Federativa do Brasil promulgada em 1988 permitiu um avanço político e social no trato de questões ambientais. Inclusive foi a primeira Constituição da República a ter um capítulo específico para tratar do ambiente, cujos artigos 225 e seguintes dispõem acerca da proteção.[11] Neste sentido, muitos autores defendem que o artigo 225 elevou o ambiente à categoria dos direitos fundamentais, respeitado evidentemente com a ordem econômica insculpida no artigo 170 da Carta Política. Assim há que se ter uma harmonização entre o direito ao ambiente de um lado e de outro a proteção à ordem econômica. Estes dispositivos constitucionais, juntamente com o artigo 1º, inciso III que consagrou a dignidade da pessoa humana como um dos fundamentos do Estado Democrático de Direito impõem à sociedade organizada brasileira diretrizes que devem nortear o agir de suas ações, de forma a alcançar a dignidade, justiça social e democrática, proteção do ambiente em que vivemos. Neste ponto, cabe trazer a lição de Ingo Sarlet:[12]

> O direito fundamental ao ambiental, portanto, como também tem sustentado abalizada doutrina,[13] atua simultaneamente como "direito" e "dever" fundamental, o que, de resto, decorre do próprio o conteúdo normativo do art. 225 da Constituição Federal, especialmente em relação ao texto do seu caput, que dispõe de forma expressa sobre o dever da coletividade "de defender e preservar o ambiente" para as presentes e futuras gerações.

Essa tutela volta-se à proteção dos denominados bens socioambientais, definidos por Carlos Marés[14] como:

---

[11] Importante destacar que desde a Constituição de 1934 (art. 10, inciso III), passando pelas Cartas de 1937 (art. 134), 1946 (art. 175), 1967 (art. 172, parágrafo único), EC nº 01 de 1969 (art. 180 e parágrafo único), encontramos disposições que atribuem ao Poder Público o dever de zelar pelo meio ambiente.

[12] SARLET, Ingo Wolfgang. *A eficácia dos direitos fundamentais*. 5. ed. Porto Alegre: Livraria do Advogado, 2007, p. 242.

[13] Reforçando a ideia em torno da função mista de direito e dever consubstanciada na norma do art. 225 da Constituição, cfr. MEDEIROS, F.L.F. *Meio ambiente: direito e dever fundamental*. Porto Alegre: Livraria do Advogado, 2004, p. 32-33. No mesmo sentido: GAVIÃO FILHO, A.P. *Direito fundamental ao ambiente*. Porto Alegre: Livraria do Advogado, 2005 e TEIXEIRA, Orci Paulino Bretanha. *O direito ao meio ambiente ecologicamente equilibrado como direito fundamental*. Porto Alegre: Livraria do Advogado, 2006.

[14] MARES, Carlos Frederico. Introdução do Direito Socioambiental. In: LIMA, André (Org.). *O direito para o brasil socioambiental*. Porto Alegre: Sergio Antonio Fabris Editor, 2002, p. 38.

Todos aqueles que adquirem essencialidade para a manutenção da vida de todas as espécies (biodiversidade) e de todas as culturas humanas (sociodiversidade). Assim, os bens ambientais podem ser naturais ou culturais, ou se melhor podemos dizer, a razão da preservação há de ser predominantemente natural ou cultural se tem como finalidade a bio ou a sociodiversidade, ou a ambos, numa interação necessária entre o ser humano e o ambiente em que vive.

Conforme leciona Ignacy Sachs,[15] um importante aspecto do desenvolvimento é a sua capacidade de sustentação. A prudência ecológica é um dos princípios da ética do desenvolvimento, lado a lado com a equidade social. Mas será de fato possível um crescimento sustentado em harmonia com a natureza? Podemos nós conceber um maior crescimento nos países industrializados sem transgressão dos "limites externos" de exaustão dos recursos, de excessiva poluição ou de mudança climática adversa? Tanto o estudo de Leontieff,[16] como o relatório Interfuturos, têm uma visão otimista da disponibilidade física de recursos, inclusive de energia. Em suas linhas gerais, essa atitude é provavelmente justificada, ainda que os problemas ambientais relacionados com o uso maciço de energia nuclear e de carvão venham a revelar-se mais difíceis de contornar do que o previsto nesses estudos.[17] Os autores de Interfuturos (OCDE, 1979)[18] têm razão ao dizer que, desde 1968, já não existe consenso sobre o crescimento econômico como o mais importante objetivo do desenvolvimento. Ao mesmo tempo, recomendam uma busca de mais profundo alcance de novas escalas de valores nas nossas sociedades. Essa busca reflete-se nos estilos de vida, na sensibilidade para com as soluções do meio ambiente.

O problema dos recursos requer claramente uma solução ágil e célere, acima de tudo, geopolítica, econômica e socioambiental. Neste ponto assim se manifesta Enrique Leff:[19]

---

[15] SACHS, Ignacy. *Ecodesenvolvimento crescer sem destruir*. [s.l.]: Revista dos Tribunais, 1986, p. 135.

[16] LEONTIEF, W., A.P. Carter, e P. Petri (1977). *The future of the World Economy*. New York: Oxford University Press, 1977.

[17] O acidente de "Three Mile Island" serviu de dramática advertência com relação às incertezas que a tecnologia de energia nuclear envolvem (para um resumo das conclusões da Comissão do Presidente, ver: International Herald Tribune, 1º de novembro de 1979). Por outro lado, o referendo de 1978, na Áustria, que se recusou a permitir a operação de uma usina nuclear completa, veio mostrar o quanto se tornou politicamente delicada a questão da energia nuclear.

[18] O relatório encontra-se em aspectos macroeconômicos. Mas, o que é bastante significativo, contém uma importante discussão sobre o processo de mudança de valores da sociedade e seu provável impacto na composição da demanda final, p. 105-120 e 151-155.

[19] LEFF, Enrique. *Saber ambiental. Sustentabilidade, racionalidade, complexidade, poder*. Rio de Janeiro: Vozes, 2009, p. 16.

O discurso do desenvolvimento sustentável foi sendo legitimado, oficializado e difundido amplamente com base na Conferência das Nações Unidas sobre o Meio Ambiente e o Desenvolvimento, celebrada no Rio de Janeiro, em 1992. Mas a consciência ambiental surgiu nos anos 60 com a Primavera Silenciosa de Rachel Carson, e se expandiu nos anos 70, depois da Conferência das Nações Unidas sobre o Meio Ambiente Humano, celebrada em Estocolmo, em 1972. Naquele momento é que foram assinalados os limites da racionalidade econômica e os desafios da degradação ambiental ao projeto civilizatório da modernidade. A escassez, alicerce da teoria e prática econômica, converteu-se numa escassez global que já não se resolve mediante o progresso técnico, pela substituição de recursos escassos por outros mais abundantes ou pelo aproveitamento de espaços não saturados para o depósito dos rejeitos gerados pelo crescimento desenfreado da produção.

Mais adiante, este autor continua:[20] "Trata-se da reapropriação da natureza e da reinvenção do mundo; não só de 'um mundo no qual caibam muitos mundos', mas de um mundo conformado por uma diversidade de mundos, abrindo o cerco da ordem econômico-ecológica globalizada".

A primeira Conferência Mundial do Meio Ambiente, realizada em Estocolmo,[21] colocou a questão ambiental nas agendas oficiais internacionais. Pela primeira vez, representantes de governos se uniram para discutir a necessidade de medidas efetivas de controle dos fatores que causam a degradação ambiental, rompendo com a ideia da ausência de limites para a exploração dos recursos naturais, e se preocupando com questões como o crescimento populacional, o processo de urbanização e a tecnologia envolvida na industrialização. A Comissão, conhecida como Comissão Brundtland, pediu uma nova era de desenvolvimento econômico ambientalmente saudável. O conceito de desenvolvimento sustentável elaborado pela Comissão foi o seguinte: "O desenvolvimento sustentável seria aquele capaz de satisfazer as necessidades do presente, sem comprometer as necessidades a capacidade das futuras gerações".[22]

Com efeito. Muito embora a ideia de compatibilizar crescimento econômico e natureza não seja recente, o conceito de desenvolvimento sustentável surge formalmente no Relatório Bruntland, documento idealizado na Comissão Mundial sobre Meio Ambiente e Desenvolvimento das Nações Unidas de 1972, introduzindo definitivamente a ideia de que o desenvolvimento econômico atual deve se realizar

---

[20] LEFF, op. cit., p. 31.

[21] Em 1972, 114 países se reuniram na Conferência de Estocolmo sobre o Meio Ambiente Humano, a primeira reunião ambiental global.

[22] Cf. CUIDANDO DO PLANETA TERRA: Uma estratégia para o futuro da vida. São Paulo: UICN – União Internacional para Conservação da Natureza, PNUMA – Programa das Nações Unidas para o Meio Ambiente e WWF – Fundo Mundial para Natureza, 1991, p. 10.

sem comprometer as futuras gerações, sob o viés de uma concepção intergeracional.

Com a realização da Conferência das Nações Unidas sobre o Meio Ambiente e o Desenvolvimento, em Estocolmo, 1972, nasceu um novo ramo do Direito, o Direito Ambiental. O conteúdo deste direito transcende o plano nacional, e desemboca numa vertente supranacional pela natureza das suas normas, constituindo assim um verdadeiro Direito Comunitário Internacional.[23] Segundo Olivier Rusbach, citado por Francisco Rey Marcos, "a análise desta questão leva-nos a constatar a incompatibilidade existente entre a protecção da pessoa humana e o patrimônio comum da humanidade, por um lado, e a protecção da soberania e de interesses industriais ou estratégicos dos Estados, por outro".[24]

Nesta senda, o saudoso Josaphat Marinho[25] enfatizava a diferença entre crescimento econômico e desenvolvimento:

> Se não é próprio estabelecer oposição entre os termos, cabe assinalar que, no juízo prevalecente, crescimento só se equipara a desenvolvimento quando une a ampliação das riquezas a robustecimento da personalidade humana, como força social apta a produzir num ambiente adequado.

Da mesma forma cabe citar Denis A. Goulet:[26] "O desenvolvimento não é a simples industrialização ou modernização, nem o aumento da produtividade ou a reforma das estruturas do mercado."

Questão que merece destaque é a forma como os países buscarão o desenvolvimento, ou seja, de que forma haverá a apropriação das riquezas, por exemplo. Sempre é bom lembrar a necessidade de o desenvolvimento ser sustentável e também respeitar os aspectos sociais.

O discurso da sustentabilidade, portanto, busca reconciliar os conceitos do desenvolvimento, quais sejam: o ambiente e o crescimento econômico. Acreditamos que é possível que haja o crescimento econômico enquanto processo sustentável, sob o viés do equilíbrio ambiental e a igualdade social.

A busca pelas nações industrializadas, de estratégias de desenvolvimento sustentável, que sejam equilibradas e de forma harmonio-

---

[23] REVISTA DA FACULDADE DE DIREITO DA UNIVERSIDADE DE LISBOA. Coimbra: Coimbra Editora, 2004, p. 1138.

[24] REY MARCOS, Francisco. La dimension ambiental em las relaciones internacionales. *Anuário C.I.P.*, Madrid, 1992-93.

[25] MARINHO, Josaphat. *Sociedade e estado no Brasil na transição de século.* Brasília: Centro Gráfico do Senado Federal, 1995.

[26] GOULET, Denis A. *Ética do desenvolvimento.* São Paulo: Livraria duas Cidades, 1996.

sa, deve ser respeitada em uma perspectiva global de âmbito mundial. A Conferência de Estocolmo acertadamente afirmou que vivemos todos uma única Terra e que devemos aprender a conviver com a sua definitiva natureza finita.

O curioso é que essa mensagem já havia sido relatada no século XIX por um Chefe indígena,[27] que já afirmava que:

> [...] Não sei. Nossas maneiras são diferentes das suas. A visão de suas cidades aflige os olhos do homem vermelho. Mas talvez seja porque o homem vermelho é selvagem e não entende. Não existe lugar tranqüilo nas cidades do homem branco. Não há onde se possa escutar o abrir das folhas na primavera, ou o ruído das asas de um inseto. Mas talvez seja porque eu sou um selvagem e não entendo. A confusão parece servir apenas para insultar os ouvidos. E o que é a vida se um homem não pode ouvir o choro solitário de um curiango ou as conversas dos sapos, à noite, em volta de uma lagoa. Sou um homem vermelho e não entendo. O índio prefere o som macio do vento lançando-se sobre a face do lago, e o cheiro do próprio vento, purificado por uma chuva de meio-dia, ou perfumado pelos pinheiros. O ar é precioso para o homem vermelho, pois todas as coisas compartilham o mesmo hálito – a fera, a árvore, o homem, todos compartilham o mesmo hálito. O homem branco parece não perceber o ar que respira. Como um moribundo há dias esperando a morte, ele é insensível ao mau cheiro. Mas se vendermos nossa terra, vocês devem se lembrar de que o ar é precioso para nós, que o ar compartilha seus espíritos com toda a vida que ele sustenta.

Podemos afirmar que a partir de então criou-se um novo modelo de desenvolvimento voltado para as políticas de qualidade ambiental e gestão socioambiental. Da Conferência de Estocolmo, surgiu o PNUMA – Programa das Nações Unidas para o Meio Ambiente –, o qual colocou os assuntos ambientais na ordem do dia. Em meio a essa realidade, as novas alternativas para a concepção clássica do desenvolvimento, relacionadas com a questão ambiental, desde o início da década de 1970, levaram economistas a desenvolver um instrumental analítico e operacional, teórico e prático. Em 1983, as Nações Unidas criaram a Comissão Mundial para o Meio Ambiente e o Desenvolvimento. Quatro anos mais tarde, o seu relatório, Nosso Futuro Comum, que se tornou um marco, avisava que as pessoas deveriam mudar muitas das maneiras de viver e conduzir negócios ou o mundo enfrentaria níveis inaceitáveis de sofrimento humano e estragos ambientais.

Em 1992, realizou-se no Rio de Janeiro a ECO-92, Conferência Mundial sobre Meio Ambiente e Desenvolvimento, na qual foi edita-

---

[27] Carta do Chefe Seattle em 1854 enviado ao Presidente dos Estados Unidos da América.

Licenciamento Ambiental

da a Agenda 21,[28] que procura construir um consenso na atuação dos Estados visando ao desenvolvimento sustentável.[29]

A ideia da necessidade de compatibilização da economia com o ambiente sofreu evolução ao longo dos anos, passando de uma concepção antropocêntrica, na qual o meio é visto pelo prisma de sua função precípua, qual seja, prover e manter a vida e o bem-estar do homem, à concepção intergeracional, na qual a ideia de preservação do meio ambiente passa da esfera exclusiva do garantismo de um ambiente saudável ao homem, à garantia de um ambiente saudável a todas as espécies que nele co-habitam, a fauna, a flora e o homem, sendo este último o único com potencialidade destrutiva da natureza.

Estamos efetivamente diante de um novo paradigma. Oportuno citar trecho da obra da jurista Cristiane Derani:[30]

> Até então, os recursos dos ecossistemas eram utilizados sem nenhuma contraprestação pecuniária correspondente. Os recursos naturais são responsáveis pela materialidade do trabalho e consumo, condição e mantenedor, respectivamente, do modo de produção capitalista. Este processo consiste na apropriação dos bens da natureza, ou seja, de bens do tipo públicos ou livres à medida que não recebem no mercado sua devida tradução em valores monetários – bens cuja utilização não implicava custos e para os quais não se atribuíam preços, como recursos de propriedade comum ou de acesso aberto – e mesmo assim são inseridos no processo produtivo.

No decorrer dos anos, principalmente na segunda metade do século XX, o desenvolvimento econômico muitas vezes não levava em consideração a necessidade de preservação ambiental. Neste sentir, são visíveis nos dias atuais, no Brasil, situações calamitosas como vimos em Blumenau, Rio de Janeiro, Bahia, entre outras. O que houve na realidade foi um crescimento desordenado que fez com que populações inteiras vivessem sem o mínimo existencial digno de um ser humano, como o direito à água, saneamento. Nos dias atuais, o planeta percebeu a necessidade de uma mudança imediata na forma pela qual o homem está lidando com o ambiente. O Estado atual deve, além de dar limites para o crescimento de uma sociedade, deve sobre-

---

[28] Agenda 21 é o principal documento produzido na ECO-92. Refere-se a um programa de ação que viabiliza o novo padrão de desenvolvimento ambientalmente racional. Ele concilia métodos de proteção ambiental, justiça social e eficiência econômica. Tal documento está estruturado em quatro seções subdivididas num total de 40.

[29] A Agenda 21 consagrou sobre o tema dois princípios: "Princípio 3º O direito ao desenvolvimento deve ser exercido de modo a permitir que sejam atendidas equitativamente as necessidades de gerações presentes e futuras. Princípio 4º Para alcançar o desenvolvimento sustentável, a proteção ambiental deve constituir parte integrante de desenvolvimento, e não pode ser considerada isoladamente deste".

[30] DERANI, Cristiane. *Direito ambiental econômico*. 2. ed. São Paulo: Max Limonad, 2001, p. 103-104.

tudo regular as suas atividades. Isto ocorre, por exemplo, nas atividades petrolíferas, de energia, telecomunicações, onde o Estado criou as agências ANP, ANEEL e ANATEL.

O aquecimento global é um destes problemas ambientais que vêm causando enormes destruições em muitos países através de fenômenos como terremotos, maremotos, tsunamis, entre outros. As mudanças ambientais em nível global estão concentrando a maior atenção da comunidade científica mundial. Mas esses processos são efeitos e estão vinculados a uma ordem econômica e uma racionalidade social também globais, que estabeleceram seu predomínio em escala mundial, penetrando nas políticas nacionais e nas economias locais. O empobrecimento das maiorias também deixou de ser um fenômeno localizado e controlado, para converter-se na mais clara manifestação do fracasso da racionalidade econômica, seja no capitalismo ou no socialismo. Hoje, lembra Leff,[31] o número de pobres é maior do que nunca antes na história da humanidade, e a pobreza extrema avassala mais de um bilhão de habitantes do planeta. Hoje a pobreza é resultado de uma cadeia causal e de um círculo vicioso de desenvolvimento perverso-degradação ambiental – pobreza, induzindo pelo caráter ecodestrutivo e excludente do sistema econômico dominante.

Nota-se a importância do assunto nas explicativas palavras de Paulo Antunes:[32]

> Some-se a isto o fato de existirem bases reais para uma preocupação séria com a proteção ambiental, pois alguns problemas ecológicos começam a se tornar dramáticos e exigem uma rápida resposta de toda a coletividade planetária. Dentre estes problemas concretos, é possível mencionar-se o do aquecimento global, que é, certamente, um dos mais graves e que vem demonstrando uma forte tendência que dominou o debate político-ecológico na década de 90 do século XX.

Os primeiros passos para consagração do desenvolvimento sustentável foram trazidos ao ordenamento jurídico pátrio mediante a Política Nacional do Meio Ambiente, através da Lei 6.938/1981, principalmente quando analisados o art. 2º, incisos II, III, V, VI e VII, a qual possui forte natureza econômica.[33]

---

[31] LEFF, op. cit..

[32] ANTUNES, Paulo de Bessa. *Direito ambiental*. Rio de Janeiro: Lumen Juris, 2005, p. 50.

[33] Art. 2º A Política Nacional do Meio Ambiente tem por objetivo a preservação, melhoria e recuperação da qualidade ambiental propícia à vida, visando assegurar, no País, condições ao desenvolvimento socioeconômico, aos interesses da segurança nacional e à proteção da dignidade da vida humana, atendidos os seguintes princípios: I – ação governamental na manutenção do equilíbrio ecológico, considerando o meio ambiente como um patrimônio público a ser necessariamente assegurado e protegido, tendo em vista o uso coletivo; II – racionalização do uso do solo, do subsolo, da água e do ar; III – planejamento e fiscalização do uso dos recursos ambientais; IV – proteção dos ecossistemas, com a preservação de áreas representativas; V – controle e

Cabe notar que em 1981, em pleno Governo Militar, o Congresso Nacional editou lei que já previa expressamente a preocupação com o ambiente e sobretudo com a qualidade ambiental do povo brasileiro.

O desenvolvimento econômico sempre voltou seus princípios para a substituição dos bens que a natureza nos oferece, pela cada vez mais desenvolvida tecnologia. Ou melhor, os recursos naturais eram utilizados, sem que houvesse qualquer preocupação com a manutenção e conservação dos mesmos, com consequente esbanjamento daqueles não renováveis. Neste modelo, assinala Francisco Carrera,[34] o Homem investia potencialmente na exploração dos recursos naturais, sem destinar metas às diversas formas de autossustentação. O que se tinha era uma economia voltada para a obtenção de lucros, a qual caminhava lado a lado da questão referente ao crescimento econômico.

1.2. Direitos e deveres fundamentais de proteção ao ambiente

O contemporâneo direito ambiental visa a proteger a qualidade do ambiente para as presentes e futuras gerações, pelo prisma constitucional insculpido na Carta Política vigente. A legislação em vigor estabelece padrões de qualidade ambiental. Cabe, portanto, aos entes da Federação dar aplicabilidade e efetividade às normas.

Carl Schmitt, citado por Alexy, define direitos fundamentais como: "aquellos derechos que pertenecen al fundamento mismo del Estado y que, por lo tanto, son reconocidos como tales em la Constitución".[35]

O direito ao ambiente ecologicamente equilibrado, como anota Luciane Gonçalves Tessler:[36]

---

zoneamento das atividades potencial ou efetivamente poluidoras; VI – incentivos ao estudo e à pesquisa de tecnologias orientadas para o uso racional e a proteção dos recursos ambientais; VII – acompanhamento do estado da qualidade ambiental; VIII – recuperação de áreas degradadas; IX – proteção de áreas ameaçadas de degradação; X – educação ambiental a todos os níveis de ensino, inclusive a educação da comunidade, objetivando capacitá-la para participação ativa na defesa do meio ambiente.

[34] CARRERA, Francisco. *Cidade sustentável. Utopia ou realidade?* Rio de Janeiro: Lumen Juris, 2005, p. 03

[35] ALEXY, Robert. *Teoria de los derechos fundamentales*. Madrid. Centro de Estudos Constitucionales, 1997, p. 63.

[36] TESSLER, Luciane Gonçalves. Tutelas jurisdicionais do meio ambiente. Tutela inibitória, tutela de remoção, tutela do ressarcimento na forma específica. *Coleção Temas atuais de direito processual civil.* v. 9. São Paulo: Revista dos Tribunais, 2004, p. 76.

Como pressuposto para a sadia qualidade da vida humana, ganha outra importância: passa a ser reconhecido como direito fundamental, condição para que o indivíduo se realize como "ser humano". Busca-se um resgate de valores. A dignidade da pessoa humana transforma-se na razão de existência de todos os demais valores. Anuncia-se um novo senso moral a nortear a sociedade.

[...] A configuração do direito ao meio ambiente como direito fundamental tem como justificativa viabilizar sua utilização como instrumento de consagração do direito à vida.

Irrefutavelmente, constata-se que o ambiente possui natureza de direito fundamental, embora este direito não se encontre contemplado no rol dos direitos fundamentais previstos no Título II da Constituição Federal de 1988. O nosso sistema jurídico reconhece, por exemplo, o § 2º do art. 5º da CF/88 como uma "cláusula aberta" dos direitos fundamentais, na medida em que possibilita a presença de novos direitos que passam a ser tidos como direitos fundamentais. Portanto, embora não esteja positivado no sistema jurídico pátrio, é flagrante a sua presença sob o prisma constitucional, como bem alerta Ingo Sarlet em sua consagrada obra *A Eficácia dos Direitos Fundamentais,* já destacada anteriormente.

Célebre decisão proferida pelo Ministro Antônio de Pádua Ribeiro refere-se a um agravo regimental.[37] Tais colocações são de extrema relevância para a questão que se propõe, ou seja, buscar o equilíbrio entre o ambiente e o econômico, sem radicalismos de qualquer ordem. O direito ao ambiente ecologicamente equilibrado no Brasil é apresentado como direito fundamental. Tal direito deve ser exercido em harmonia com a natureza, com o ecossistema que o cerca, buscando assim o equilíbrio necessário. Busca-se assim a concretização de um novo contrato social, pelo prisma socioambiental, em que se trilha o viés do equilíbrio e da harmonia dos interesses envolvidos.

José Carlos Vieira de Andrade lembra acerca da importância dos direitos fundamentais estarem contemplados expressamente no texto constitucional.[38]

Os direitos fundamentais têm de ser ainda, como o nome exige, fundamentais. Referimo-nos aqui, naturalmente, à fundamentalidade do ponto de vista material, que corresponde à sua importância para a salvaguarda da dignidade humana num certo tempo

---

[37] Agravo Regimental na petição n. 924 – GO, STJ, 20 de março de 2000. Relator Ministro Antônio de Pádua Ribeiro. Direito ambiental. Preservação ao meio ambiente. Liminar. A decisão vergastada fez-se ao pálio dos pressupostos ensejadores da liminar, eis que caracterizado o grave risco ao meio ambiente, consubstanciado na deterioração definitiva das águas do lençol termal. É de ser mantida a liminar uma vez atendidos seus pressupostos legais. Questões relativas a interesse econômico cedem passo quando colidem com deterioração do meio ambiente, se irreversível.

[38] ANDRADE, José Carlos Vieira de. *Os direitos fundamentais na constituição portuguesa de 1976.* Coimbra: Almedina, 1987, p. 186.

e lugar, definida, por isso, de acordo com a consciência jurídica geral da comunidade. Como dissemos, os direitos formalmente inscritos na Constituição devem presumir-se, salvo prova em contrário, direitos fundamentais do ponto de vista material.

Enquanto direito fundamental, o direito ao ambiente ecologicamente equilibrado pode ser considerado como princípio conformador do Estado moderno, impondo-lhe deveres, especialmente o exercício do poder de polícia para fiscalizar e regulamentar o uso destes recursos ambientais. Neste ponto, Fernanda Medeiros comenta:[39]

> O conteúdo dos direitos fundamentais é o ponto constitutivo das estruturas básicas do Estado e da sociedade, posição jurídica que encontra guarida na própria finalidade do Estado: o bem comum que é assegurado pelo exercício das políticas públicas e atividades do Poder Público, como por exemplo, licenciamentos e fiscalizações como deveres.

O direito ao ambiente pertence à seara dos direitos fundamentais, razão pela qual tem conteúdo protetivo com vistas à melhoria das condições de vida das pessoas. Trata-se, portanto, de prestação positiva do Estado em prol de seus cidadãos e de todos que vivem no planeta Terra. Tal direito foi contemplado explicitamente na Constituição Federal de 1988, em seu artigo 225, pois, como já anotou José Afonso da Silva:[40]

> O ambientalismo passou a ser tema de elevada importância nas Constituições mais recentes. Entra nelas deliberadamente como direito fundamental da pessoa humana, não como simples aspecto da atribuição de órgãos o de entidades públicas, como ocorria em Constituições mais antigas. As Constituições Brasileiras anteriores à de 1988 nada traziam especificamente sobre a proteção do meio ambiente natural. A Constituição de 1988 foi, portanto, a primeira a tratar deliberadamente da questão ambiental. Pode-se dizer que ela é uma Constituição eminentemente ambientalista. Assumiu o tratamento da matéria em termos amplos e modernos.

Questão que se apresenta também é no tocante à efetividade das normas ambientais em vigor. Como bem aponta José Rubens Morato Leite:[41]

> Entretanto, mesmo com a adoção de um aspecto legislativo moderno, o Poder Público brasileiro não tem sido eficaz e, muitas vezes há omissão na implementação dos mesmos, e os danos ambientais proliferam assustadoramente, sem que haja uma visível limitação destes.

Ora, é sabido que o Poder Público, em especial nos países emergentes, mal consegue manter os serviços essenciais como saúde e segurança, sendo tradicionalmente um administrador ambiental pouco

---

[39] MEDEIROS, op. cit., p. 80.

[40] SILVA, op. cit..

[41] LEITE, José Rubens Morato. *Dano ambiental*: as dimensões do dano ambiental no direito brasileiro. Porto Alegre. Livraria do Advogado, 2004, p. 177.

eficiente e carente de recursos, e sem a participação do empresariado e das coletividades envolvidas é quase impossível e improvável obter progressos e avanços na questão.

Todavia, a realização dos Direitos Fundamentais não é opção do governante, não é resultado de um juízo discricionário nem pode ser encarada como tema que depende unicamente da vontade de nossos governantes. Neste ponto, iremos dar destaque especial no capítulo segundo da Dissertação, onde será exaustivamente trabalhada a questão da concretização dos Direitos fundamentais e qual o liame da discricionariedade de nossos governantes, se é que existe atualmente no nosso ordenamento jurídico pátrio.

Nesse passo, experimenta-se na prática, em cumprimento aos dispositivos constitucionais e infraconstitucionais, a verificação do ideário do desenvolvimento socioambiental e econômico e de fruição dos direitos fundamentais, bem como se tem a chance de realizar a efetiva viabilização dos empreendimentos, tendo em vista que muitas vezes a sociedade civil organizada perde investimentos em razão da morosidade dos nossos órgãos ambientais licenciadores, levando ao cabo o espírito solidarístico presente na base de formulação dos direitos fundamentais.

As reflexões feitas poderão ser aproveitadas em diversas outras comunidades, gerando encaminhamentos práticos e sucedidos para a implementação dos licenciamentos ambientais, especialmente na área do meio ambiente, em todos os órgãos integrantes do SISNAMA – Sistema Nacional de Meio Ambiente –, ou seja, a União, os Estados, Distrito Federal e os Municípios, que contam com parca infraestrutura, construindo um conceito de ambiente ecologicamente equilibrado sob um olhar coletivo e público.

O Estado deve agir enquanto órgão fiscalizador e licenciador sob o viés da sustentabilidade socioambiental, buscando prevenir o dano ambiental. Não podemos esquecer que o Estado, em se tratando de licenciamento ambiental, deve agir sob o enfoque do Poder-dever, ou seja, não há margem de discricionariedade na aplicação do princípio constitucional da exigência do estudo prévio de impacto ambiental previsto no artigo 225, inciso IV, da Constituição Federal vigente. Além disso, na sua aplicação, deve utilizar esta ferramenta enquanto Estado *lato sensu*, e não os seus governos, que são transitórios. Édis Milaré narra em sua obra a importância que tem o licenciamento enquanto ferramenta de controle ambiental e instrumento da política de ambiente:[42]

---

[42] MILARÉ, Édis. *Direito do ambiente*. São Paulo: Malheiros, 2003, p. 482.

Como ação típica e indelegável do Poder Executivo, o licenciamento constitui importante instrumento de gestão do ambiente, na medida em que, por meio dele, a Administração Pública busca exercer o necessário controle sobre as atividades humanas que interferem nas condições ambientais, de forma a compatibilizar o desenvolvimento econômico com a preservação do equilíbrio ecológico. Isto é, como prática do poder de polícia administrativa, não deve ser considerado como obstáculo teimoso ao desenvolvimento, porque este também é um ditame natural e anterior a qualquer legislação. Daí sua qualificação como instrumento da Política Nacional do Meio Ambiente.

Krell descreve em seu artigo a falta de sintonia entre os órgãos integrantes do SISNAMA, a ausência de clareza das normas, o que dificulta sobremaneira a sua efetividade.[43] As deficiências da estrutura do SISNAMA e a falta de sintonia nos processos de licenciamento ambiental serão analisadas no capítulo quarto desta Dissertação.[44]

Ingo Sarlet[45] observa com propriedade a respeito da eficácia dos Direitos Fundamentais quando diz que:

A evolução dos direitos fundamentais revela que cada vez mais sua implementação em nível global depende de esforços integrados (por isso, direitos da solidariedade e fraternidade) dos Estados e dos povos. Mesmo a realização efetiva dos direitos fundamentais na esfera interna de cada Estado depende, em última análise (naturalmente em maior ou menor escala), deste esforço coletivo, consagrando, também neste campo, a tese da interdependência dos Estados e a inevitável tendência ao re-

---

[43] KRELL, Andreas J. *O Licenciamento ambiental no SISNAMA*: Competências e Controle. [s.l.]: Instituto o Direito por um Planeta Verde, Paisagem, Natureza e Direito, v I, p. 159-172. Segundo o autor, por falta de obrigatoriedade jurídica da participação ativa de seus pretensos "órgãos" seccionais e locais, os mencionados sistemas nacionais ou estaduais funcionam somente mediante o uso de meios indutivos, isto é, a oferta de ajuda material através de programas e fundos, sob a condição de que os governos interessados tomem as providências administrativas concebidas nas leis superiores (v.g.: criação de secretarias e conselhos, elaboração de planos e projetos, alcance de certas metas, etc.). Esta participação, no entanto, não possui caráter vinculativo ou permanente (como acontece com outros países), podendo os integrantes abandonar os referidos organismos administrativos a qualquer momento, o que contribui para a sua instabilidade. Na realidade, toda a estrutura desse sistema, até hoje, representa uma mera moldura que precisa ser preenchida através de convênios livremente celebrados entre a União, os Estados e os municípios. Podemos afirmar que não há possibilidade jurídica da instalação obrigatória do SISNAMA. Como antes, continua valendo a regra de que qualquer uma das três esferas estatais pode executar as suas próprias leis e também determinar a organização e o funcionamento interno dos seus corpos administrativos. Como já foi mencionado, o SISNAMA procura também integrar os órgãos regionais e locais na execução das regras estabelecidas pelo CONAMA. A fiscalização e o controle da aplicação das normas e padrões de qualidade ambiental devem ser executados pelo IBAMA apenas supletivamente em relação aos órgãos estaduais e municipais (art. 11 § 1 da Lei n. 6.938/81). No entanto, representantes do próprio IBAMA criticam que, até hoje, não houve uma definição mais clara dos papéis dos órgãos estaduais e municipais dentro do SISNAMA.

[44] A falta de uma definição prévia e mais precisa das funções de cada nível de componentes do SISNAMA faz com que importantes esforços sejam executados em níveis inadequados e não produzam os efeitos desejados. O avanço da legislação ambiental sem uma correspondente estruturação da Administração pública tem gerido um "vácuo institucional", o que dificulta também a identificação pela sociedade civil do órgão responsável em cada caso.

[45] SARLET, op. cit., p. 63.

conhecimento da inequívoca e irreversível universalização dos direitos fundamentais e direitos humanos.

José Casalta Nabais também discorre nesse sentido referindo-se aos direitos fundamentais.[46] Os direitos ecológicos tiveram integração num texto constitucional pela primeira vez, na Constituição portuguesa de 1976.

> Os direitos fundamentais deixam de ser apenas os clássicos direitos de liberdade (camada ou geração liberal) e passam a integrar também os direitos de participação política (camada ou geração democrática), os direitos (a prestações) sociais (camadas ou geração social) e os direitos "ecológicos" (camada ou geração ecológica). É de referir, porém, que a associação destes deveres aos correspondentes direitos é de tal modo forte que justifica a autonomização destes como direitos de solidariedade, direitos poligonais ou direitos circulares cujo conteúdo é definido necessariamente em função do interesse comum, pelo menos em tudo quanto ultrapasse a lesão de bens individuais, tendo assim a sua dimensão objetiva um peso bem maior do que é próprio dos direitos fundamentais em geral.

O catálogo dos deveres fundamentais foi-se assim alargando dos clássicos deveres do estado liberal aos deveres políticos, aos deveres econômicos, sociais e culturais e aos deveres ecológicos do atual estado social. No que tange à atuação da administração pública, aqui compreendida como a atuação do Poder executivo e Legislativo, além da atuação jurisdicional, a doutrina de Juarez Freitas[47] nos diz que "o princípio do interesse público exige a simultânea subordinação das ações administrativas à dignidade da pessoa humana e o fiel respeito aos direitos fundamentais".

A respeito da necessidade do comprometimento de todos na questão ambiental, anota Orci:[48]

> A humanidade passa por uma crise de desenvolvimento econômico conjugado com uma crise ambiental. Tanto na economia quanto na natureza, os recursos são escassos, estão extintos ou na iminência de esgotamento. Por causa disso, neste estágio o meio ambiente ecologicamente equilibrado certamente só será assegurado e só será real, se houver o efetivo comprometimento de todos e a ação positiva da comunidade e do Poder Público.

A Constituição Federal de 1988 define o direito ao ambiente ecologicamente equilibrado como essencial ao futuro da humanidade, estabelecendo direitos e deveres para a sociedade civil e para o Estado. Podemos dizer que o acesso a um ambiente ecologicamente equili-

---

[46] NABAIS, José Casalta. *O dever fundamental de pagar impostos*. Coleção Teses. Coimbra: Almedina, 1998.

[47] FREITAS, Juarez. *O controle dos atos administrativos e os princípios fundamentais*. São Paulo: Malheiros, 2004. p 36.

[48] TEIXEIRA, op. cit., p. 101.

Licenciamento Ambiental

brado não é só um direito, mas também um dever de todos. Desse modo, tem obrigação de defender o ambiente não só o Estado, mas, igualmente, a coletividade. Portanto, o equilíbrio ecológico não significa uma permanente inalterabilidade das condições naturais. Tal equilíbrio, todavia, deve ser sempre almejado pelo Poder Público e pela coletividade.

Nesta ótica, constata-se que o direito fundamental do ambiente ecologicamente equilibrado busca viabilizar o direito à vida saudável e com qualidade, concretizando o fundamento constitucional da dignidade da pessoa humana insculpido no art. 1º, inciso III, da Constituição Federal de 1988. Em sendo considerado um direito fundamental, o direito ao ambiente encontra respaldo no § 4º do art. 60 da Constituição Federal de 1988 que ilustra as cláusulas pétreas,[49] adquirindo, portanto, imutabilidade própria destas cláusulas,[50] num contexto em que presente um Estado democrático e de direito, em que a democracia reconheça a primazia destes valores e princípios constitucionais.

1.3. Desenvolvimento sustentável x desenvolvimento econômico

Percebe-se claramente que até então o desenvolvimento adotado têm privilegiado o crescimento econômico, às custas dos recursos naturais, provocando uma crise ambiental sem precedentes. Em vista disso, urge que toda a sociedade organizada se mobilize e planeje seu desenvolvimento econômico, social, ambiental de forma ordenada, pelo prisma de uma sustentabilidade socioambiental democrática. Chegamos em um momento em que a humanidade deve agir sem anseios egoístas ou econômicos, sob pena de ver o planeta passar por um crise sem precedentes. Se já não está passando, o que muitos acreditam que já esteja ocorrendo. Este planejamento é vital para a

---

[49] As cláusulas pétreas, também chamada de "cláusula de eternidade" e "cláusula de inamovibilidade", em sentido constitucional exprimem a ideia de que existe alguma norma que não pode ser modificada, tornando-se irreformável, ou seja, torna insuscetível de mudança um dispositivo determinado pelo Poder Originário.

[50] O STF, ao decidir sobre o episódio envolvendo as células-tronco, teve a oportunidade de analisar a questão das cláusulas pétreas, destacando alguns trechos: E quando se reporta a "direitos da pessoa humana" e até dos "direitos e garantias individuais" como cláusula pétrea está falando de direitos e garantias do indivíduo-pessoa, que se faz destinatário dos direitos fundamentais "à vida, à liberdade, à igualdade, à segurança e à propriedade", entre outros direitos e garantias igualmente distinguidos com o timbre da fundamentalidade (como direito à saúde e ao planejamento familiar). Entendemos que o direito ao ambiente equilibrado também se enquadra como "um direito da pessoa humana". ADI 3510/DF – DISTRITO FEDERAL AÇÃO DIRETA DE INCONSTITUCIONALIDADE. Relator: Min. AYRES BRITTO. Julgamento: 29/05/2008.

humanidade, e este é o desafio, ou seja, conciliar o desenvolvimento econômico com o ambiental, preservando os direitos e deveres fundamentais, entre eles o ambiente em que vivemos e queremos preservar para as presentes e futuras gerações.

Nesta perspectiva, são oportunas as palavras de Tiezzi:[51] "Não há dúvida: daqui para frente, o momento mais oportuno para pararmos é AGORA. Agora é mais difícil que antes, mas é mais fácil que depois". Altvater aborda bem essa preocupação:[52]

> Vinte anos atrás, os limites do crescimento eram somente uma metáfora nos discursos de crítica ao crescimento, mas, hoje (em face da evidência do ônus sobre a biosfera e a esfera abiótica), os limites do crescimento representam uma restrição real ao desenvolvimento econômico e social que não pode mais se ignorada.

Essa crise, que se traduz no desequilíbrio socioambiental contemporâneo, está distribuída por todo o planeta da seguinte forma, conforme sustenta Viola e Leis:[53]

> No Primeiro Mundo concentra-se a poluição da riqueza: usinas nucleares, chuva ácida, consumo suntuário, montanhas de lixo aterrado, doenças provocadas pelo excesso de alimentos, álcool, drogas e medicamentos. No Terceiro Mundo concentra-se a poluição da miséria: subnutrição, ausência de água potável e esgotos, lixões a céu aberto ou simplesmente jogados nas ruas, ausência de atenção médica e de medicamentos, consumo de álcool e drogas. No Primeiro Mundo há uma perda progressiva do sentido da vida motivada por uma concepção unilateralmente materialista da vida humana, No Terceiro Mundo há uma degradação generalizada no sentido da vida, provocada por uma concentração extrema da riqueza, que deixa sem horizontes as maiorias miseráveis.

O Ministro Celso de Mello, do STF, quando do julgamento do MC na ADIN nº 3.540/DF,[54] destaca a importância dos direitos fun-

---

[51] TIEZZI, E. *Tempos históricos, tempos biológicos*: a Terra ou a morte – os problemas da nova ecologia. São Paulo: Nobel, 1988, p. 204.

[52] ALTVATER, E. *O preço da riqueza: pilhagem ambiental e a nova (des) ordem mundial*. São Paulo: UNESP, 1995, p. 311.

[53] VIOLA, E. J. LEIS, H. R. *Desordem global da biosfera e a nova ordem internacional*: o papel organizador do ecologismo. In: LEIS, H. R (org.). Ecologia e política mundial. Rio de Janeiro: Vozes, 1991, p. 23-50.

[54] MC na ADIN n. 3.540/DF, DJ de 3/2/06. A incolumidade do meio ambiente não pode ser comprometida por interesses empresariais nem ficar dependente de motivações de índole meramente econômica, ainda mais se se tiver que a atividade econômica, considerada a disciplina constitucional que a rege, está subordinada, dentre outros princípios gerais, àquele que privilegia a defesa do meio ambiente (CF, art. 170, VI), que traduz conceito amplo e abrangente das noções de meio ambiente natural, de meio ambiente cultural, de meio ambiente artificial (espaço urbano) e de meio ambiente laboral. O princípio do desenvolvimento sustentável, além de impregnado de caráter eminentemente constitucional, encontra suporte legitimador em compromissos internacionais assumidos pelo Estado brasileiro e representa fator de obtenção do justo equilíbrio entre as exigências da economia e as da ecologia, subordinada, no entanto, a invocação deste postulado, quando ocorrente situação de conflito entre valores constitucionais relevantes, a uma condição inafastável, cuja observância não comprometa nem esvazie o con-

damentais no tocante à necessidade da preservação do ambiente. Esta busca de equilíbrio citado pelo Ministro Celso de Mello é fundamental, a nosso sentir, para o êxito do processo de licenciamento. Necessariamente o viés a ser almejado pelo Gestor deve ser o equilíbrio entre o ambiente e a questão econômica. Sabemos que muitas vezes esta tarefa não é fácil. Mas o ambiente é incomensurável. É superior a isto e assim deve ser visto. Em outro julgamento, acerca do prisma de ponderação de bens constitucionais, o Ministro Celso de Mello[55] se manifestou sobre do poder-dever que tem o Poder Público de cumprir as normas em vigor, inclusive o texto constitucional que não pode ser limitado por norma inferior.

O STJ, por sua vez, também vem decidindo neste viés,[56] segundo o qual as normas de direito ambiental e econômico devem ser aplica-

---

teúdo essencial de um dos significativos direitos fundamentais: o direito à preservação do meio ambiente, que traduz bem de uso comum da generalidade das pessoas, a ser resguardado em favor das presentes e futuras gerações.

[55] RE n. 134.297-8-SP. Rel. Ministro Celso de Mello. RECURSO EXTRAORDINÁRIO – ESTAÇÃO ECOLÓGICA – RESERVA FLORESTAL NA SERRA DO MAR – PATRIMÔNIO NACIONAL (CF/88, art. 225, § 4º) – LIMITAÇÃO ADMINISTRATIVA QUE AFETA O CONTEÚDO ECONÔMICO DO DIREITO DE PROPRIEDADE – DIREITO DO PROPRIETÁRIO DE INDENIZAÇÃO – DEVER ESTATAL DE RESSARCIR OS PREJUÍZOS DE ORDEM PATRIMONIAL SOFRIDOS PELO PARTICULAR – RE NÃO CONHECIDO. Incumbe ao Poder Público o dever constitucional de proteger a flora e de adotar as necessárias medidas que visem a coibir práticas lesivas ao equilíbrio ambiental. Esse encargo, contudo, não exonera o Estado da obrigação de indenizar os proprietários cujos imóveis venham a ser afetados, em sua potencialidade econômica, pelas limitações impostas pela Administração Pública. A proteção jurídica dispensada às coberturas vegetais que revestem as propriedades imobiliárias não impede que o *dominus* venha a promover, dentro dos limites autorizados pelo Código Florestal, o adequado e racional aproveitamento econômico das árvores nelas existentes. – [...] A norma inscrita no art. 225, § 4º, da CF/88 deve ser interpretada de modo harmonioso com o sistema jurídico consagrado pelo ordenamento fundamental, notadamente com a cláusula que, proclamada pelo art. 5º, XXII, da Carta Política, garante e assegura o direito de propriedade em todas as suas projeções, inclusive aquela concernente à compensação financeira devida pelo Poder Público ao proprietário atingido por atos imputáveis à atividade estatal. [grifo nosso].

[56] REsp nº 588.022 – SC (2003/0159754-5), Rel. Min. José Delgado. ADMINISTRATIVO E AMBIENTAL. AÇÃO CIVIL PÚBLICA. DESASSOREAMENTO DO RIO ITAJAÍ-AÇU. LICENCIAMENTO. COMPETÊNCIA DO IBAMA. INTERESSE NACIONAL. 1. Existem atividades e obras que terão importância ao mesmo tempo para a Nação e para os Estados e, nesse caso, pode até haver duplicidade de licenciamento. 2. *O confronto entre o direito ao desenvolvimento e os princípios do direito ambiental deve receber solução em prol do último, haja vista a finalidade que este tem de preservar a qualidade da vida humana na face da terra. O seu objetivo central é proteger patrimônio pertencente às presentes e futuras gerações.* [grifo nosso]. 3. Não merece relevo a discussão sobre ser o Rio Itajaí-Açu estadual ou federal. A conservação do meio ambiente não se prende a situações geográficas ou referências históricas, extrapolando os limites impostos pelo homem. A natureza desconhece fronteiras políticas. Os bens ambientais são transnacionais. A preocupação que motiva a presente causa não é unicamente o rio, mas, principalmente, o mar territorial afetado. O impacto será considerável sobre o ecossistema marinho, o qual receberá milhões de toneladas de detritos. 4. Está diretamente afetada pelas obras de dragagem do Rio Itajaí-Açu toda a zona costeira e o mar territorial, impondo-se a participação do IBAMA e a necessidade de prévios EIA/RIMA. A atividade do órgão estadual, *in casu*, a FATMA, é supletiva. Somente o estudo e o acompanhamento aprofundado da questão, através dos órgãos ambientais públicos e privados, poderá aferir quais

das de forma equilibrada. O tribunal defende que a conservação do meio ambiente não se prende a situações geográficas ou referências históricas, extrapolando os limites impostos pelo homem. A natureza desconhece fronteiras políticas. Os bens ambientais são transnacionais. Afiliamo-nos a esta posição por considerar legítima em plena sintonia com o texto constitucional e com as normas infraconstitucionais.

Davis Pepper destaca a relação entre o desenvolvimento econômico e a afronta ao ambiente como uma preocupação central do ambientalismo moderno, por meio da parábola do biólogo Garret Hardin em artigo publicado na Revista Science. Pepper[57] "afirma que a consideração de que o bem ecológico pode por todos ser explorado por ser gratuito, sem limitações quantitativas e qualitativas, mostra-se extremamente prejudicial."

Eros Grau[58] identifica a defesa do ambiente como diretriz, norma-objetivo, de caráter constitucional, nos seguintes termos:

Princípio da ordem econômica constitui também a defesa do meio ambiente (art. 170, VI), trata-se de princípio constitucional impositivo, que cumpre dupla função, quais os anteriormente referidos. Assume também, assim, a feição de diretriz – norma-objetivo – dotada de caráter constitucional conformador, justificando a reivindicação pela realização de políticas públicas.

O confronto entre o direito ao desenvolvimento e os princípios do direito ambiental deve receber solução em prol do último, haja vista a finalidade que este tem de preservar a qualidade da vida humana na face da terra. É necessário, então, haver ponderação entre o desenvolvimento econômico e a proteção ambiental no contexto jurídico pátrio como um todo não comportando antinomias entre as normas. Enfim, é preciso repensar nosso cotidiano sem alarmismos, mas com seriedade e persistência. Novas regras sociais serão necessárias para buscar uma justiça social e acima de tudo para se concretizar enfim o disposto na Constituição Federal de 1988 referente à dignidade humana.

Importante lembrar que não há poluição zero. Neste sentido, cabe citar a decisão proferida pela Desembargadora Federal Marga Tessler,

---

os contornos do impacto causado pelas dragagens no rio, pelo depósito dos detritos no mar, bem como, sobre as correntes marítimas, sobre a orla litorânea, sobre os mangues, sobre as praias, e, enfim, sobre o homem que vive e depende do rio, do mar e do mangue nessa região. 5. Recursos especiais improvidos.

[57] PEPPER, David. *Ambientalismo moderno*. São Paulo: Livraria duas Cidades, 1966.

[58] GRAU, Eros Roberto. *A ordem econômica na constituição de 1988*: integração e crítica. São Paulo: Revista dos Tribunais, 1990.

Licenciamento Ambiental

do Tribunal Regional Federal da 4ª Região.[59] Este é o desafio que se dá entre o empreendedor que quer viabilizar a obra e de outra parte o órgão gestor responsável pelo equilíbrio entre a norma protetiva e desenvolvimentista.

A questão não se resume entre crescimento e qualidade ambiental, mas em buscar harmonizar e equilibrar os objetivos socioambientais, mediante a redefinição de padrões de uso dos recursos ambientais que são finitos e qual o crescimento que almejamos.

Diante dessas considerações, é notória a viabilidade da busca pelo equilíbrio entre o crescimento econômico e o desenvolvimento sustentável desde que presentes por parte dos atores envolvidos na gestão ambiental, a consciência da necessidade de preservar os recursos naturais, que muitas vezes o homem esquece a sua finitude. Exemplo disso é a água, considerado por muitos o recurso mais preocupante do século.

Os interesses empresariais devem pautar as suas condutas pelo viés da sustentabilidade, o que, diga-se de passagem, é uma realidade já em nosso país e no exterior.

Desta forma, é essencial fazer-se uma abordagem acerca do poder-dever do Estado legitimado pela Carta Política vigente, detentor de poder de polícia com o propósito de assegurar o cumprimento do interesse público, preferencialmente primário, assegurando assim o ambiente ecologicamente equilibrado, conforme se verá no capítulo que segue.

---

[59] Agravo de Instrumento n. 1998.04.01.016732-3/SC. 20 de agosto de 1998. Relatora Desa. Federal Marga Barth Tessler. ADMINISTRATIVO. Ação civil pública. Direito ambiental. Liminar para paralisação de atividades da empreendedora. Requisitos. Não-preenchimento. [...] Toda a atividade humana pode causar danos ao meio ambiente, não há poluição zero, de forma que a idéia de natureza intocada é um mito moderno. Por outro lado, a área em discussão sofreu pressão populacional crescente, e a ocupação desordenada pode ser ainda mais degradante ao meio ambiente. Dessa forma, não há necessidade de paralisação das atividades, pois, no transcorrer da ação civil pública, haverá meios para que, com o auxílio de profissionais, chegue-se a uma solução menos degradadora do meio ambiente. Essa orientação está em conformidade com a idéia de que as normas constitucionais, nesse assunto, tem o objetivo de preservação de um mínimo de "ponderação ecológica".

2. Poder-Dever do Estado de Proteger o Ambiente à Luz da Constituição da República Federativa do Brasil

> De vasta floresta, pura e casta, agora resta pouca flora. Acabou-se
> a festa quando, tora por tora, moto-serra que castra,
> devastando-a, de vasta, fê-la parca.
>
> (*Soffiati*, 1990)

2.1. Previsão constitucional de impor ao Poder Público e à coletividade o dever de defender e preservar o ambiente para as presentes e futuras gerações

A Constituição Federal de 1988 impõe ao Poder Público e particulares um "caderno de encargos" – para usar a expressão de Canotilho.[60] Nela vamos identificar um dever geral de não degradar núcleo obrigacional e deveres derivados e secundários, de caráter específico, listados no § 1º do art. 225. A constitucionalização do direito ambiental representa inegável evolução no cumprimento do papel do Estado e da coletividade na preservação ambiental, garantindo de forma muito mais efetiva a proteção desse bem de uso comum do povo que é o meio ambiente ecologicamente equilibrado, necessário à sadia qualidade de vida.

Importante trazer à baila o fato de que o artigo 225 *caput* da Carta Política dispõe que cabe tanto ao Poder Público como aos cidadãos a preservação do ambiente. Isto quer dizer que aos cidadãos também foi dada a missão de proteger o meio ambiente e não apenas exigir do poder público o seu cumprimento. Ambos têm a missão constitucional de juntos proteger o meio ambiente para as presentes e futuras gerações. Devemos agir em prol da natureza, visando à sustentabili-

---

[60] GOMES, J. J. *Fundamentos da Constituição*. Coimbra: Coimbra Editora, 1991, p. 39.

dade em sintonia com o crescimento econômico. O direito ao ambiente é por consequência transindividual.[61] Tal direito, além da proteção constitucional da ação civil pública, promovida principalmente pelo Ministério Público, alcança também a proteção da ação popular, igualmente protegida pela Carta Política, no art. 5º, inciso LXXIII. Assim, a garantia ao ambiente é obrigação, direito e dever de todos, e lastreada por normas legais e princípios gerais e constitucionais. A proteção ao ambiente, por se tratar de um direito fundamental para a preservação do planeta, pertence à humanidade e às gerações futuras.

A questão referente ao interesse que deve prevalecer nos processos em que tramita o licenciamento ambiental merece atenção. De um lado, os interesses dos empreendedores, sob a ótica privatista. De outro, o interesse público, que deve ser o viés seguido pelos Gestores à frente dos órgãos integrantes do SISNAMA. Neste sentido, assim prevê o Código Estadual de Meio Ambiente do Estado do Rio Grande do Sul, editado em 2002 por intermédio da Lei nº 11.520. Assim dispõe o artigo 9º: "Art. 9º O interesse comum terá prevalência sobre o privado, no uso, na exploração, na preservação e na conservação dos recursos ambientais".

A Lei nº 11.520 tramitou na Assembleia Legislativa do Estado do Rio Grande do Sul por quase dez anos, tendo tido inúmeros debates com a sociedade civil organizada, inclusive com o movimento ambientalista gaúcho. Trata-se de um Código de Ambiente que muito orgulha a todos pela excelente técnica legislativa ali editada.

Não poderia ser diferente. Para Celso Antônio Bandeira de Mello, "o interesse do todo é 'função' qualificada dos interesses das partes, um aspecto, uma forma específica de sua manifestação".[62] Não há, assim, que se falar em uma contraposição entre o interesse público e o interesse privado de cada um dos integrantes do coletivo, senão muito mais em uma convergência entre seus fins maiores.

O Poder Judiciário, quando instado a se manifestar, dá mostras da supremacia do interesse público na preservação ambiental quando, por exemplo, proibiu a prática da farra do boi,[63] entendendo que a

---

[61] "Um meio ambiente sadio e ecologicamente equilibrado representa um bem e interesse transindividual, garantindo constitucionalmente a todos, estando acima de interesses privados" (TRF 4ª Região, 4ª Turma, AP. em ACP 1998.04.01.009684-2-SC, Rel. Juiz Federal Joel Ilan Paciornik, DJU 16.4.2003, in Interesse Público 19/288, 2003.

[62] MELLO, Celso Antônio Bandeira de. Curso de direito administrativo. 13. ed. São Paulo: Malheiros, 2001, p. 57-58.

[63] Supremo Tribunal Federal. 2ª Turma. RE 153.531-SC. Rel. Min. Marco Aurélio. DJ 1 de 13.3.98, p.13.

manifestação popular imprimia sacrifícios não razoáveis aos animais, submetidos a verdadeiro ritual de crueldade.

Odete Medauar[64] enfatiza em sua obra que:

Apesar de reconhecer a vigência do princípio da preponderância do interesse público sobre o particular, afirmou que ele vem sendo matizado pela idéia de que à Administração cabe realizar a ponderação de interesses presentes numa determinada circunstância, para que não ocorra o sacrifício "a priori" de nenhum interesse.

Oportuno também o ensinamento de Juarez Freitas:[65] "[...] em vez de referir-se ao princípio da supremacia do interesse público sobre o particular, prefere falar apenas em 'princípio do interesse público'".

2.2. A redefinição da supremacia do interesse público sobre o interesse privado: interesse primário

A supremacia do interesse público sobre o privado e a indisponibilidade do interesse público são princípios nucleares do regime jurídico administrativo, pois servem de pilares ao mesmo. A existência de ambos justifica-se como pressuposto de uma estabilidade social, ante a necessidade que de seja supremo o interesse coletivo. O interesse público tem dois postulados: supremacia do interesse público em relação ao interesse particular e indisponibilidade do interesse público pela administração.

Ricardo Alessi,[66] em 1958, com maestria, já desenvolvia a diferenciação entre o interesse público primário e o interesse público secundário. Segundo ele, os interesses secundários do Estado só podem ser por ele buscados quando coincidentes com os interesses primários, isto é, com os interesses públicos propriamente ditos. O interesse público nada mais é do que o interesse coletivo primário, considerado como um objeto de proteção direta da ação administrativa.

---

[64] MEDAUAR, Odete. *O direito administrativo moderno*. São Paulo: Revista dos Tribunais, 2001, p. 153.

[65] FREITAS, op. cit., p. 34-36. O professor Juarez Freitas ressalta que o princípio em questão prescreve que "em caso de colisão, deve preponderar a vontade geral legítima sobre a vontade egoisticamente articulada", não deixou de consignar que o "princípio do interesse público exige a simultânea subordinação das ações administrativas à dignidade da pessoa humana e o fiel respeito aos direitos fundamentais.

[66] ALESSI, Renato. *Sistema istituzionale del diritto amministrativo italiano*. Milano: Dott. A. Giuffrè – Editore. 1958, p. 180.

Celso Antônio Bandeira de Mello[67] nos traz à baila a distinção feita pela doutrina italiana entre as duas acepções de interesse público:

> Interesse público ou primário é o pertinente à sociedade como um todo e só ele pode ser validamente objetivado, pois este é o interesse que a lei consagra e entrega à compita do Estado como representante do corpo social. Interesse secundário é aquele que atina tão-só ao aparelho estatal enquanto entidade personalizada e que por isso mesmo pode lhe ser referido e nele encarna-se pelo simples fato de ser pessoa.

Como anota com propriedade Daniel Sarmento,[68] "para um Estado que tem como tarefa mais fundamental, por imperativo constitucional, a proteção e promoção dos direitos fundamentais dos seus cidadãos, a garantia desses direitos torna-se também um autêntico interesse público".

O STF,[69] em suas decisões, também tem levado em consideração a aplicação do interesse público primário. Isto demonstra que a doutrina e a sua aplicação pelos nossos tribunais estão *pari passu* em prol da efetivação das normas constitucionais e infraconstitucionais. O "princípio" da supremacia do interesse público – se é que existe – apenas tutelaria o interesse público primário.

Nem todo o interesse estatal é público e vice-versa.[70] Não se define o interesse público pela titularidade estatal, mas ao contrário, ele preexiste ao Estado e é a este atribuído por ser público, da coletivida-

---

[67] MELLO, Celso Antônio Bandeira de. *Curso de direito administrativo*. 25. ed. São Paulo: Malheiros, 2008, p. 99. Celso Antônio Bandeira de Mello discorre sobre a distinção, deixando claro que, em caso de conflito, deve prevalecer a proteção do interesse público primário, sob pena de o Estado trair sua própria razão de existir.

[68] Interesses públicos vs. interesses privados na perspectiva da teoria e da filosofia constitucional. In: SARMENTO, Daniel. *Interesses públicos versus interesses privados*: desconstruindo o princípio de supremacia do interesse público. Rio de Janeiro: Lumen Juris, 2007, p. 83.

[69] ADIN 3.512-6 – Espírito Santo. Relator: Min. Eros Grau. Destaca-se trecho do acórdão: 6. Na composição entre o princípio da livre iniciativa e o direito à vida há de ser preservado o interesse da coletividade, interesse público primário. AG. REG. Na suspensão de tutela antecipada 112-7 – Paraná. Rel. Min. Ellen Gracie. Destaca-se trecho do acórdão: página 8 onde o Ministro Marco Aurélio leciona: Distingo o interesse público primário do interesse público secundário. Para mim, o interesse público primário diz respeito aos cidadãos em geral, enquanto o interesse público secundário – sei que alguns não conseguem aceitar essa distinção – está ligado à administração, aos interesses da administração propriamente dita, considerado o governo reinante.

[70] AGRAVO DE INSTRUMENTO Nº 2009.04.00.013694-6/SC, Relatora Desa. Federal Marga Inge Barth Tessler. EMENTA: PROCESSUAL CIVIL. MEIO AMBIENTE. INTERVENÇÃO MINISTERIAL. ARTS. 82 A 84 DO CÓDIGO DE PROCESSO CIVIL. IBAMA. COMPETÊNCIA SUPLETIVA. *A questão ligada à proteção do meio ambiente indubitavelmente é de interesse público – tanto que o bem ambiental constitui direito de todos, além do que integra as atribuições constitucionalmente atribuídas ao Ministério Público* e, sendo assim, o caso se subsume ao disposto nos arts. 82 a 84 do Código de Processo Civil, sendo devida a intervenção ministerial no feito, não sendo necessária, no entanto, a sua intimação antes da apreciação do pedido liminar pelo magistrado. Quanto ao mérito, a competência supletiva do IBAMA, nos termos da Lei nº 6.938/1981, exige a presença daquela autarquia federal nos feitos em que se busca a decretação de nulidade de auto de infração expedida pelo IBAMA. (grifo nosso)

de. O Estado é o instrumento de realização dos interesses públicos, para satisfazer as necessidades coletivas e não do aparelho estatal, conforme leciona Marçal Justen Filho.[71]

Imagine-se que o aumento do tráfego torne necessária a duplicação de uma rodovia. O problema rodoviário provoca acidentes e poluição. É inegável a existência de interesse público em promover a sua duplicação. Com efeito, suponha-se que a duplicação da rodovia ocasione a necessidade de desmatamento de uma área de preservação permanente. Neste caso, seria questionável a existência de interesse público.

Neste sentido, o exemplo acima demonstra a existência de diversos interesses públicos, inclusive com conflitos entre si. Portanto, é perfeitamente possível a ocorrência de conflitos entre si. Portanto, a caracterização de interesse público deve ser feita com a devida cautela, justamente em razão da pluralidade e eventual contradição entre os interesses possíveis existentes em uma sociedade. Isto tudo demonstra que para se resolver a *quaestio* não reside na configuração pura e simples no interesse público. A questão nuclear está na presença de um direito fundamental. Há um núcleo de direitos que não pode, em hipótese alguma, ser preterido, pois constitui o objetivo e fundamento primeiro do Estado Socioambiental Democrático de Direito.

É fundamental, portanto, investigar até que ponto o interesse público não se confunde, na prática, com o interesse do administrador que, está administrando uma cidade, um Estado ou uma Nação, encontra-se no exercício do poder. Até onde o interesse público primário enquanto interesse da coletividade encontra-se no "mundo do dever ser" e não no "mundo do ser"? Eros Roberto Grau traz à prova o argumento:

> [...] é necessário tomarmos consciência de que o individual sempre esteve, entre nós, inserido no Estado, de modo a conformar e a determinar o interesse público, mesmo e especialmente o chamado interesse público primário.
>
> E assim é porque as *virtudes republicanas* são imanentes à ordem *social*, mas não podem realizar-se entre nós, porque essa ordem, aqui, é *privatista*. A noção que temos da *coisa pública* relaciona-se não ao povo, porém ao Estado.
>
> O *público* é o *estatal*, não o *comum a todos*. Desconhecemos a sentença de Ulpiano, demarcando a distinção entre ambos: os bens pertencentes ao Estado são abusivamente chamados de 'públicos', pois assim devem ser considerados unicamente os bens que pertencem ao povo romano. E desconhecemos também, inteiramente, a síntese de Cícero: *res publica, res populi*. O *individualismo possessivo* que toma conta de nós permite visualizarmos exclusivamente o que pertence a cada um e os bens que

---

[71] JUSTEN FILHO, Marçal. *Curso de direito administrativo*. 4. ed. São Paulo: Saraiva, 2009, p. 59-60.

Licenciamento Ambiental

são ditos *públicos* assim são chamados porque *arrebatados pelo Estado, este inimigo de cada um*, concebido como instituição rigorosamente separada da sociedade.[72]

Neste aspecto, imperioso trazer à baila acórdão do STJ, onde brilhantemente o Ministro Humberto Martins assim decidiu:[73]

> [...] Com isso, observa-se que a realização dos Direitos Fundamentais não é opção do governante, não é resultado de um juízo discricionário nem pode ser encarada como tema que depende unicamente da vontade política. A não priorização de direitos essenciais implica o destrato da vida humana como um fim em si mesmo, ofende, às claras, o sobreprincípio da dignidade da pessoa humana. A Constituição Federal reforça esse entendimento ao declarar, em seu art. 1º, III, que a dignidade da pessoa humana é fundamento da República Federativa do Brasil, a Carta Cidadã de 1988 escolhe, ela própria, algumas prioridades que devem ser respeitadas pelo Poder Constituído.

O tema interesse público primário tem sido pauta de debates entre os juristas nacionais e internacionais. Com a propriedade que lhe é peculiar, o Ministro Marco Aurélio[74] assim decidiu:

> [...] Distingo o interesse público primário do interesse público secundário. Para mim, o interesse público primário diz respeito aos cidadãos em geral, enquanto o interesse público secundário – sei que alguns não conseguem aceitar essa distinção – está ligado à administração, aos interesses da administração propriamente dita, considerado o governo reinante.

Também oportuno citar a decisão proferida pelo Ministro Eros Grau,[75] quando fez menção ao interesse primário: "[...] Na composição entre o princípio da livre iniciativa e o direito à vida há de ser preservado o interesse da coletividade, interesse público primário".

Com efeito, atualmente, até pelas decisões recentes dos tribunais superiores, é inegável a existência de um interesse público primário, em que pese opiniões em contrário. Sedimentou-se, na doutrina, por influência do direito italiano, a diferenciação entre interesse como se público primário e interesse público secundário.[76] Interesse público tem tido várias interpretações ao longo dos tempos. Aristóteles, por exemplo, o denominava de sumo bem comum, "digno de ser amado também por único indivíduo; porém mais belo e mais divino quando referente a povos e cidades".[77]

Todavia, Rousseau preferia a expressão "vontade geral":

---

[72] GRAU, E. R. O Estado, a liberdade e o direito administrativo. *Crítica Jurídica. Revista Latino-americana de Política, Filosofia y Derecho*, Mexico/Brasil, p. 163 – 173.

[73] Resp 1.185.474-SC. Rel. Ministro Humberto Martins.

[74] Ag. Reg. na suspensão de tutela antecipada 112-7-PR.

[75] ADIN 3.512-6 – ES.

[76] GIANNINI, Massimo Severo. *Diritto amministrativo*. Milano: Giuffrè, 1988, p. 487 e 885.

[77] ARISTÓTELES. *A ética*. Tradução de Cássio M. Fonseca. Rio: Tecnoprint, 1965, p. 22-23, 2 a 9.

Só a vontade geral pode dirigir as forças do Estado de acordo com a finalidade de sua instituição, que é o bem comum, porque, se a oposição dos interesses particulares tornou necessário o estabelecimento das sociedades, foi o acordo desses mesmos interesses que o possibilitou. O que existe de comum nesses vários interesses forma o liame social e, se não houvesse um ponto em que todos os interesses concordassem, nenhuma sociedade poderia existir. Ora, somente com base nesse interesse comum é que a sociedade deve ser governada.[78]

Neste ponto, cabe citar trechos da obra de Luis Roberto Barroso:[79]

O interesse público primário é a razão de ser do Estado e, sintetiza-se nos fins que cabe a ele promover: justiça, segurança e bem-estar social. Estes são os interesses de toda a sociedade. O interesse público secundário é o da pessoa jurídica de direito público que seja parte em uma determinada relação jurídica – quer se trate da União, do Estado-membro, do Município ou das suas autarquias. Em ampla medida, pode ser identificado como o interesse do erário, que é o de maximizar a arrecadação e minimizar as despesas.

[...] essa distinção não é estranha à ordem jurídica brasileira. É dela que decorre, por exemplo, a conformação constitucional das esferas de atuação do Ministério Público e da Advocacia Pública. Ao primeiro cabe a defesa do interesse público primário; à segunda, a do interesse público secundário. Aliás, a separação clara dessas duas esferas foi uma importante inovação da Constituição Federal de 1988. É essa diferença conceitual entre ambos que justifica, também, a existência da ação popular e da ação civil pública, que se prestam à tutela dos interesses gerais da sociedade, mesmo quando em conflito com interesses secundários do ente estatal ou até dos próprios governantes. O interesse público secundário não é, obviamente, desimportante. Observe-se o exemplo do erário. Os recursos financeiros provêem os meios para a realização do interesse primário, e não é possível prescindir deles. Sem recursos adequados, o Estado não tem capacidade de promover investimentos sociais nem de prestar de maneira adequada os serviços públicos que lhe tocam. Mas, naturalmente, em nenhuma hipótese será legítimo sacrificar o interesse público primário com o objetivo de satisfazer o secundário. A inversão da prioridade seria patente, e nenhuma lógica razoável poderia sustentá-la.

[...]

O interesse público secundário – i.e, o da pessoa jurídica de direito público, o do erário – jamais desfrutará de supremacia a priori e abstrata em face do interesse particular.

Acertadamente leciona Juarez Freitas: "O princípio do interesse público exige a simultânea subordinação das ações administrativas à dignidade da pessoa humana e o fiel respeito aos direitos fundamentais".[80]

---

[78] ROUSSEAU, Jean Jacques. *Do contrato social*. Os Pensadores. vol. XXIV. São Paulo: Victor Civitas, 1973, p. 49.

[79] ARAGÃO, Alexandre *et al*. Prefácio. In: *Interesses públicos X Interesses privados*: desconstruindo o princípio da supremacia do interesse público. Rio de Janeiro: Lumen Júris, 2005.

[80] FREITAS, op. cit., p. 34-35.

Tal definição é deveras relevante para o desenvolvimento da questão que ora se propõe, ou seja, a de definir, de forma equilibrada, os interesses que devem prevalecer no processo de licenciamento. O Gestor deve agir, cabe mais uma vez lembrar, de forma isonômica e equilibrada, visando, sobretudo o desenvolvimento sustentável. Questão relevante a destacar é saber como proceder diante de eventual solução envolvendo o conflito destes interesses. Neste aspecto, Gustavo Binenbojn ensina:

> Assim, o melhor interesse público só pode ser obtido a partir de um procedimento racional que envolve a disciplina constitucional de interesses individuais e coletivos específicos, bem como um juízo de ponderação que permita a realização de todos eles na maior extensão possível. O instrumento deste raciocínio ponderativo é o postulado da proporcionalidade.[81]

2.3. Controle da administração pública

É da essência do Estado Democrático de Direito a existência de controles recíprocos entre os órgãos estatais. Tais mecanismos de controle são essenciais para o bom andamento dos três Poderes, seja executivo, legislativo ou judiciário. É o conhecido sistema de freios e contrapesos.

Outro aspecto importante no estudo em tela é referente ao controle da Administração Pública. Até que ponto é possível haver o controle dos atos discricionários, por exemplo. A doutrina e a jurisprudência, neste tópico, evoluíram muito, a nosso ver, de forma evolutiva e benéfica ao instituto do licenciamento ambiental e, sobretudo, para o Direito Ambiental. O Estado de Direito, conforme ensina Celso de Mello,[82] submete o poder ao Direito, viabilizando-se o controle pelo sistema de freios e contrapesos, na medida em que um Poder é controlado pelo outro.

É da essência do Estado Democrático de Direito a existência de ferramentas de controles recíprocos entre os órgãos, seja de que poderes eles integrem. Tal afirmação é vital em que pese o comando constitucional previsto no art. 2º e no art. 60, § 4º, ambos da Constituição Federal de 1988. Por que isto é importante? Ora justamente para dar transparência aos atos administrativos, exigência esta, é bom lembrar, está prevista na Constituição Federal, por exemplo, nos arts. 37, *caput*

---

[81] ARAGÃO *et al*; op. cit..

[82] MELLO, Celso de. Funções do Tribunal de Contas. *Revista de Direito Público*, São Paulo, n.72, 1983.

e art. 225, § 1º, inciso IV. Além disso, o controle da Administração deve ser dar para dar moralidade aos atos administrativos, inclusive eficiência aos mesmos.

Cabe observar que "controle administrativo" é multiangular, multígena, multiforme, multidisciplinar e multifacetada, até porque o próprio termo "controle" é plurívoco, dono de várias acepções, segundo observa o autor Hely Lopes Meirelles.[83] Lembra o autor que a palavra controle é de origem francesa "contrôle" e, por isso, sempre encontrou resistências entre os cultores do vernáculo. Mas, por ser intraduzível e insubstituível no seu significado vulgar ou técnico, incorporou-se definitivamente ao nosso idioma.

Miguel Seabra Fagundes[84] refere-se ao controle dos atos administrativos conforme o poder que os controla, classificando-o em controle administrativo, controle legislativo e controle jurisdicional. Iremos desenvolver neste trabalho tópicos acerca dos controles administrativo e o controle jurisdicional.

Durante muito tempo sustentou-se na doutrina e na jurisprudência pátrias que o Poder Judiciário deveria limitar-se ao exame da legalidade do ato administrativo, à verificação de suas formalidades, sendo-lhe inclusive vedado o ingresso na seara da investigação do mérito administrativo.

O controle da Administração Pública se dá tanto na administração direta como na indireta. Tal controle pode ser interno ou externo. Interno é o controle exercido pelos órgãos da própria Administração. Modernamente em consonância com a nova ordem constitucional, todos os órgãos da Administração Pública, seja federal, estadual ou municipal, possuem em sua estrutura administrativa Controladorias, que são responsáveis pelo controle dos atos do Executivo, como por exemplo, os convênios e contratos firmados. O controle externo, por sua vez, é o realizado por órgãos alheios à sua administração. Exemplo de controle interno é o realizado pelo Tribunal de Contas da União e dos Estados.

A legislação permite ainda que qualquer pessoa possa suscitar o controle da Administração. A administração, por sua vez, sabendo de conduta danosa ao erário, tem o poder-dever de apurar eventual infração, sob pena de responder por omissão perante o Poder Judiciário e à sociedade. Assim se dá quando se aperfeiçoa o § 2º da Lei federal nº 9.605/98, "qualquer pessoa, constatando infração ambiental, poderá

---

[83] MEIRELLES, Hely Lopes. *Direito administrativo brasileiro*. São Paulo: Malheiros. 1994.

[84] FAGUNDES, Miguel Seabra. *O Controle dos atos administrativos pelo poder judiciário*. Rio de Janeiro: Forense, 2005.

dirigir representação às autoridades relacionadas no parágrafo anterior, para efeito do exercício do seu poder de polícia". O § 3º preceitua que "a autoridade ambiental que tiver conhecimento de infração ambiental é obrigado a promover a sua apuração imediata, mediante processo administrativo próprio, sob pena de corresponsabilidade".

Trata-se de medida que vem sendo utilizada efetivamente pela sociedade organizada, seja por ONGs, associações ou por cidadãos em busca da preservação da qualidade ambiental. O sentimento de participação do cidadão na sociedade tem sido cada vez mais presente, após o advento da Constituição Federal de 1988. É uma maneira eficaz e ao mesmo tempo de interagir e fiscalizar o cumprimento das normas legais pelos nossos administradores.

Neste sentido, impõe-se a leitura do texto constitucional, em especial o art. 70.[85] Da leitura do texto constitucional observa-se que os atos da Administração são fiscalizados tanto pelo controle interno de cada poder, como pelo poder externo, já observado anteriormente. Trata-se, portanto, de um poder-dever da Administração Pública efetivamente fiscalizar seus próprios atos e serem fiscalizados pelas Cortes de Contas.

Com efeito, o §§ 1º e 2º do art. 74[86] da Constituição Federal dispõem acerca da responsabilidade dos servidores que atuam no controle interno e da possibilidade de que o cidadão, partido político, associação ou sindicato, possuem de denunciar eventuais irregularidades ou ilegalidades.

Nesta senda, oportuno citar as lições de Caio Tácito:[87]

> O controle da legalidade da administração não é, afinal, monopólio ou privilégio de ninguém. Dele compartilham os vários poderes do Estado. Dele se utiliza qualquer do provo quando ferido em direito seu ou em interesse legítimo. A defesa da ordem jurídica é, sobretudo, um dever de cidadania: a mística da lei e a fidelidade ao interesse público são a essência mesma da sociedade livre e moralizada. O culto à liberdade

---

[85] Constituição da República Federativa do Brasil. Art. 70. A fiscalização contábil, financeira, orçamentária, operacional e patrimonial da União e das entidades da administração direta e indireta, quanto à legalidade, legitimidade, economicidade, aplicação das subvenções e renúncia de receitas, será exercida pelo Congresso Nacional, mediante controle externo, e pelo sistema de controle interno de cada Poder. Parágrafo único. Prestará contas qualquer pessoa física ou jurídica, pública ou privada, que utilize, arrecade, guarde, gerencie ou administre dinheiros, bens e valores públicos ou pelos quais a União responda, ou que, em nome desta, assuma obrigações de natureza pecuniária. *(Parágrafo único com redação dada pela Emenda Constitucional nº 19, de 1998).*

[86] Art. 74, § 1º Os responsáveis pelo controle interno, ao tomarem conhecimento de qualquer irregularidade ou ilegalidade, dela darão ciência ao Tribunal de Contas da União, sob pena de responsabilidade solidária. § 2º Qualquer cidadão, partido político, associação ou sindicato é parte legítima para, na forma da lei, denunciar irregularidades ou ilegalidades perante o Tribunal de Contas da União.

[87] TÁCITO, Caio. *Direito administrativo.* São Paulo: Saraiva, 1975, p. 136.

não se coaduna com a tolerância do arbítrio ou aceno à violência. A legalidade não é uma simples criação de juristas, dosada em fórmulas técnicas e símbolos latinos. É o próprio instinto de conservação da comunidade. A todos incumbe, assim, o dever elementar de vigilância, a paz social traduzida na lei e no direito.

É dever da Administração fazer a gestão de todos os seus atos, quer sejam contratos, convênios, termos de cooperação. A possibilidade do autocontrole por parte da Administração não é novidade. O STF já editou a Súmula nº 473[88] que trata sobre a possibilidade da Administração fazer o autocontrole.

Ponto de destaque é a questão da publicidade de todos os atos da Administração. Na seara ambiental, em especial, a publicidade dos atos é fundamental para dar eficácia aos processos de licenciamento ambiental. Os empreendedores devem providenciar a publicação de todos os pedidos de licença, renovação e alteração das licenças. Inclusive tal obrigação, é bom lembrar, é as suas custas, assim como é a auditoria ambiental e eventual EIA/RIMA. O direito de reclamação do cidadão observa Adriana da Costa R. Schier:[89]

> [...] assevera que se trata de direito fundamental a possibilidade de questionar os atos administrativos que se compreende como indevido, com base em uma dupla dimensão:
>
> a) a democrática na qual ele concretiza o princípio democrático;
>
> b) de controle na qual ele efetiva o princípio do Estado de Direito. Desse modo, segundo a autora, o direito de reclamação, previsto no art. 37, § 3º, I, da Constituição brasileira de 1988, apresenta-se como uma espécie do direito de participação, especificamente referido à sua dimensão concretizadora do Estado de Direito e, através dele, os cidadãos são legitimados para exercer o controle da atividade administrativa na prestação dos serviços públicos.

As audiências públicas são outro importante instrumento que os gestores à frente dos órgãos ambientais têm para prestar contas à coletividade e ao mesmo tempo apresentar os resultados e benefícios do empreendimento a ser instalado. Regina Maria Nery Ferrari[90] salienta

---

[88] Súmula 473 do STF: A Administração pode anular seus próprios atos, quando eivados de vícios que os tornam ilegais, porque deles não se originam direitos; ou revogá-los, por motivo de conveniência ou oportunidade, respeitados os direitos adquiridos, e ressalvada, em todos os casos, a apreciação judicial.

[89] SCHIER, Adriana da Costa R. *A participação popular na administração pública o direito de reclamação*. São Paulo: Renovar, 2002, p. 250.

[90] FERRARI, Maria Macedo Nery. *Direito municipal*. São Paulo: RT, 2005, p. 36. As audiências públicas, de origem anglo-saxônica, como de participação popular, proporcionam o aperfeiçoamento da legitimidade das decisões da Administração Pública, decorrente da exposição de tendências, preferências e opções por parte da população, as quais devem conduzir as decisões e atuação do Poder Público a uma maior aceitação social. Como se vê, o instituto, aqui tratado, realiza o princípio constitucional democrático em sua essência, o que se manifesta pelo princípio da legitimidade, ou seja, pela conformidade do agir do Estado com a vontade popular, como

a relevância das audiências públicas. Tal matéria será enfrentada no capítulo quarto desta Dissertação com mais afinco.

Nesta esteira, a Lei federal n° 9.784/99 veio a regular o processo administrativo no âmbito da Administração Pública Federal. Nesta lei, foram contempladas questões como a atuação da Administração Pública segundo padrões éticos de probidade, decoro e boa-fé, divulgação oficial dos atos administrativos, ressalvadas as hipóteses de sigilo previstas na Constituição Federal.

A participação popular e democrática foi mais uma vez valorizada e prevista expressamente neste texto legal. Toda a principiologia da LPA[91] vai ao encontro do que se pode chamar de "moralização" da Administração. Na Itália, Umberto Allegretti[92] propunha já em 1988, por uma *legge generale sui procedimenti* capaz de contribuir à moralização da Administração. O autor sustentava que a degeneração moral da ação pública não é só um problema de pessoas e comportamentos ético-políticos, mas também de adequadas renovações estruturais institucionais, incluindo das estruturas administrativas.

2.4. Discricionariedade ou não da administração pública: o princípio da boa administração

A discricionariedade no Brasil vem tendo destaque especial, principalmente dos tribunais superiores como o Superior Tribunal de Justiça. Este tribunal, para o bem de todos os brasileiros, tem decidido inúmeras causas sobre o ambiente, vem se tornando protagonista e referência internacional em um domínio relativamente novo e complexo: o do Direito Ambiental, tema sobre o qual já julgou cerca de três mil processos e para os quais tem apresentado soluções inovadoras e sólidas o suficiente para se transformarem em paradigmas, segundo reconhecimento de autoridades internacionais do setor.[93]

---

decorrência do princípio da cidadania que aduz ao reconhecimento do poder político do povo, não só abre a escola de dirigentes públicos, mas sobre a decisão acerca da coisa pública. Assim, por ela busca-se legitimantes e não apenas participantes. A certeza administrativa decorre, portanto, do conhecimento seguro, claro e evidente de que se vive em um Estado Democrático de Direito.

[91] Lei Federal n° 9.784, de 29 de janeiro de 1999.

[92] GIANNINI, Massimo Severo. Legge generale sui procedimento e moralizzazione amministrativa. *Onore*, 1988, v.3, p. 3-11.

[93] Coordenadoria de Editoria e Imprensa – STJ.

Di Pietro,[94] em sua obra *Discricionariedade administrativa na Constituição de 1988,* observou:

> Pelo tratamento dado à matéria, verifica-se que alguns autores, mais influenciados pela jurisprudência norte-americana, ligam o princípio da razoabilidade ao do devido processo legal e ao da isonomia; é o caso de San Tiago Dantas, Ada Pellegrini Grinover, Carlos Roberto de Siqueira Castro. Outros seguem mais a linha do direito francês, espanhol e argentino e identificam a razoabilidade com o princípio da proporcionalidade entre os meios e os fins; é o caso de Diogo de Figueiredo Moreira Neto, Celso Antônio Bandeira de Mello e Lúcia Valle Figueiredo.

A discricionariedade não é um "defeito" da lei, conforme leciona Marçal Justen Filho.[95] Isto implica uma responsabilidade ainda maior aos nossos administradores à frente dos órgãos públicos. Devem aplicar as normas, sejam vinculadas ou discricionárias, e fazer valer os interesses públicos primários, conforme já abordado em item anterior. Tal conduta implica uma certa liberdade ao administrador, mas não a sua liberalidade. Não pode de forma alguma fazer prevalecer o interesse público secundário sobre o interesse público primário.

Imperioso e oportuno destacar que, nos séculos XVI a XVIII, no antigo Estado de Polícia da Europa, a discricionariedade era considerada expressão da soberania dos reis. Foi com a Revolução Francesa que se iniciou um crescente aumento da proteção individual dos direitos de liberdade e propriedade do cidadão.[96]

A discricionariedade, segundo lição de Luis Filipe Colaço Antunes,[97] é:

> Discricionariedade é um dos momentos centrais da investigação sobre a natureza e eficácia dos procedimentos autorizativos. O que não significa que estejamos perante um poder discricionário livre e pleno, antes sendo sujeito a vínculos de variada natu-

---

[94] DI PIETRO, Maria Sylvia Zanella. *Discricionariedade administrativa na Constituição de 1988.* São Paulo: Atlas, 2001, p. 139-140.

[95] JUSTEN FILHO, op. cit., p. 167. O autor sustenta que a discricionariedade não é um defeito da lei. Não é nem desejável nem possível que todas as leis contenham todas as soluções a serem adotadas por ocasião de sua aplicação. Isto tornaria a atividade administrativa petrificada, sem possibilidade de adaptação para solucionar os problemas da realidade.

[96] KRELL, Andreas J. *Discricionariedade administrativa e proteção ambiental*: o controle dos conceitos jurídicos indeterminados e a competência dos órgãos ambientais: um estudo comparado. Porto Alegre: Livraria do Advogado, 2004.

[97] ANTUNES, Luis Filipe Colaço. *O procedimento administrativo de avaliação de impacto ambiental.* Coimbra: Almedina, 1998, p. 201. Para o autor a discricionariedade é uma "liberdade" sujeita também a um vínculo no "meio" que consiste no poder-dever da administração representar fiel e completamente todos os factos e de ter em consideração todos os interesses envolvidos. Existe ainda aquilo que a doutrina italiana chama deontologia da discricionariedade, que compreende a instrução, a lógica e coerência interna do acto e a motivação. Cfr. G. guarino, "Unità e autonomia Del diritto dell energia" in *Scritti diritto, economia e fonti d'energia*, I. Milano, 1962, p. 200.

Licenciamento Ambiental

reza e função, por força de princípios que postulam a sujeição dos poderes públicos a regras que permitem a sua *verificabilidade e controlo.*

[...] A discricionariedade pode ser vista como o vértice de um triângulo de que os outros (vértices) são a organização (que estabelece a trama dos interesses em relação aos quais são instituídos os poderes públicos) e o procedimento administrativo (onde os interesses se confrontam entre si e com a situação concreta que deve ser regulada). [...] Ao lado do interesse público, que no campo da nossa investigação bem pode ser o interesse primário à defesa dos bens ambientais, podem apresentar-se outros interesses públicos, privados e colectivos, no procedimento autorizativo a ponderação dos interesses pode assumir formas de particular complexidade, em ordem a uma correcta decisão administrativa.

No tocante ao interesse primário já tivemos oportunidade de comentá-lo em tópico anterior.

Nos processos de licenciamento em que é necessário o estudo de impacto ambiental por causa de um dano ambiental significativo assim definido pelo órgão ambiental à luz das normas, por vezes é trazida à tona a discussão acerca da possibilidade de dispensar o estudo de impacto ambiental. Haveria discricionariedade do administrador para estes casos em que a norma preveja expressamente o EIA em razão de um significativo dano ambiental?

Não se confunda tal evolução com a possibilidade de o Poder Judiciário, substituindo o administrador, reavaliar o mérito do ato administrativo, para o fim de modificar a conveniência e a oportunidade que informaram a Administração ao editar o ato em tese. Afinal, nem sempre é possível definir objetivamente qual a única ação admitida pelo ordenamento jurídico pátrio. Neste contexto, inadmissível que o magistrado busque no exercício de juízo de valor, definir aquela que seria a escolha ótima, invadindo um espaço de gestão privativa da Administração. Há que assinalar a lição de Celso Antônio Bandeira de Mello ao definir o mérito como o campo de liberdade suposto na lei e que efetivamente venha a remanescer no caso concreto, para que o administrador, segundo critérios de conveniência e oportunidade, decida-se entre duas ou mais soluções admissíveis perante a situação vertente, tendo em vista o exato atendimento da finalidade legal, ante a impossibilidade de ser objetivamente identificada qual delas seria a única adequada.[98]

Isto porque a discricionariedade permanece circunscrita à esfera administrativa, malgrado a legitimidade do controle de juridicidade reconhecido ao Poder Judiciário.

---

[98] MELLO, op. cit., p. 823.

No tocante à discricionariedade, impõe-se uma interpretação sistêmica do ordenamento constitucional, das normas legais e administrativas de regência, de modo a definir qual é a margem de liberdade que efetivamente remanesce naquele caso concreto. O Poder Judiciário deve, sobretudo delimitar os contornos da discricionariedade a fim de evitar que, com base nela, possa o administrador incidir em comportamento arbitrário, contrário a lei.

Para tanto, é indispensável o exercício de atividade interpretativa que observe, concomitantemente, a juridicidade e a independência e harmonia dos Poderes, compatibilizando tais princípios informadores da sua atuação em cada realidade objeto de análise.

Cabe referir o ensinamento de Lucia Figueiredo:[99]

Especificamente, cabe-nos salientar, ainda que em breve bosquejamento, a atividade judicial controlada da Administração Pública. Até onde pode chegar? Pode atingir a chamada área discricionária da Administração? Tem também o magistrado discricionariedade, ou a sua atividade é apenas de subsunção?

Afigura-nos, sem sombra de dúvida, que a prestação judicial há de ser implementada sempre que solicitada, como também já afirmamos.

E concluímos que o ato administrativo, individual ou de caráter normativo, deve ser esmiuçado até o limite em que o próprio magistrado entenda ser seu campo de atuação. Não há atos que se preservem ao primeiro exame judicial.

O exame judicial terá de levar em conta não apenas a lei, a Constituição, mas também os valores principiológicos do texto constitucional, os *standars* da coletividade.

Para aplicação adequada dos atos administrativos, como bem alertou Lucia Figueiredo, deve ser pautada em valores principiológicos, incluindo os direitos fundamentais.

Neste aspecto Diogo de Figueiredo Moreira Neto[100] expõe que:

Na referência ao atendimento de um interesse público específico, enfatizasse que esses dois elementos que devem ter seu conteúdo integrado pela Administração, o motivo e o objeto, caracterizam uma definição derivada e particularizada do interesse público contido na definição originária e generalizada, presente, explícita ou implicitamente na lei. É por essa razão que a definição legal do interesse público deverá sempre existir em qualquer manifestação de vontade administrativa, seja no ato administrativo, seja no contrato, ou seja, no ato administrativo complexo, como um elemento juridicamente vinculado: a finalidade. [...] se a finalidade é sempre vinculada, tanto o motivo quanto o objeto é nela que encontrarão os seus limites. Em outros termos: a discricionariedade não pode ser exercida contra a finalidade nem mesmo sem ela, mas, apenas, em favor dela.

---

[99] FIGUEIREDO, Lucia Valle. *Curso de direito administrativo*. São Paulo: Malheiros, 1994, p. 316.

[100] MOREIRA NETO, Diogo de Figueiredo. *Legitimidade e discricionariedade*. Novas reflexões sobre os limites e controle a discricionariedade. Rio de Janeiro: Forense, 2002, p. 34.

Com o intuito de ilustrar a doutrina, oportuno contemplar julgados de nossos tribunais com o propósito de ver como estes estão aplicando as normas em vigor. O STJ vem decidindo desta forma.[101]

Questão nevrálgica é saber qual a solução que atende à finalidade legal. Certamente será aquela que siga o viés do interesse público primário.

Outra decisão do STJ merece destaque.[102] Trata da mudança significativa que se deu no tocante à possibilidade do Poder Judiciário

---

[101] REsp nº 764.085, Relator: Min. Humberto Martins. ADMINISTRATIVO E PROCESSUAL CIVIL – PRETENSÃO RESISTIDA – INTERESSE DE AGIR – CONTRATO DE TELEVISÃO POR ASSINATURA (TV A CABO) – LESÃO A DIREITOS DOS USUÁRIOS – AUSÊNCIA DE FISCALIZAÇÃO – INEXISTÊNCIA DE DISCRICIONARIEDADE – VINCULAÇÃO À FINALIDADE LEGAL – RESERVA DO POSSÍVEL – NECESSIDADE DE DEMONSTRAÇÃO. 1. Os fatos consignados pelo acórdão recorrido, noticiam que a ré resistiu à pretensão do autor da ação civil pública, motivo pelo qual, não há que se falar em ausência do interesse de agir do Ministério Público. 2. Nos termos do art. 19 da Lei. n. 9.472/97, compete à Anatel a obrigação de fiscalizar os serviços públicos concedidos, bem como, de reprimir as infrações aos direitos dos usuários. Com efeito, não há discricionariedade para o administrador público em realizar, ou não, a fiscalização. 3. A discricionariedade, porventura existente, circunscrever-se-ia na escolha do meio pelo qual a fiscalização será exercida. Todavia, ainda assim, o administrador está vinculado à finalidade legal, de modo que, o meio escolhido deve ser necessariamente o mais eficiente no desempenho da atribuição fiscalizadora. 4. Isto ocorre porque a discricionariedade administrativa é, antes de mais nada, um dever posto à Administração para que, diante do caso concreto, encontre dentre as diversas soluções possíveis, a que melhor atenda à finalidade legal. [grifo nosso] 5. A reserva do possível não pode ser apresentada como alegação genérica, destituída de provas da inexistência de recursos financeiros. Requer, ademais, considerações sobre a situação orçamentária do ente público envolvido, o que esbarra na súmula 7 desta Corte Superior. Recurso especial improvido.

[102] REsp nº 429.570 – GO, ADMINISTRATIVO E PROCESSO CIVIL – AÇÃO CIVIL PÚBLICA – OBRAS DE RECUPERAÇÃO EM PROL DO MEIO AMBIENTE – ATO ADMINISTRATIVO DISCRICIONÁRIO 1. Na atualidade, a Administração pública está submetida ao império da lei, inclusive quanto à conveniência e oportunidade do ato administrativo. 2. Comprovado tecnicamente ser imprescindível, para o meio ambiente, a realização de obras de recuperação do solo, tem o Ministério Público legitimidade para exigi-la. 3. O Poder Judiciário não mais se limita a examinar os aspectos extrínsecos da administração, pois pode analisar, ainda, as razões de conveniência e oportunidade, uma vez que essas razões devem observar critérios de moralidade e razoabilidade. [grifo nosso] 4. Outorga de tutela específica para que a Administração destine do orçamento verba própria para cumpri-la. 5. Recurso especial provido. Relatora Min. Eliana Calmon. A Ministra conduziu seu voto da seguinte forma: A visão exacerbada e literal do princípio transformou o Legislativo em um super poder, com supremacia absoluta, fazendo-o bom parceiro do Executivo, que dele merecia conteúdo normativo abrangente e vazio de comando, deixando-se por conta da Administração o *facere* ou *non facere*, ao que se chamou de mérito administrativo, longe do alcance do Judiciário. A partir da última década do Século XX, o Brasil, com grande atraso, promoveu a sua revisão crítica do Direito, que consistiu em retirar do Legislador a supremacia de super poder, ao dar nova interpretação ao princípio da legalidade. Em verdade, é inconcebível que se submeta a Administração, de forma absoluta e total, à lei. Muitas vezes, o vínculo de legalidade significa só a atribuição de competência, deixando zonas de ampla liberdade ao administrador, com o cuidado de não fomentar o arbítrio. Para tanto, deu-se ao Poder Judiciário maior atribuição para imiscuir-se no âmago do ato administrativo, a fim de, mesmo nesse íntimo campo, exercer o juízo de legalidade, coibindo abusos ou vulneração aos princípios constitucionais, na dimensão globalizada do orçamento. A tendência, portanto, é a de manter fiscalizado o espaço livre de entendimento da Administração, espaço este gerado pela discricionariedade, chamado de "Cavalo de Tróia" pelo alemão Huber, transcrito em "Direito

intervir também nos atos discricionários. A justificativa que nos parece acertada e bastante razoável é a necessidade do Poder Público atender ao interesse primário, e não secundário como quer fazer valer alguns administradores menos avisados.

Recentemente, foi publicado o REsp nº 1.185.474- SC,[103] cuja relatoria do Ministro Humberto Martins proferiu decisão envolvendo os

Administrativo em Evolução", de Odete Medauar. Dentro desse novo paradigma, não se pode simplesmente dizer que, em matéria de conveniência e oportunidade, não pode o Judiciário examiná-las. Aos poucos, o caráter de liberdade total do administrador vai se apagando da cultura brasileira e, no lugar, coloca-se na análise da motivação do ato administrativo a área de controle. E, diga-se, porque pertinente, não apenas o controle em sua acepção mais ampla, mas também o político e a opinião pública. Na espécie em julgamento, tem-se, comprovado, um dano objetivo causado ao meio ambiente, cabendo ao Poder Público, dentro da sua esfera de competência e atribuição, providenciar a correção. Ao assumir o encargo de gerir o patrimônio público, também assumiu o dever de providenciar a recomposição do meio ambiente, cuja degradação, provocada pela erosão e o descaso, haja vista a utilização das crateras como depósito de lixo, está provocando riscos de desabamento e assoreamento de córregos, prejudicando as áreas de mananciais.

[103] REsp 1.185.474. ADMINISTRATIVO E CONSTITUCIONAL – ACESSO À CRECHE AOS MENORES DE ZERO A SEIS ANOS – DIREITO SUBJETIVO – RESERVA DO POSSÍVEL – TEORIZAÇÃO E CABIMENTO – IMPOSSIBILIDADE DE ARGUIÇÃO COMO TESE ABSTRATA DE DEFESA – ESCASSEZ DE RECURSOS COMO O RESULTADO DE UMA DECISÃO POLÍTICA – PRIORIDADE DOS DIREITOS FUNDAMENTAIS – CONTEÚDO DO MÍNIMO EXISTENCIAL – ESSENCIALIDADE DO DIREITO À EDUCAÇÃO – PRECEDENTES DO STF E STJ. Rel. Ministro Humberto Martins. Trechos do acórdão: DA PRIORIDADE DOS DIREITOS FUNDAMENTAIS A pergunta que se deve fazer neste momento é: o administrador público possui, em todos os casos, carta branca para escolher as prioridades, ou seja, para decidir quais valores serão contemplados e, consequentemente, quais serão postergados em face da escassez dos recursos públicos? Tal pergunta deve ser respondida com cautela. A regra é que, por atribuição constitucional, cabe ao Poder Executivo definir os programas de governo que serão tratados com prioridade; boa parte deles, referendados pela vontade manifestada nas urnas. Todavia, há um núcleo de direitos que não pode, em hipótese alguma, ser preterido, pois constitui o objetivo e fundamento primeiro do Estado Democrático de Direito. Com isso, observa-se que a realização dos Direitos Fundamentais não é opção do governante, não é resultado de um juízo discricionário nem pode ser encarada como tema que depende unicamente da vontade política. A não priorização de direitos essenciais implica o destrato da vida humana como um fim em si mesmo, ofende, às claras, o sobreprincípio da dignidade da pessoa humana. A Constituição Federal reforça esse entendimento ao declarar, em seu art. 1º, III, que a dignidade da pessoa humana é fundamento da República Federativa do Brasil, a Carta Cidadã de 1988 escolhe, ela própria, algumas prioridades que devem ser respeitadas pelo Poder Constituído. Assim, aqueles direitos que estão intimamente ligados à dignidade humana, dentre os quais os relacionados às liberdades civis e aos direitos prestacionais essenciais como a educação e a saúde, não podem ser limitados em razão da escassez quando esta é fruto das escolhas do administrador. [...] Por fim, há ainda uma última questão a ser enfrentada. A atuação do Poder Judiciário deve ser excepcional, só sendo permitida nos casos em que as prioridades estabelecidas pela própria constituição, essenciais à efetivação da dignidade humana, estejam sendo preteridas em razão de programas governamentais cuja ausência de relevância seja inconteste. Pensar diferente seria transformar o Poder Judiciário em órgão planejador de políticas públicas, em substituição à função constitucionalmente atribuída ao Poder Executivo, o que configuraria uma clara violação do princípio da Separação dos Poderes. Portanto, é possível que, mesmo com a alocação dos recursos no atendimento do mínimo existencial, persista a carência orçamentária para atender a todas as demandas. Nesse caso, a escassez não seria fruto da escolha de atividades não prioritárias, mas sim da real insuficiência de recursos. Em situações limítrofes como essa, não há como o Poder Judiciário imiscuir-se nos planos governamentais, pois estes, dentro do que é possível,

direitos fundamentais, o mínimo existencial. A discussão envolvia o direito à educação e até onde vai a discricionariedade do Poder Público de aplicar o percentual exigido pela Constituição Federal de 1988 na educação. Até onde pode alegar que o orçamento não possibilita investimento na área educacional. O primeiro aspecto a considerar diz respeito à atuação do Poder Judiciário, em relação à Administração. No passado, estava o Judiciário atrelado ao princípio da legalidade, expressão maior do Estado de direito, entendendo-se como tal a submissão de todos os poderes à lei.

Portanto, vê-se que o Poder Judiciário está, diante do caso concreto, envolvendo direitos fundamentais e o mínimo existencial, se imiscuindo no ato discricionário, sempre ponderando os interesses em questão sustentando na razoabilidade do direito envolvido.

O Supremo Tribunal Federal, por sua vez, também passou a se pronunciar de forma favorável ao controle dos atos administrativos discricionários, diante da aplicação do princípio constitucional da inafastabilidade da jurisdição, previsto no art. 5º, XXXV da Constituição Federal de 1988, consoante se extraí dos seguintes julgados, disponíveis no sítio eletrônico do tribunal.[104]

Isto demonstra uma evolução da jurisprudência pátria juntamente com a doutrina. Impensável abordar a discricionariedade atualmente como há vinte anos, ainda mais com o advento da Constituição cidadã.

A Resolução nº 01/86 do CONAMA, que apesar de ser anterior à edição da Constituição Federal de 1988 está em vigor com algumas alterações, positivou as atividades que pudessem causar algum dano ao meio ambiente. Contudo, há de ser mencionado que o rol apresentado

---

estão de acordo com a Constituição, não havendo omissão injustificável. Todavia, não se pode olvidar que a real insuficiência de recursos, mesmo quando estes estão alocados em atividades essenciais, deve ser demonstrada pelo Poder Público, não sendo admitido que a tese seja utilizada como uma desculpa genérica para a omissão estatal no campo da efetivação dos direitos fundamentais, principalmente os de cunho social. (REsp 764.085/PR, Rel. Min. Humberto Martins, Segunda Turma, julgado em 1º.12.2009, DJe 10.12.2009.)

[104] SUPREMO TRIBUNAL FEDERAL. Disponível em: <http://www.stf.jus.br/>. Acesso em: 21 jun. 2010. AGRAVOS REGIMENTAIS NO RECURSO EXTRAORDINÁRIO. ATO ADMINISTRATIVO. CONTROLE JUDICIAL. REEXAME DE PROVAS. IMPOSSIBILIDADE EM RECURSO EXTRAORDINÁRIO. SÚMULA 279 DO STF. 1. É legítima a verificação, pelo Poder Judiciário, de regularidade do ato discricionário quanto às suas causas, motivos e finalidade. 2. A hipótese dos autos impõe o reexame de fatos e provas. Inviabilidade do recurso extraordinário. Súmula n. 279 do STF. Agravos regimentais aos quais se nega provimento. "[...] 2. A autoridade administrativa está autorizada a praticar atos discricionários apenas quando norma jurídica válida expressamente a ela atribuir essa livre atuação. Os atos administrativos que envolvem a aplicação de "conceitos indeterminados" estão sujeitos ao exame e controle do Poder Judiciário. O controle jurisdicional pode e deve incidir sobre os elementos do ato, à luz dos princípios que regem a atuação da Administração [...]".

no artigo 2º da Resolução é visto meramente como exemplificativo, segundo entendimento da maioria dos doutrinadores, apesar de existir entendimentos em contrário.

Neste sentido, Sílvia Cappelli alerta:[105]

Nada obstante o intento do legislador em clarear os limites de incidência do EIA, a dúvida remanescente, na exata medida em que o art. 2º da Resolução 001/86 apresentou um elenco meramente exemplificativo das obras ou atividades que, presumidas de maior potencial ofensivo, estariam a demandar a realização de prévio estudo de impacto ambiental. Vale dizer, esse elenco 'não é *numerus clausus*'.

Édis Milaré ainda destaca:[106]

[...] Nada obsta que o órgão ambiental, defrontando-se com atividade não constante no rol mencionado, mas capaz de sensível degeneração do ambiente, determine a realização do EIA.

[...] Destarte, além do órgão administrativo licenciador, também o Judiciário pode suprir o vácuo legal e determinar a realização do EIA/RIMA sempre que a obra ou atividade for capaz de desencadear dano sensível ao ambiente, ou, na linguagem da Lei Maior, uma *significativa* degradação ambiental.

Paulo Afonso Leme Machado comenta:[107]

A Resolução 1/86 – CONAMA merece apoio ao apontar diversas atividades para cujo licenciamento se fará necessária a elaboração do Estudo de Impacto Ambiental. E o elogio estende-se pelo fato de essas atividades serem mencionadas exemplificativamente, pois o art. 2º, *caput*, da resolução mencionada fala em 'atividades modificadoras do meio ambiente tais como...'. A expressão 'tais como' merece ser logicamente entendida no sentido de que não só as atividades constantes na lista deverão obrigatoriamente ser analisadas pelo Estudo de Impacto Ambiental, mas outras poderão ser acrescentadas à lista. A expressão 'tais como' não pode ser lida, contudo, como uma sugestão para a Administração Pública cumprir se quiser. Seria eliminar o verbo 'exigir', que começa o inc. IV do § 1º do art. 225 da CF.

Bem anotada mais uma vez a questão por Krell.[108] Não é possível se prever todas as hipóteses que a lei deverá contemplar. Deve existir um mínimo de liberdade para o administrador aplicar a lei, forte no princípio da legalidade. Nada mais, nada menos. Sem abuso ou desvio de poder.

---

[105] CAPPELLI, Silvia. O estudo de impacto ambiental na realidade brasileira. *Revista do Ministério Público do Estado do Rio Grande do Sul*, Porto Alegre, n. 27, p. 54, 1992.

[106] MILARÉ, Édis. *Direito do ambiente. Doutrina – jurisprudência – glossário*. São Paulo: Revista dos Tribunais, 2004, p. 445-446.

[107] MACHADO, Paulo Afonso Leme. *Direito ambiental brasileiro*. São Paulo: Malheiros, 2005, p. 222.

[108] *Apud* KRELL, op. cit., p. 18. O legislador sempre vai conceder um grau maior de discricionariedade onde as circunstâncias da realidade, que deve ser regulamentada, dificilmente são previsíveis, e o alcance de um determinado fim exige o exercício de conhecimentos específicos da Administração para garantir uma decisão justa e correta no caso concreto.

Portanto, resulta notória a existência de discricionariedade na tomada de decisão do administrador a respeito da concessão ou não de uma licença ambiental, pois, sendo impossível ao legislador prever todas as situações, é interessante que o administrador, que possui maior proximidade com os casos concretos, possua uma margem de liberdade, dentro da lei, a fim de compatibilizar os interesses envolvidos, os quais, no caso concreto, são o desenvolvimento econômico e social e a defesa do ambiente, ambos constitucionalizados.

O direito não existe para dar suporte a ilações desprovidas de suporte fático, mas para reger a convivência entre as pessoas, não podendo as normas jurídicas e os atos administrativos delas decorrentes fundamentarem seus motivos em uma fantasia, ou buscarem a concretização de um objeto intangível. O ato administrativo que não cumpre tais limites de discricionariedade por certo não objetiva uma finalidade pública. A razoabilidade, sempre presente na tomada de decisões envolvendo os atos discricionários, trata-se do atendimento ao interesse público de forma satisfatória. Não basta a prática do ato administrativo de forma automática, deve sempre haver o mínimo de razoabilidade na eleição dos critérios de conveniência e oportunidade em busca do interesse público tutelado. A razoabilidade atua como um limite à discricionariedade na valoração dos motivos do ato, de forma que sejam compatíveis com a finalidade pública visada. Da mesma forma, também atua como limite na escolha do objeto, a fim de que este seja adequado à concretização da finalidade pública almejada.

Assim podemos dizer que as ideias centrais tanto da doutrina como da jurisprudência de que os atos discricionários são, em princípio, insindicáveis, salvo nos casos limitados que se conhecem, não pode continuar a prevalecer nem serem mais sustentadas.

No tocante à boa administração, há quem defenda a existência de um direito fundamental à boa administração pública como Juarez Freitas.[109] Neste caso estariam presentes no ato administrativo a eficiência e os princípios constitucionais como o da proporcionalidade, razoabilidade, eficiência, eficácia. Concordamos com Juarez Freitas, vez que modernamente os atos administrativos devem ser pautados pela eficiência e razoabilidade em suas ações, e não meramente atenderem ao princípio da legalidade e moralidade. Neste sentido,

---

[109] FREITAS, Juarez. *Discricionariedade administrativa e o direito fundamental à boa administração pública*. São Paulo: Malheiros, p. 96.

Luciano Ferraz[110] chama a atenção que "o direito administrativo tem-se esforçado em superar noções ortodoxas, para se edificar sobre novos paradigmas teóricos: o direito dos princípios, em substituição ao Direito por regras". Neste tópico, serão analisados com mais propriedade no capítulo terceiro desta Dissertação.

Importante assinalar a lição de Ingo Sarlet:[111]

> Os direitos fundamentais vinculam os órgãos administrativos tem todas as suas formas e atividades [...]. O que importa, neste contexto, é frisar a necessidade de os órgãos públicos observarem nas suas decisões os parâmetros contidos na ordem de valores da Constituição, especialmente dos direitos fundamentais, o que assume especial relevo na esfera da aplicação e interpretação de conceitos abertos e cláusulas gerais, assim como no exercício da atividade discricionária.

É imperioso e urgente o estabelecimento de regras transparentes que viabilizem condições iguais a todas as entidades que desejarem contratar e conveniar com os órgãos públicos. A transparência deve ser a regra na conduta do Administrador Público, o sigilo a exceção. Este no caso deve ser pedido pelo interessado e nunca deve se dar de ofício pela Administração Pública.

Mais uma vez, acertadamente, Luis Filipe Colaço Antunes,[112] leciona:

> Portanto, o círculo fecha-se: a noção de poder discricionário desce do pedestal, sendo a actividade administrativa convertida em actos administrativos cada vez mais susceptíveis (se bem que inconfessadamente) de controlo de mérito,[113] uma vez que o ordenamento jurídico-constitucional e a própria jurisprudência se mostram cada vez menos dispostos a reconhecer à Administração o "poder" e o direito de se enganar. Com efeito, a Administração não pode legitimamente errar, porque o erro, sobretudo quando manifesto, representa um défice de realização do interesse público.

2.5. Omissão do estado e consequências

O art. 5º da Lei federal nº 8.429/92,[114] que dispõe sobre as sanções aplicáveis aos agentes públicos nos casos de enriquecimento ilícito no

---

[110] FERRAZ, Luciano. Concurso Público e Direito a Nomeação. In: MOTTA, Fabrício (coord.). *Concurso público e Constituição*. Belo Horizonte: Fórum, 2007, p. 254.

[111] SARLET, op. cit., p. 365-366.

[112] ANTUNES, op. cit., p. 288.

[113] O termo mérito é, aliás, arcaico, surgindo frequentemente identificando como a expressão de um controlo "político". O problema está apenas e tão só em saber se se trata de um acto de boa ou má administração.

[114] Lei Federal 8.429/92, Art. 5º Ocorrendo lesão ao patrimônio público por ação ou omissão, dolosa ou culposa, do agente ou de terceiro, dar-se-á o integral ressarcimento do dano.

exercício de mandato, cargo, emprego ou função na administração pública direta, indireta ou fundacional e dá outras providências, em seu art. 5º dispõe acerca que a responsabilidade pode dar-se tanto por ação ou por omissão.

Assim, podem ser objeto de controle ato administrativo que cause lesão ao patrimônio público por ação ou omissão, dolosa ou culposa, do agente ou de terceiro. Em assim ocorrendo, dar-se-á o integral ressarcimento do dano. Neste caso, o agente do Ministério Público interporá em juízo ação civil pública por improbidade administrativa contra os agentes responsáveis pela lesão ao erário.

Decisão proferida pelo Ministro Castro Meira[115] bem decidiu acerca da responsabilidade do município por omissão em caso de dano ambiental. Há um poder-dever por parte da Administração Pública em efetivamente aplicar as normas em vigor.

Cabe citar alguns trechos da decisão:

> Por outro lado, nos termos da Constituição Federal, em seu artigo 30, inciso VIII, compete aos Municípios promover, no que couber, adequado ordenamento territorial, mediante planejamento e controle do uso, do parcelamento e da ocupação do solo urbano. Cumpre, pois, ao Município regularizar o parcelamento, as edificações, o uso e a ocupação do solo, sendo pacífico nesta Corte o entendimento segundo o qual esta competência é vinculada. Dessarte, "se o Município omite-se no dever de controlar loteamentos e parcelamentos de terras, o Poder Judiciário pode compeli-lo ao cumprimento de tal dever" (REsp 292.846/SP, Rel. Min. Humberto Gomes de Barros, DJ 15.04.2002). No mesmo diapasão, sustentou o Ministério Público Federal que 'o Município não pode se furtar do poder-dever de agir vinculado e constitucionalmente previsto com vistas à regularização do solo urbano, sob pena de responsabilização, como sucedeu no caso por intermédio da via judicial adequada que é a ação civil pública.

---

[115] REsp nº 1.113.789 – SP, Rel. Ministro Castro Meira. ADMINISTRATIVO. AÇÃO CIVIL PÚBLICA. LOTEAMENTO IRREGULAR. DANO AMBIENTAL. RESPONSABILIDADE DO MUNICÍPIO. ART. 40 DA LEI N. 6.766/79. PODER-DEVER. PRECEDENTES. 1. O art. 40 da Lei 6.766/79, ao estabelecer que o município "poderá regularizar loteamento ou desmembramento não autorizado ou executado sem observância das determinações do ato administrativo de licença", fixa, na verdade, um poder-dever, ou seja, um atuar vinculado da municipalidade. Precedentes. 2. Consoante dispõe o art. 30, VIII, da Constituição da República, compete ao município "promover, no que couber, adequado ordenamento territorial, mediante planejamento e controle do uso, do parcelamento e da ocupação do solo urbano". 3. Para evitar lesão aos padrões de desenvolvimento urbano, o Município não pode eximir-se do dever de regularizar loteamentos irregulares, se os loteadores e responsáveis, devidamente notificados, deixam de proceder com as obras e melhoramentos indicados pelo ente público. 4. O fato de o município ter multado os loteadores e embargado as obras realizadas no loteamento em nada muda o panorama, devendo proceder, ele próprio e às expensas do loteador, nos termos da responsabilidade que lhe é atribuída pelo art. 40 da Lei 6.766/79, à regularização do loteamento executado sem observância das determinações do ato administrativo de licença. 5. No caso, se o município de São Paulo, mesmo após a aplicação da multa e o embargo da obra, não avocou para si a responsabilidade pela regularização do loteamento às expensas do loteador, e dessa omissão resultou um dano ambiental, deve ser responsabilizado, conjuntamente com o loteador, pelos prejuízos daí advindos, podendo acioná-lo regressivamente. 6. Recurso especial provido.

Ora, depreende-se do exame da legislação que o Município não pode eximir-se do dever de regularizar e controlar os loteamentos irregulares, quando os loteadores e responsáveis, devidamente notificados deixam de promover as obras e melhoramentos indicados pelo ente público. Uma vez não atendidas às determinações municipais, deve o município autuar os infratores e determinar a paralisação de qualquer obra que não obedeça as leis de edificação e parcelamento do solo urbano. Caso não o faça deve responder por omissão, pois detém o poder-dever de agir e não mera faculdade.

Outra decisão do STJ reproduz com maestria a responsabilidade por omissão do Estado e suas consequências.[116] Na decisão o Ministro João Otávio de Noronha entendeu que se a lei impõe ao Poder Público o controle e fiscalização da atividade mineradora, possibilitando a aplicação de penalidades, não lhe compete optar por não fazê-lo, porquanto inexiste discricionariedade, mas obrigatoriedade de cumprimento de conduta impositiva. Neste ponto, já restou esclarecido o ponto referente à discricionariedade dos atos em tópico anterior.

---

[116] REsp n° 647.493 – SC, Rel. Min. João Otávio de Noronha. RECURSO ESPECIAL. AÇÃO CIVIL PÚBLICA. POLUIÇÃO AMBIENTAL. EMPRESAS MINERADORAS. CARVÃO MINERAL. ESTADO DE SANTA CATARINA. REPARAÇÃO. RESPONSABILIDADE DO ESTADO POR OMISSÃO. RESPONSABILIDADE SOLIDÁRIA. RESPONSABILIDADE SUBSIDIÁRIA. 1. A responsabilidade civil do Estado por omissão é subjetiva, mesmo em se tratando de responsabilidade por dano ao meio ambiente, uma vez que a ilicitude no comportamento omissivo é aferida sob a perspectiva de que deveria o Estado ter agido conforme estabelece a lei. 2. A União tem o dever de fiscalizar as atividades concernentes à extração mineral, de forma que elas sejam equalizadas à conservação ambiental. Esta obrigatoriedade foi alçada à categoria constitucional, encontrando-se inscrita no artigo 225, §§ 1°, 2° e 3° da Carta Magna. 3. Condenada a União a reparação de danos ambientais, é certo que a sociedade mediatamente estará arcando com os custos de tal reparação, como se fora auto-indenização. Esse desiderato apresenta-se consentâneo com o princípio da eqüidade, uma vez que a atividade industrial responsável pela degradação ambiental – por gerar divisas para o país e contribuir com percentual significativo de geração de energia, como ocorre com a atividade extrativa mineral – a toda a sociedade beneficia. 4. Havendo mais de um causador de um mesmo dano ambiental, todos respondem solidariamente pela reparação, na forma do art. 942 do Código Civil. De outro lado, se diversos forem os causadores da degradação ocorrida em diferentes locais, ainda que contíguos, não há como atribuir-se a responsabilidade solidária adotando-se apenas o critério geográfico, por falta de nexo causal entre o dano ocorrido em um determinado lugar por atividade poluidora realizada em outro local. 5. A desconsideração da pessoa jurídica consiste na possibilidade de se ignorar a personalidade jurídica autônoma da entidade moral para chamar à responsabilidade seus sócios ou administradores, quando utilizam-na com objetivos fraudulentos ou diversos daqueles para os quais foi constituída. Portanto, (i) na falta do elemento "abuso de direito"; (ii) não se constituindo a personalização social obstáculo ao cumprimento da obrigação de reparação ambiental; e (iii) nem comprovando-se que os sócios ou administradores têm maior poder de solvência que as sociedades, a aplicação da *disregard doctrine* não tem lugar e pode constituir, na última hipótese, obstáculo ao cumprimento da obrigação. 6. Segundo o que dispõe o art. 3°, IV, c/c o art. 14, § 1°, da Lei n. 6.938/81, os sócios/administradores respondem pelo cumprimento da obrigação de reparação ambiental na qualidade de responsáveis em nome próprio. A responsabilidade será solidária com os entes administrados, na modalidade subsidiária. 7. A ação de reparação/recuperação ambiental é imprescritível. Recurso do Ministério Público provido em parte.

Licenciamento Ambiental

Muito bem exposto por Luis Filipe Colaço Antunes,[117]

a Administração Pública é hoje uma administração de prestação, pelo que o "produto final" deve ser bem confeccionado, com qualidades positivas e não apenas sem qualquer vício, sem qualquer mácula legal. Para além de "legal", o acto administrativo deve ser transparente, justo, em suma, eficaz, o que em última análise significa que o princípio hierárquico vem hoje suplantado pelo da competência.

E continua:

A legalidade do acto administrativo não toca apenas os parâmetros da lei, mas também o seu conteúdo, na medida em incorpora as qualidades do acto.

[...] o acto deve reportar-se aos critérios de "boa" administração e, portanto, ser um acto "bom", logo deve ter as qualidades que permitam à Administração não só ser imparcial, mas também justa e eficaz. Concordamos integralmente com as palavras de Colaço Antunes. A Administração Pública deve agir em todos os seus atos com lisura, transparência de modo que o ato seja eficaz e produza efeitos.

Importante ilustrar que a responsabilidade do Estado é objetiva no caso de comportamento dano comissivo e subjetiva no caso de comportamento omissivo.

A jurisprudência do STJ é pacífica no sentido de que, caracteriza-se a responsabilidade subjetiva do Estado, mediante a conjugação concomitante de três elementos, quais sejam: dano, negligência administrativa e nexo de causalidade entre o evento danoso e o comportamento ilícito do Poder Público.

Nessa linha, destacam-se os seguintes julgados do STJ.[118] Em todas as decisões aplicou-se a teoria da responsabilidade subjetiva nos casos de atos de omissão estatal.

---

[117] ANTUNES, op. cit., p. 291.

[118] Inúmeros julgados têm decidido neste sentido, tanto do STF como do STJ. PROCESSUAL CIVIL E ADMINISTRATIVO – OFENSA AO ART. 535 DO CPC NÃO-CONFIGURADA – RESPONSABILIDADE CIVIL DO ESTADO POR OMISSÃO – ELEMENTO SUBJETIVO RECONHECIDO PELA INSTÂNCIA ORDINÁRIA – SÚMULA 7/STJ – JUROS DE MORA – ÍNDICE – ART; 1.062 DO CC/1916 E ART. 406 DO CC/2002 – PRECEDENTE DA CORTE ESPECIAL – INDENIZAÇÃO POR DANOS MATERIAIS E MORAIS – REVISÃO – IMPOSSIBILIDADE – SÚMULA 7/STJ – HONORÁRIOS ADVOCATÍCIOS. 1. Não há ofensa ao art. 535 do CPC, pois o Tribunal de origem se manifestou expressamente sobre a incidência da verba honorária em 15% sobre a condenação, e sobre os juros legais, fixados indevidamente em 12% ao ano. 2. *A jurisprudência dominante tanto do STF como deste Tribunal, nos casos de ato omissivo estatal, é no sentido de que se aplica a teoria da responsabilidade subjetiva.* [grifo nosso] 3. Hipótese em que o Tribunal local, apesar de adotar a teoria da responsabilidade objetiva do Estado, reconheceu a ocorrência de culpa dos agentes públicos estaduais na prática do dano causado ao particular. 4. Os juros relativos ao período da mora anterior à data de vigência do novo Código Civil (10.1.2003) têm taxa de 0,5% ao mês (art. 1062 do CC/1916) e, no que se refere ao período posterior, aplica-se o disposto no art. 406 da Lei 10.406, de 10.1.2002. 5. A Corte Especial do STJ, por ocasião do julgamento dos Embargos de Divergência 727.842/SP, firmou posicionamento de que o art. 406 do CC/2002 trata, atualmente, da incidência da SELIC como índice de juros de mora, quando não estiver estipulado outro valor. 6. A jurisprudência é pacífica no sentido de que a revisão do valor da indenização somente é possível, em casos excepcionais, quando exorbitante ou insignificante

Portanto, a jurisprudência dominante tanto do STF como do STJ, nos casos de ato omissivo estatal, é no sentido de que se aplica a teoria da responsabilidade subjetiva.

2.6. Poder de polícia em matéria ambiental. Limites do poder de polícia

Para satisfazer os direitos fundamentais, o Estado detém poderes que lhe são inerentes enquanto detentor de um poder legitimado pelo constituinte originário. Entre os poderes que possui, destacaremos o poder de polícia administrativa, que conforme ressaltado pela doutrina tal denominação é inadequada, mas sua utilização é mantida por questão de uma tradição.

Na dicção de Diógenes Gasparini,[119] o poder de polícia consiste na atribuição da "Administração Pública para condicionar o uso, gozo e a disposição da propriedade e restringir o exercício da liberdade dos administrados em benefício do interesse público ou social", referindo que tais restrições "são ditadas em razão do citado vínculo geral e em prol do interesse público ou social".

Destacamos que estamos nos referindo ao poder de polícia administrativa definido no art. 78 do CTN, conforme se verá mais adiante. Trata-se de uma atividade típica da Administração Pública. Questão interessante é a possibilidade do seu desempenho por particulares. Neste sentido, o STF já teve oportunidade de se manifestar quando do julgamento da ADIn 1.717. Quando deste julgamento, o Supremo Tribunal Federal entendeu que não se pode transferir o desempenho do poder de polícia a pessoas não integrantes da estrutura da Administração Pública. Desta forma, é uma atividade indelegável a particulares. A finalidade do poder de polícia refere-se ao interesse público primário, interesse este que já tivemos oportunidade de tratá-lo em

---

a importância arbitrada, em flagrante violação dos princípios da razoabilidade e da proporcionalidade, o que, todavia, in casu, não se configurou. 7. É firme o entendimento da Primeira Seção quanto à impossibilidade de, em Recurso Especial, modificar-se o percentual de honorários sucumbenciais fixados pelas instâncias de origem, salvo quando há fixação em valores irrisórios ou excessivos, hipótese não configurada nos autos. 8. Recurso especial parcialmente provido. (REsp 1069996/RS, Rel. Ministra ELIANA CALMON, SEGUNDA TURMA, julgado em 18/06/2009, DJe 01/07/2009). RE conhecido e provido. (RE 382054, Relator (a): Min. CARLOS VELLOSO, Segunda Turma, julgado em 03/08/2004, DJ 01-10-2004, p. 37 EMENTA VOL-02166-02, p. 330 RT v. 94, n. 832, 2005, p. 157-164 RJADCOAS v. 62, 2005, p. 38-44 RTJ VOL-00192-01, p. 356. (grifei)

[119] GASPARINI, Diógenes. *Direito administrativo*. São Paulo: Saraiva, 2006, p. 128.

tópico anterior, é desempenhado no interesse da sociedade e da coletividade, enfim do próprio Estado.

O poder de polícia no ambiente é exercido pelos órgãos que integram o SISNAMA, instituído pela Lei federal n° 6.938/1981.[120] Somente eles poder exercer o poder de polícia no ambiente, como por exemplo, emitirem notificação, autos de infração, embargar ou interditar determinada atividade, suspender e aplicar multas.[121] As multas atualmente variam de R$ 50,00 a R$ 50.000.000.00.[122]

Com efeito, a Administração pode promover, por seus próprios meios, a submissão do administrado às determinações legais. Todavia, é medida que só tem cabida se expressamente autorizada em lei ou se exigir a urgência e a relevância. A autoexecutoriedade, portan-

---

[120] Lei 6.938/1981. Institui o SISNAMA. DO SISTEMA NACIONAL DO MEIO AMBIENTE. Art. 6° Os órgãos e entidades da União, dos Estados, do Distrito Federal, dos Territórios e dos Municípios, bem como as fundações instituídas pelo Poder Público, responsáveis pela proteção e melhoria da qualidade ambiental, constituirão o Sistema Nacional do Meio Ambiente – SISNAMA, assim estruturado: I – órgão superior: o Conselho de Governo, com a função de assessorar o Presidente da República na formulação da política nacional e nas diretrizes governamentais para o meio ambiente e os recursos ambientais; *(Redação dada pela Lei n° 8.028, de 12.04.90)* II – órgão consultivo e deliberativo: o Conselho Nacional do Meio Ambiente (CONAMA), com a finalidade de assessorar, estudar e propor ao Conselho de Governo, diretrizes de políticas governamentais para o meio ambiente e os recursos naturais e deliberar, no âmbito de sua competência, sobre normas e padrões compatíveis com o meio ambiente ecologicamente equilibrado e essencial à sadia qualidade de vida; *(Redação dada pela Lei n° 8.028, de 12.04.90)* III – órgão central: a Secretaria do Meio Ambiente da Presidência da República, com a finalidade de planejar, coordenar, supervisionar e controlar, como órgão federal, a política nacional e as diretrizes governamentais fixadas para o meio ambiente; *(Redação dada pela Lei n° 8.028, de 12.04.90)* IV – órgão executor: o Instituto Brasileiro do Meio Ambiente e dos Recursos Naturais Renováveis, com a finalidade de executar e fazer executar, como órgão federal, a política e diretrizes governamentais fixadas para o meio ambiente; *(Redação dada pela Lei n° 8.028, de 12.04.90)* V – Órgãos Seccionais : os órgãos ou entidades estaduais responsáveis pela execução de programas, projetos e pelo controle e fiscalização de atividades capazes de provocar a degradação ambiental; *(Redação dada pela Lei n° 7.804, de 18.07.89)* VI – Órgãos Locais: os órgãos ou entidades municipais, responsáveis pelo controle e fiscalização dessas atividades, nas suas respectivas jurisdições; Inciso incluído pela Lei n° 7.804, de 18.07.89.

[121] Lei federal 9.605/1998. Na realidade esta lei muito embora seja denominada de Lei de Crimes Ambientais se refere também às infrações administrativas, que segundo o Decreto federal 6.514/2008, se refere ao processo administrativo federal a ser exercido pelo IBAMA. Art. 70, § 1° São autoridades competentes para lavrar auto de infração ambiental e instaurar processo administrativo os funcionários de órgãos ambientais integrantes do Sistema Nacional de Meio Ambiente – SISNAMA, designados para as atividades de fiscalização, bem como os agentes das Capitanias dos Portos, do Ministério da Marinha. Art. 72. As infrações administrativas são punidas com as seguintes sanções, observado o disposto no art. 6°: I – advertência; II – multa simples; III – multa diária; IV – apreensão dos animais, produtos e subprodutos da fauna e flora, instrumentos, petrechos, equipamentos ou veículos de qualquer natureza utilizados na infração; V – destruição ou inutilização do produto; VI – suspensão de venda e fabricação do produto; VII – embargo de obra ou atividade; VIII – demolição de obra; IX – suspensão parcial ou total de atividades; X – (VETADO) XI – restritiva de direitos.

[122] Art. 75. O valor da multa de que trata este Capítulo será fixado no regulamento desta Lei e corrigido periodicamente, com base nos índices estabelecidos na legislação pertinente, sendo o mínimo de R$ 50,00 (cinquenta reais) e o máximo de R$ 50.000.000,00 (cinquenta milhões de reais).

to, só por si não a legitima. Sabe-se, todo o ato administrativo, de que o ato de polícia é espécie, submete-se ao controle de legalidade pelo Poder Judiciário. E por esse prisma, se o ato for tido como ilegal com malferir o direito do administrado ao devido processo legal, ao contraditório e à ampla defesa, como lhe assegura o artigo 5º, incisos LIV e LV, da Constituição Federal de 1988, e que não lhe foi oportunizado, tal ato será nulo não surtindo efeitos.

O art. 78 do Código Tributário Nacional[123] traz a definição de poder de polícia. Tal definição é fundamental para dar efetividade ao poder de polícia pelos agentes públicos.

Marçal,[124] por sua vez, leciona que o poder de polícia administrativa é a competência para disciplinar o exercício da autonomia privada para a realização de direitos fundamentais e da democracia, segundo os princípios de legalidade e da proporcionalidade.

Destaca-se, de outra parte, que os atos da Administração Pública devem sempre pautar-se por determinados princípios, entre os quais está o da legalidade. Por esse princípio, todo e qualquer ato dos agentes administrativos deve estar em total conformidade com a lei e dentro dos limites por ela traçados. Segundo os ensinamentos do administrativista Hely Lopes Meirelles:[125]

> A legalidade, como princípio de administração previsto no Constituição Federal de, art. 37, *caput*, significa que o administrador público está, em toda a sua atividade funcional, sujeito aos mandamentos da lei e às exigências do bem comum, e deles não se pode afastar ou desviar, sob pena de praticar ato inválido e expor-se a responsabilidade disciplinar, civil e criminal, conforme o caso.

A aplicação de sanções administrativas, portanto, decorrente do exercício do poder de polícia, somente se torna legítima quando o ato praticado pelo administrado estiver previamente definido pela lei como infração administrativa.

Assim, somente com base em normas que preveem a conduta abstrata e a respectiva apenação, à vista do princípio da legalidade estrita a que está vinculada a Administração Pública, é que poderá haver a imposição de sanções de cunho administrativas. Quer dizer que

---

[123] Art. 78 do Código Tributário Nacional. É a atividade da Administração Pública que, limitando ou disciplinando direitos, interesses, liberdade, regula a prática de ato ou abstenção de fato, em razão de interesse público, em atenção à higiene, à ordem, aos costumes, à disciplina da produção e do mercado, ao exercício de atividades econômicas dependentes de concessão ou autorização do Poder Público, à tranqüilidade pública ou ao respeito à propriedade e aos direitos individuais ou coletivos.

[124] JUSTEN FILHO, op. cit., p. 488.

[125] MEIRELLES, Hely Lopes. *Direito administrativo brasileiro*. 32. ed. atual. São Paulo: Malheiros, 2006, p. 87.

Licenciamento Ambiental

se não houver subsunção do fato à hipótese prevista de modo abstrato pela norma, a sanção não poderá ser aplicada.

A esse respeito, é oportuno conferir o seguinte precedente do STJ[126] que decidiu acerca da necessidade de se atender ao princípio da legalidade estrita. Tal decisão é importante, pois fortalece ainda mais o princípio da legalidade, que necessariamente deve ser atendido pela Administração Pública, privilegiando sempre o interesse público primário, como já tivemos oportunidade de abordar com mais afinco.

O STJ[127] vem decidindo que a Administração Pública não pode, mesmo no exercício do poder de polícia, impor aos seus contribuin-

---

[126] ADMINISTRATIVO. RECURSO ORDINÁRIO EM MANDADO DE SEGURANÇA. TRANSPORTE COLETIVO E INDIVIDUAL DE PASSAGEIROS. TAXI. PENALIDADE. PRINCÍPIO DA LEGALIDADE ESTRITA. (RMS 21.922/GO, 1ª Turma, Rel. Min. Teori Albino Zavascki, DJ de 21.6.2007) "ADMINISTRATIVO. RECURSO ORDINÁRIO EM MANDADO DE SEGURANÇA. TRANSPORTE COLETIVO E INDIVIDUAL DE PASSAGEIROS. TAXI. PENALIDADE. PRINCÍPIO DA LEGALIDADE ESTRITA. 1. A aplicação de penalidades está sujeita ao princípio da legalidade estrita. Mesmo no âmbito do poder de polícia, a Administração não está autorizada a aplicar sanções não previstas em lei. Não é legítima a aplicação a motoristas de taxi, modalidade de transporte individual, de penalidades estabelecidas para infrações no âmbito do transporte coletivo de passageiros. No âmbito do poder estatal sancionador, penal ou administrativo, não se admite tipificação ou penalização por analogia. 2. Recurso ordinário provido." (RMS 21.922/GO, 1ª Turma, Rel. Min. Teori Albino Zavascki, DJ de 21.6.2007).

[127] Nesse sentido, STJ: PROCESSO ADMINISTRATIVO FISCAL. INFRAÇÃO TRIBUTÁRIA A QUE SE COMINA, ABSTRATAMENTE, PENA DE PERDIMENTO. INTIMAÇÃO POSTAL. IMPOSSIBILIDADE. ART. 544 DO REGULAMENTO ADUANEIRO. NULIDADE QUE ACARRETA PREJUÍZO À DEFESA DOS INTERESSES DA PARTE. 1. Disciplinando o processo administrativo fiscal em casos em que se preveja a aplicação de pena de perdimento, dispõe o Regulamento Aduaneiro: "Art. 544. As infrações a que se aplique a pena de perdimento serão apuradas mediante processo fiscal, cuja peça inicial será o auto de infração acompanhado do termo de apreensão e guarda fiscal (Decreto-Lei 1.455/76, art. 27) § 1º Feita a intimação, pessoal ou por edital, a não apresentação de impugnação no prazo de 20 (vinte) dias implica revelia (Decreto-Lei 1.455/76, art. 27, § 1º)" 2. Em conseqüência, o Regulamento Aduaneiro não prevê a intimação postal em instauração de processo administrativo fiscal em que possa ser cominada pena de perdimento. 3. Pelo princípio da Instrumentalidade das Formas, o defeito de forma só deve acarretar a anulação do ato processual impossível de ser aproveitado (art. 250 do CPC) e que cause prejuízo a defesa dos interesses da parte ou sacrifique os fins de justiça do processo, o que, in casu, ocorreu, porquanto não restou provado nos presentes autos que o ora Recorrido, embora tivesse conhecimento da apreensão das mercadorias, teve ciência da instauração do processo administrativo em comento. E, se o ato eivado de ilegalidade não cumpriu sua finalidade, ocasionando prejuízo à parte, deve ser anulado, como anulados devem ser os atos subseqüentes a ele. 4. O Procedimento Administrativo é informado pelo princípio do due process of law. Se o ato eivado de ilegalidade não cumpriu sua finalidade, ocasionando prejuízo à parte, deve ser anulado, como anulados devem ser os atos subseqüentes a ele. A garantia da plena defesa implica a observância do rito, as cientificações necessárias, a oportunidade de objetar a acusação desde o seu nascedouro, a produção de provas, o acompanhamento do iter procedimental, bem como a utilização dos recursos cabíveis. A Administração Pública, mesmo no exercício do seu poder de polícia e nas atividades *self executing* não pode impor aos administrados sanções que repercutam no seu patrimônio sem a preservação da ampla defesa, que *in casu* se opera pelas notificações apontadas no CTB. 5. A sistemática ora entrevista coaduna-se com a jurisprudência do E. STJ e do E. STF as quais, malgrado admitam à administração anular os seus atos, impõe-lhe a obediência ao princípio do devido processo legal quando a atividade repercuta no patrimônio

tes sanções que repercutam em seu patrimônio sem a preservação do exercício da ampla defesa.

O TJRS[128] da mesma vem decidindo sobre a necessidade do atendimento dos princípios da ampla defesa e do contraditório sob pena de cerceamento de defesa. Aliás, oportuno lembrar que o tribunal gaúcho, antes mesmo do STF se posicionar acerca da inconstitucionalidade do depósito prévio para fins de recurso administrativo, já vinha decidindo pela sua inconstitucionalidade.

O STF atualmente[129] entende que é inconstitucional a exigência de prévio depósito administrativo para fins de recurso, pois violaria o art. 5º, inciso LV, da Constituição Federal de 1988. Isso nem sempre foi assim. Anteriormente, o STF entendia que inexistia o duplo grau de jurisdição administrativa.[130] Felizmente, isto mudou e atualmente prevalece a sua inconstitucionalidade.

---

do administrado. 6. Recurso Especial desprovido. (REsp 536.463/SC, Rel. Ministro LUIZ FUX, PRIMEIRA TURMA, julgado em 25/11/2003, DJ 19/12/2003 p. 360).

[128] APELAÇÃO CÍVEL. AÇÃO ORDINÁRIA. CASSAÇÃO DE ALVARÁ DE ESTABELECIMENTO COMERCIAL E APREENSÃO DE BENS. INEXISTÊNCIA DE PROCEDIMENTO ADMINISTRATIVO. NECESSIDADE DE OPORTUNIZAR DEFESA PRÉVIA E CONTRADITÓRIO. INCORREÇÃO DO ATO ADMINISTRATIVO. Havendo autorização para funcionamento do estabelecimento do autor, não pode a o ente municipal liminarmente cassar o respectivo alvará sem a existência de prévio processo administrativo, oportunizando-se prazo para defesa, sob pena de afronta ao art. 5º, LV, da Constituição Federal. Precedentes do TJRGS. Apelação provida. (Apelação Cível Nº 70027090406, Vigésima Segunda Câmara Cível, Tribunal de Justiça do RS, Relator: Carlos Eduardo Zietlow Duro, Julgado em 27/11/2008). MANDADO DE SEGURANÇA. CONSTITUCIONAL E ADMINISTRATIVO. LICENÇA. ALVARÁ. CASSAÇÃO. PROCEDIMENTO ADMINISTRATIVO. DEVIDO PROCESSO LEGAL, CONTRADITÓRIO E AMPLA DEFESA. Reveste-se de manifesta ilegalidade o ato administrativo de cassação do alvará de funcionamento de estabelecimento, sem garantia ao contraditório e ampla defesa no devido processo legal. AGRAVO PROVIDO. (Agravo de Instrumento nº 70015197601, Vigésima Segunda Câmara Cível, Tribunal de Justiça do RS, Relator: Mara Larsen Chechi, Julgado em 13/07/2006). APELAÇÃO E REEXAME NECESSÁRIO. MANDADO DE SEGURANÇA. INTERDIÇÃO CAUTELAR DE ESTABELECIMENTO FARMACÊUTICO. SEGURANÇA CONCEDIDA EM PARTE. CONFIRMAÇÃO DA LIMINAR E CASSAÇÃO EM DEFINITIVO DA MEDIDA DE INTERDIÇÃO CAUTELAR DO ESTABELECIMENTO. Não havendo previsão de interdição cautelar da farmácia, por estar com alvará vencido ou sem profissional farmacêutico com certificado de regularidade, inviável proceder à mesma, seja por ferir-se o princípio da legalidade, seja por aplicar penalidade antecipadamente à defesa garantida constitucionalmente. SENTENÇA MANTIDA. APELAÇÃO DESPROVIDA. (Apelação e Reexame Necessário Nº 70012099164, Vigésima Segunda Câmara Cível, Tribunal de Justiça do RS, Relator: Rejane Maria Dias de Castro Bins, Julgado em 15/09/2005).

[129] RE 396.059-RJ, Rel. Ministro Eros Grau.

[130] STF, RE n. 215.979/RS, relator Ministro Maurício Corrêa, DJ de 4.5.2001. "EXTRAORDINÁRIO. INFRAÇÃO ÀS NORMAS TRABALHISTAS. PROCESSO ADMINISTRATIVO. CONTRADITÓRIO E AMPLA DEFESA. PENALIDADE. NOTIFICAÇÃO. RECURSO PERANTE A DRT. EXIGÊNCIA DO DEPÓSITO PRÉVIO. MULTA. PRESSUPOSTO DE ADMISSIBILIDADE E GARANTIA RECURSAL. AFRONTA AO ART. 5º, LV, CF. INEXISTÊNCIA. 1. Processo administrativo. Imposição de multa. Prevê a legislação especial que, verificada a infração às normas trabalhistas e lavrado o respectivo auto, o infrator dispõe de dez dias, contados do recebimento da notificação, para apresentar defesa no processo administrativo (art. 629, § 3º, CLT) e, sen-

A aplicação de sanções administrativas, portanto, decorrente do exercício do poder de polícia, somente se torna legítima quando o ato praticado pelo administrado estiver previamente definido pela lei como infração administrativa. Sobre o tema, é oportuno conferir a lição de José dos Santos Carvalho Filho:[131]

> Sanção administrativa é o ato punitivo que o ordenamento jurídico prevê como resultado de uma infração administrativa, suscetível de ser aplicado por órgãos da Administração. Se a sanção resulta do exercício do poder de polícia, qualificar-se-á como sanção de polícia. O primeiro aspecto a ser considerado no tocante às sanções de polícia consiste na necessária observância do princípio da legalidade. Significa dizer que somente a lei pode instituir tais sanções com a indicação das condutas que possam constituir infrações administrativas. Atos administrativos servem apenas como meio de possibilitar a execução da norma legal sancionatória, mas não podem, por si mesmos, dar origem a apenações.

Em outras palavras, se não houver subsunção do fato à hipótese prevista de modo abstrato pela norma, a sanção não pode ser aplicada.

A esse respeito, é oportuno conferir decisão do STJ[132] no sentido de que a Administração não está autorizada a aplicar sanções que não estiverem previstas em lei em razão da violação do princípio da legalidade previsto na Constituição Federal de 1988.

A aplicação do princípio da legalidade no âmbito das sanções administrativas é comentada por Eduardo Rochas Dias:[133] "O Supremo

---

do esta insubsistente, exsurge a aplicação da multa mediante decisão fundamentada (art. 635, CLT). Não observância ao princípio do contraditório e da ampla defesa: alegação improcedente. 2. Recurso administrativo perante a DRT. Exigência de comprovação do depósito prévio. Pressuposto de admissibilidade e garantia recursal. 2.1. Ao infrator, uma vez notificado da sanção imposta em processo administrativo regular, é facultada a interposição de recurso no prazo de dez dias, instruído com a prova do depósito prévio da multa (art. 636, § 2º, CLT), exigência que se constitui em pressuposto de admissibilidade. 2.2. Violação ao art. 5º, LV, CF. Inexistência. *Em processo administrativo regular, a legislação pertinente assegurou ao interessado o contraditório e a ampla defesa. A sua instrução com a prova do depósito prévio da multa não constitui óbice ao exercício do direito constitucional do art. 5º, LV, CF, por se tratar de pressuposto de admissibilidade e garantia recursal,* dado que a responsabilidade do infrator, representada pelo auto de infração, restou aferida em decisão fundamentada. Recurso conhecido e provido. (grifo nosso)

[131] CARVALHO FILHO, José dos Santos. *Manual de direito administrativo.* Rio de Janeiro: Lumen Juris, 2005, p. 75.

[132] ADMINISTRATIVO. RECURSO ORDINÁRIO EM MANDADO DE SEGURANÇA. TRANSPORTE COLETIVO E INDIVIDUAL DE PASSAGEIROS. TAXI. PENALIDADE. PRINCÍPIO DA LEGALIDADE ESTRITA. 1. A aplicação de penalidades está sujeita ao princípio da legalidade estrita. Mesmo no âmbito do poder de polícia, a Administração não está autorizada a aplicar sanções não previstas em lei. Não é legítima a aplicação a motoristas de taxi, modalidade de transporte individual, de penalidades estabelecidas para infrações no âmbito do transporte coletivo de passageiros. No âmbito do poder estatal sancionador, penal ou administrativo, não se admite tipificação ou penalização por analogia. 2. Recurso ordinário provido." (RMS 21.922/GO, 1ª Turma, Rel. Min. Teori Albino Zavascki, DJ de 21.6.2007).

[133] DIAS, Eduardo Rocha. *Sanções administrativas aplicáveis a licitantes e contratados.* São Paulo: Dialética, 1997, p. 49.

Tribunal Federal, antes mesmo do advento da atual Carta Magna, já estendeu às sanções administrativas em geral e às fiscais em particular o princípio da legalidade e a proibição de ato administrativo inferior à lei fixar sanção".

2.7. Controle judicial do licenciamento ambiental

Enquanto serviço público realizado pelo Estado, o licenciamento ambiental está submetido ao crivo do Poder Judiciário, em caso de ilegalidade, abuso ou desvio de poder. Além disso, pode também ser fiscalizado pelo Tribunal de Contas e pelo Ministério Público. Importante esclarecer que não se trata de interferência do Poder Judiciário nas atividades *interna corporis* do Administrador Público. Em absoluto. Trata-se, na realidade, de controle que detém o Poder Judiciário calcado no texto constitucional, art. 5º, inciso XXXV.[134] Os princípios aplicáveis ao serviço público, dentre eles o da obrigatoriedade, continuidade e eficiência também devem ser atendidos pela Administração Pública.

Assim posta a *quaestio*, podemos dizer que a justificativa para intervenção judicial, como modelo de mediação no modelo federativo-ambiental brasileiro somente se justifica nas seguintes hipóteses: descaso, omissão e violação às normas que regem o regime jurídico do licenciamento ambiental, bem como aos princípios de orientam os serviços públicos.

Por óbvio que não cabe ao Poder Judiciário autorizar atividades ou licenciá-las. São os órgãos competentes que precisam se manifestar sobre o pedido do interessado. O empreendedor, em qualquer atividade, há de munir-se dos licenciamentos que a lei exige. Se nada requereu às autoridades ambientais não tem interesse jurídico em demandar contra os referidos órgãos. Portanto, o controle judicial é posterior. O empreendedor deve dirigir-se ao Poder Judiciário após protocolar seus pedidos de licenciamento e ver apreciados os pedidos pelo órgão competente. Este por sua vez deverá se pronunciar em prazo razoável, dependendo do caso concreto.

O Poder Judiciário tem adotado o controle judicial dos processos de licenciamento ambiental.[135] Questão crucial a se levar em conta

---

[134] CF/88. Art. 5º, inciso XXXV. A lei não excluirá da apreciação do Poder Judiciário lesão ou ameaça a direito.

[135] Nesse sentido, Ag. I 94967, 4ª Turma, TRF 4ª Região, com voto vencido. "Administrativo, Antecipação de Tutela, Suspensão de autorização administrativa. Possibilidade. Interesse Público.

também é que o licenciamento ambiental é um instrumento de gestão ambiental, que pode ser revisto ou suspenso. O controle pode ser prévio, concomitante e posterior, conforme se verá no capítulo quarto desta obra.

Ocorre que nenhum dos direitos constitucionais tem contornos absolutos. Até mesmo o direito à vida – o mais sagrado de todos – admite violação, no caso de crime de guerra (art. 5º, XLVII, *a*, CF/88). Assim, em certas circunstâncias, como as evidenciadas na hipótese, direitos consagrados pela Constituição devem ceder espaço a outros igualmente previstos, que reclamam primazia.

Não obstante, em atenção ao cuidado atribuído pelo constituinte, a desconsideração de tal direito, num dado caso concreto, demanda decisão judicial que analise com ponderação a sua necessidade. A discussão perpassa, portanto, pela apreciação dos princípios da proporcionalidade e razoabilidade.

Ambos os interesses estão constitucionalmente assegurados. A aferição de qual dos interesses há de prevalecer no caso concreto, contudo, impõe a apreciação pelo Poder Judiciário, sob pena de – desde logo – restar infirmado um dos direitos em favor do outro, o que vai contra o mencionado princípio da proporcionalidade, chamado por Canotilho,[136] de princípio da salvaguarda do núcleo essencial: "mesmo nos casos em que o legislador está constitucionalmente autorizado

---

Superveniente. Preservação de Mogno nativo. Situações individuais. Ato geral." Há de prevalecer o interesse público superveniente quando objurgada abstratamente por associação/autora, a suspensão geral de autorizações antes expedidas em favor de substituídos para transporte e exploração de mogno nativo, sem indicação concreta de prejuízo. No TRF 1ª Região, Ex Susp. 01000310096, 6ª Turma, DJ 12-12-2002, Des. Fed. Daniel Ribeiro, "Não configura ato de parcialidade de Juiz a comunicação feita ao órgão correicional acerca de deficiências verificadas nas defesas da autarquia encarregada da proteção do meio ambiente, em processos relacionados com a exportação de madeira da espécie mogno, ameaçado de extinção e cuja extração encontra-se suspensa por força de ato normativo do IBAMA. O STJ também vem decidindo acerca do controle do Poder Judiciário em casos envolvendo processos de licenciamento ambiental. RMS nº 25.267 – MT, Rel.: Ministra Eliana Calmon. PROCESSUAL CIVIL E ADMINISTRATIVO – MANDADO DE SEGURANÇA – AUSÊNCIA DE DIREITO LÍQUIDO E CERTO – SOBREPOSIÇÃO DE ÁREAS – LICENCIAMENTO AMBIENTAL – EXPLORAÇÃO DE FLORESTAS – DISPUTA POSSESSÓRIA – MÉRITO DE ATO ADMINISTRATIVO – EXAME DE LEGALIDADE. 1. Age com discricionariedade Secretário Estadual de meio ambiente que, amparado por atos normativos, suspende procedimentos administrativos e revê licenças e autorizações ambientais por motivo de disputa judicial possessória quanto à sobreposição de área em que se encontram os recursos florestais. 2. Ausência de direito líquido e certo decorrente da falta de demonstração da titularidade de domínio e posse da área tida como sobreposta pela autoridade coatora. 3. Não cabe ao Poder Judiciário, salvo em caso de ilegalidade, defeito de forma, abuso de autoridade ou teratologia, adentrar no mérito do ato administrativo revendo o juízo de conveniência e oportunidade da autoridade tida como coatora. 4. Recurso ordinário não provido.

[136] CANOTILHO, José Joaquim Gomes. *Direito constitucional e teoria da constituição*. 4. ed. Coimbra: Almedina, 2000, p. 448.

a editar normas restritivas, ele permanece vinculado à salvaguarda do núcleo essencial dos direitos ou direitos restringidos".

Ora, se as emendas constitucionais[137] estão sujeitas ao controle jurisdicional de constitucionalidade, muito mais os processos administrativos que tramitam nos órgãos responsáveis pelo licenciamento que integram o SISNAMA.

No tocante ao controle judicial do licenciamento ambiental o papel do Ministério Público, seja federal ou estadual, merece destaque, principalmente nos casos em que há omissão por parte do Poder Público. Em regra, o procedimento adotado pelo Ministério Público é a interposição da ação civil pública disciplinada pela lei federal n° 7.347/85. A Constituição Federal de 1988 inaugura uma nova fase, estabelecendo um capítulo próprio para o Ministério Público, em que são previstos princípios, sua organização, funções, instrumentos e garantias que asseguram a sua atuação. O Ministério Público é essencial ao exercício da função jurisdicional somente nos feitos em que veiculado interesse do bem geral, como os interesses sociais e individuais indisponíveis, os difusos, os ligados à qualidade da pessoa (como os menores, incapazes) ou à própria natureza da lide ou controvérsia.

---

[137] ADIN. Processo n. 70005054010, Tribunal Pleno, Porto Alegre. Direito ao meio ambiente ecologicamente equilibrado. Emenda Constitucional n° 32/2002 da Assembléia Legislativa, à Constituição Estadual, que acrescentou ressalva, mediante condições, à incumbência do Estado em combater as queimadas e responsabilizar o usuário da terra por suas conseqüências. *As emendas constitucionais estão sujeitas ao controle jurisdicional de constitucionalidade.* Preliminar de incompetência rejeitada. O art. 125, § 2° da Carta Federal autoriza os Estados a julgarem a validade de normas estaduais ou municipais perante a Constituição Estadual, ainda que reproduzindo normas federais. Inconstitucionalidade material. Norma básica expressa tanto no art. 251 da Carta Estadual, quando no art. 225 *caput* da Carta Federal. Direito fundamental ao meio ambiente ecologicamente equilibrado, com imposição ao Poder Público de preservação, restauração e fiscalização. Precedente do Tribunal que julgou inválida a Lei Estadual 11.498/00, que alterava o Código Florestal do Estado (Lei n. 9.119/92) e acrescentava a possibilidade do uso de fogo, além dos casos de eliminação de pragas em campos nativos, mediante permissão do poder público estadual ou municipal. A queima de campos nativos, por degradar o ambiente, e enfraquecer o direito ao meio ambiente equilibrado, contravém não só o art. 251, *caput*, senão que com o art. 13, V da Carta Estadual. Competência concorrente. Mesmo sob a ótica da legislação federal, descabe ao Estado emitir licenças ambientais aos municípios, para práticas cuja repercussão negativa, face ao monóxido de carbono e prejuízos ao ecossistema, ultrapassa o impacto ambiental local, havendo clara colidência com o Decr. Federal 1.661/98, que trata da queima controlada, prevendo o SISNAMA, como órgão licenciador e não o município. Moderna legislação estadual, consubstanciada no Código Estadual do Meio Ambiente, (Lei n° 11.520/2000), sumulando como dever do Estado a difusão de tecnologias apropriadas à recuperação e conservação do solo. Se, eventualmente, o uso de fogo e queimada facilita o cultivo da terra, prejudica e degrada o meio ambiente, causando a poluição do ar e erosão do solo, assoreamento do curso das águas, perda da biodiversidade, emissão de gás carbônico, refletindo-se negativamente na flora e na fauna, e impedindo a regeneração da floresta. ADIN julgada procedente, para declarar a inconstitucionalidade da Emenda Constitucional n° 32/2002, por afronta aos artigos 1°, 8°, 10 e 13, V e 251, *caput* da Carta Sul-Rio-Grandense. (grifo nosso)

Licenciamento Ambiental

No caso em tela, a defesa do ambiente se enquadra naquelas atividades em que lhe assegura a efetiva participação na lide.

Além dos processos em que é parte enquanto autor da ação, a atuação dos membros do Ministério Público pode se dar nos processos em curso no Poder Judiciário. Pode ser na qualidade de parte, quando, por exemplo, ajuíza uma ação civil pública ou uma ação penal e, ainda, como fiscal da lei, quando oferece parecer em ações envolvendo um interesse público primário, como, por exemplo, uma ação envolvendo a prestação de serviços públicos de fornecimento de água. Neste último caso velará o órgão ministerial pela regular prestação deste serviço.

É inegável o prestígio alcançado pela ação civil pública desde a edição da lei que a institui em 1985, diante dos benefícios de ordem jurídica, social, política, econômica e cultural resultantes de sua aplicação. A defesa dos interesses difusos, até então desprotegidos nos foros judiciais, passou a ser realidade, abrindo-se "espaços à afirmação da cidadania de setores sociais antes inermes ante o poder político e o poder econômico", no entendimento de Sepúlveda Pertence.[138]

Antonio Augusto Mello de Camargo Ferraz[139] anota com propriedade:

[...] no sistema de freios e contrapesos concebido pelo constituinte foram conferidas ao *Parquet* funções institucionais que o colocam agora no papel de verdadeiro *ombudsman*, como aquelas "atribuições relacionadas diretamente com o controle do Executivo e do Legislativo, como a ação direta de inconstitucionalidade, a fiscalização do patrimônio público e dos serviços de relevância pública, a representação para fins de intervenção e o funcionamento perante o Tribunal de Contas".

O Ministério Público, portanto age para fazer cumprir o mandamento legal e constitucional pátrio e acima de tudo preservando o interesse público primário. Neste sentido oportuna a manifestação de Luis Roberto Gomes:[140]

[...] há que se buscar nas atividades do Ministério Público uma mínima garantia de eficácia, de resultado positivo como saldo das energias processuais despendidas para fazer valer as pretensões de defesa do interesse público primário, não havendo motivo

---

[138] Sepúlveda Pertence, Ex-Ministro do STF. Foi um dos partícipes do movimento pelo fortalecimento e criação de um novo Ministério Público, integrante da Comissão Afonso Arinos, incumbida da realização do anteprojeto que deu origem à atual Constituição Federal de 1988; ocupava à época o cargo de Procurador-Geral da República (1985-1989).

[139] FERRAZ, Antonio Augusto Mello de Camargo. *Ministério público*: instituição e processo. São Paulo: Atlas, 1997, p. 21.

[140] GOMES, op. cit., p. 69.

para acionar o Judiciário se for remota a possibilidade de êxito, se não houver a mínima convicção de um resultado favorável.[141]

Exemplo de controle da omissão administrativa quanto à prática de ato vinculado, mais precisamente da omissão na prestação de serviço público de licenciamento ambiental, foi a ação civil pública ajuizada pelo Ministério Público do Estado de São Paulo em face da Fazenda Pública Estadual, pedindo a condenação em obrigação de fazer consistente em analisar os pedidos de licenciamento ambiental das empresas de mineração que exerciam atividade na capital, ou que viessem a exercê-la no futuro, no prazo máximo de 60 (sessenta) dias, prorrogável por até o mesmo lapso, e bem assim a condenação ao pagamento de indenização pelos danos ambientais irreparáveis causados pela demora na análise dos planos de recuperação de área degradada e conclusão do procedimento administrativo de licenciamento.[142]

Assim, se o município, por exemplo, omite-se no dever de controlar loteamentos e parcelamentos de terras, o Poder Judiciário pode compeli-lo ao cumprimento de tal dever.[143] Em todos estes casos, o controle da omissão por parte do Poder Judiciário foi puro e simples, não havendo falar-se em substituição da vontade do Poder Executivo pela do Judiciário. Assim leciona Marinoni:[144]

> [...] sempre que a lei regula de forma vinculada a atuação administrativa, obrigando a Administração a um determinado comportamento, não se pode falar em insindicabilidade dessa atuação, justamente porque existindo o dever de atuar não há margem para qualquer consideração de ordem técnica e política.

Traçadas as linhas pelas quais se almeja que as normas em vigor sejam efetivamente cumpridas pelos empreendedores e aplicadas pelos Gestores do ambiente, no capítulo seguinte buscar-se-á fazer uma abordagem acerca de alguns princípios constitucionais do ambiente sensíveis ao processo de licenciamento ambiental.

---

[141] Cf. Decisão da Primeira Turma do Conselho Superior do Ministério Público de São Paulo; protocolado n. 45.469/97; Cons. Rel. Dr. Paulo Afonso Garrido de Paula, decisão de 2/2/99, v. 11.

[142] *REVISTA DE DIREITO AMBIENTAL*, São Paulo, n. 5, p. 185-193, jan./mar. 1997, p. 185.

[143] STJ, REsp 292.846/SP, 1ª Turma, Rel. Min. Humberto Gomes de Barros, j. 7/3/2002, DJU de 15/4/2002. In REVISTA DE DIREITO AMBIENTAL, São Paulo, n. 27, jul./set. 2002, p 350-352.

[144] MARINONI, L. G. *Tutela inibitória*: (individual e coletiva). São Paulo: Revista dos Tribunais, 2000, p. 88.

3. Princípios Constitucionais Fundamentais em Matéria Ambiental

> O que está em risco é a Terra em sua totalidade, e os homens em seu conjunto. A História global entra na natureza, a natureza global entra na História: e isto é inédito na Filosofia.
>
> Michel Serres. *O contrato natural.*

3.1. Cenário atual da concretização dos princípios

A palavra *princípio*[145] se origina do latim *principium*, que traduz a ideia de pressuposto, começo, início, origem, ponto de partida. A importância vital que os princípios assumem para os ordenamentos jurídicos pátrios se torna cada vez mais evidente, sobretudo se examinarmos a sua função e presença expressamente no texto das constituições contemporâneas, onde aparecem como os portos axiológicos de mais relevo com que fundamentar a hermenêutica de nossos tribunais e legitimidade dos preceitos de ordem constitucional.

Os princípios são diretrizes axiologicamente superiores, a fonte máxima para o intérprete, destinadas a propiciar a concreção,[146]

---

[145] Robert Alexy distingue regras e princípios. O ponto decisivo na distinção entre regras e princípios é que princípios são normas que ordenam que algo seja realizado na maior medida possível dentro das possibilidades jurídicas e fáticas existentes. Princípios são, por conseguinte, mandamentos de otimização, que são caracterizados por poderem ser satisfeitos em graus variados e pelo fato de que a medida devida de sua satisfação não depende somente das possibilidades fáticas, mas também das possibilidades jurídicas. O âmbito das possibilidades jurídicas é determinado pelos princípios e regras colidentes. Teoria dos direitos fundamentais. Tradução de Virgilio Afonso da Silva. São Paulo: Malheiros, 2008, p. 90.

[146] Há entendimentos em sentido diverso, defendendo que não se pode manter a compreensão de que a violação de um princípio seria mais grave do que a de uma regra. ÁVILA, Humberto. *Teoria dos Princípios*. Paulo: Malheiros, 2003, p. 83 e 85. VELLOSO, Andrei Pitten. *Conceitos e Competências Tributárias*. São Paulo: Dialética, 2005, p. 157 *apud* FISCHER, Douglas. *Delinqüência econômica e estado social e democrático de direito – uma teoria à luz da Constituição*. Porto Alegre: Verbo Jurídico, 2006, p. 60.

são fundamentais e fundantes, enquanto as regras são instrumentais e condicionadas à preservação máxima dos princípios interligados, possuem em seu núcleo eficácia direta e imediata, ao tempo em que as regras procuram dar a máxima eficácia aos princípios e valores bem como os princípios e regras se relativizam mutuamente, porém estas podem ser afastadas para preservar a relatividade e a mútua constituição dos princípios.

Para Josef Esser,[147] "princípios são aquelas normas que estabelecem fundamentos para que determinado mandamento seja encontrado. Mais do que uma distinção baseada no grau de abstração da prescrição normativa, a diferença entre os princípios e as regras seria uma distinção qualitativa".

Portanto, como bem assevera Humberto Ávila, "o critério distintivo dos princípios em relação às regras seria, portanto, a função de fundamento normativo para a tomada de decisão".[148]

Os princípios são normas jurídicas que impõem um dever-ser.[149] Ao tratar de princípios gerais do direito, Bobbio afirma a sua natureza de norma jurídica, *in verbis:* "[...] se são normas aquelas das quais os princípios gerais são extraídos, através de um processo de generalização sucessiva, não se vê por que não devam ser normas também eles: se abstraio da espécie animal obtenho sempre animais, e não flores ou estrelas".[150]

Krell[151] destaca que "todos os direitos fundamentais são, ao mesmo tempo, normas principiológicas, proibindo-se excluir um princípio por inteiro para prestigiar outro, sendo necessária a sua compati-

---

[147] ESSER, Josef. *Grundsatz und Norm in der richterlichen Fortbildung des privatrechts.* 4. tir, p. 51. *Apud* ÁVILA, Humberto Teoria dos princípios – da definição à aplicação dos princípios jurídicos. São Paulo: Malheiros, 2009, p. 35.

[148] ÁVILA, op. cit., p. 35.

[149] Alguns autores têm tentado estabelecer critérios distintivos entre os princípios e valores, entretanto não discrepam quanto ao fato de que os princípios consubstanciam alta carga valorativa. Para Robert Alexy, apenas um ponto separa os princípios dos valores, qual seja, o caráter axiológico destes e o deontológico daqueles. Assim, o modelo de um valor é *"x é melhor"* e o de um princípio é *"x é devido". Teoría de los derechos fundamentales,* p. 147. Adotando referência diversa, Antonio Enrique Pérez Luño sustenta que o critério mais adequado para apartar princípios de valores é o grau de *concreção.* Afirma que os princípios possuem um grau maior de concreção e especificação que os valores em relação aos fatos aos quais podem ser aplicados e as conseqüências jurídicas decorrentes desta aplicação, sem serem, contudo, normas analíticas. *Derechos Humanos, Estado de Derecho y Constitucion,* p. 291-293.

[150] BOBBIO, Norberto *Teoria do ordenamento jurídico.* São Paulo: Polis, 1991, p. 158-159. Segundo Bobbio, existem princípios gerais expressos, que podem constar das Constituições e dos códigos; e não-expressos, que são tirados por abstração de normas específicas ou não muito gerais, com o fim de cobrir lacunas legais, p. 159-160.

[151] KRELL, Andreas J. Op. cit., p. 77

bilização[152], que somente se torna viável através de um processo de avaliação material dos valores e interesses subjacentes, sejam eles públicos ou privados, na base de um raciocínio de razoabilidade e proporcionalidade.[153]

Nestes termos torna-se relevante ter presente que nenhum princípio tem, por si, preferência absoluta. Andreas Krell exemplifica a situação concreta que pode exigir a interdição imediata de uma fábrica que vem funcionando em desacordo com a legislação ambiental; em outro caso, pode ser razoável manter a empresa funcionando, se os efeitos negativos para o ambiente parecerem pouco significativos se comparados com as consequências de seu fechamento considerando o seu aspecto social.

Em se tratando do ambiente, resulta notório que o interesse público deve prevalecer sempre ao interesse privado resolvendo-se a colisão de direitos fundamentais em favor do bem coletivo.

O Poder Judiciário assume uma gradual e intensificada responsabilidade para que os propósitos do Direito Ambiental vigente sejam alcançados. Cumpre-lhe a missão de, com apoio na valorização dos princípios aplicados nesta ciência jurídica, fazer com que as suas regras alcancem o que a cidadania merece e está exigindo: um meio ambiente equilibrado, convivendo em harmonia com o necessário desenvolvimento econômico. O Poder Judiciário, assim como a Administração, vinculados aos princípios da prevenção e da precaução, não pode deixar progredir atividade potencialmente agressiva ao ambiente sem que o órgão técnico administrativo, chamado a prestar esclarecimentos, o faça de modo consistente e objetivo. A precaução tem no seu conteúdo o dever de decidir com cautela e prudência, ou seja, com atenção especial. Trata-se de verdadeiro dever de prudência, veiculado pelo princípio da precaução, a de ser observado nas esferas administrativa, legislativa e judicial.

Cumpre-lhe, portanto, a missão de, com apoio na valorização dos princípios aplicados a esse ramo da ciência jurídica, fazer com que as suas regras alcancem o que a cidadania merece e está exigindo: um meio ambiente equilibrado convivendo em harmonia com o necessário desenvolvimento econômico.

---

[152] Oliveira, Jr., J. Alcebíades de. *Teoria jurídica e novos direitos*. Rio de Janeiro: Lumen Juris, 2000, p. 161.

[153] Cf. Guerra Filho, Willis S. *Teoria processual da Constituição*. São Paulo: Celso Bastos Editor, 2000, p. 75ss; STEINMETZ, Wilson A. *Colisão de direitos fundamentais e o princípio da proporcionalidade*. Porto Alegre: Livraria do Advogado, 2001, p. 69ss.

São os princípios os vetores condutores dos valores previstos na Constituição Federal de 1988 e no ordenamento jurídico pátrio, de modo a dotar-lhe de um sentido próprio. Paulo Magalhães da Costa Coelho[154] destaca bem a questão:

> Os princípios refletem um posicionamento ideológico do Estado e da Nação frente aos diversos valores da humanidade. Bem por isso, a administração pública, na gestão do Estado, na condução das políticas públicas e em suas relações com os administrados, não pode ignorá-los; antes, ao contrário, está a eles vinculada, mesmo nas hipóteses de atuação discricionária.

Orci,[155] com muita propriedade, aborda que "no estágio atual da civilização, a intervenção estatal é a única saída para a crise ambiental, face à insuficiente conscientização da humanidade para a defesa do interesse comum..., que merecem respeito". Neste sentido, ensina com muita clareza François Ost.[156]

De fato, enquanto direito difuso, o direito ambiental necessita da intervenção do Poder Público na ordem econômica, assim como dispõe a Constituição Federal de 1988 para assegurar o direito fundamental ao ambiente de forma sustentável. Neste momento é que os princípios se tornam relevantes e indispensáveis para a concretização de um direito ao ambiente ecologicamente equilibrado e harmônico.

A análise desses princípios[157] nos permite elencar que o Direito Ambiental tem as seguintes características:

a) o direito ao meio ambiente ecologicamente equilibrado é um direito fundamental, com dimensões objetivas e subjetivas;

b) inexistem limites para o exercício do direito fundamental ao meio ambiente quando a sua aplicação está dirigida diretamente a alcançar os seus objetivos;

c) o confronto entre o direito ao desenvolvimento e os princípios do direito ambiental deve receber solução em prol do último, haja vista a finalidade que este tem de preservar a qualidade da vida humana na face da terra;

---

[154] COELHO, Paulo Magalhães da Costa. *Controle jurisdicional da administração pública*. São Paulo: Saraiva, 2002, p. 50.

[155] TEIXEIRA, op. cit., p. 103.

[156] OST, François. *A natureza à margem da lei*. A ecologia à prova do direito. Lisboa: Instituto Piaget, 1995, p. 103. "Dois séculos se apropriação e de transformação da natureza conduziram aos resultados que se conhecem. Daqui a diante, o estado de deterioração do planeta é tal que a ecologia se torna, antes de mais, em problemas da sociedade, em jogada política depois, e finalmente em terreno regulamentar. O Estado, tornado intervencionista, não pode ignorar os desequilíbrios ecológicos que se ameaçam".

[157] Referente aos princípios ambientais consultar artigo de Álvaro Luiz Valery Mirra, intitulado Princípios Fundamentais do Direito Ambiental (Revista Direito Ambiental n. 02, 1996, p. 51-66).

d) o seu objetivo central é proteger o patrimônio que pertence à humanidade;

e) a sua filosofia é de integração internacional e baseada na cooperação, "para que o direito de todos os povos ao desenvolvimento seja alcançado e, simultaneamente, sejam garantidas as condições de afirmação dos direitos humanos fundamentais e de proteção do meio ambiente global".[158]

Não se pode ignorar quão tem sido valiosa a contribuição doutrinária para o aperfeiçoamento dos princípios e normas que protegem o ambiente.

A Constituição define o direito ao ambiente ecologicamente equilibrado como essencial ao futuro da humanidade, estabelecendo direitos e deveres para a sociedade civil organizada e para o Estado. Conforme já vimos anteriormente o acesso a um ambiente equilibrado e harmonioso não é só um direito, mas também um dever de todos. Desse modo, tem obrigação de defender o ambiente não só o Estado, mas, igualmente, a coletividade, conforme dispõe a Constituição Federal de 1988, em seu art. 225, *caput*.

Nosso país adotou esse princípio como norteador de suas leis ambientais, inclusive na Declaração do Rio de Janeiro, elaborada em 1992, em seu princípio 15, encontramos:

De modo a proteger o meio ambiente, o princípio da precaução deve ser amplamente observado pelos Estados, de acordo com suas capacidades. Quando houver ameaça de danos sérios ou irreversíveis, a ausência de absoluta certeza científica não deve ser utilizada como razão para postergar medidas eficazes e economicamente viáveis para prevenir a degradação ambiental.

A indisponibilidade e a obrigatoriedade do estudo de impacto ambiental decorrem da incidência do princípio da precaução em matéria ambiental.

Como disse Cristiane Derani,[159] precaução é cuidado. O princípio da precaução está ligado aos conceitos de afastamento de perigo e segurança das gerações futuras, como também de sustentabilidade ambiental das atividades humanas. Este princípio é a tradução da busca da proteção da existência humana, seja pela proteção de seu ambiente, seja pelo asseguramento da integridade da vida humana. A partir desta premissa, deve-se também considerar não só o risco eminente de uma determinada atividade, como também os riscos futuros decorrentes de empreendimentos humanos, os quais nossa compreensão e

---

[158] WOLD, Chris. *Introdução ao Estudo dos Princípios de Direito Internacional*. Belo Horizonte: Del Rey, 2003, p. 12.

[159] DERANI, Cristiane. *Direito ambiental econômico*. São Paulo: Max Limonad, 1997, p. 167.

o atual estágio de desenvolvimento da ciência jamais conseguem captar em toda densidade. [...]

Alguns doutrinadores não distinguem a precaução da prevenção, entre eles Celso Antonio Pacheco Fiorillo[160] e Édis Milaré. Com efeito, defendem a distinção entre os institutos principiológicos Paulo Affonso Leme Machado e Nicolau Dino de Castro Costa. De qualquer sorte, os autores em geral concordam que existem pontos de contato entre os princípios.

Parte da doutrina entende que a prevenção está contida na precaução, como chamam a atenção José Adércio Leite Sampaio[161] e Eckard Rehbinder:[162] "O princípio da prevenção exige que os fundamentos naturais da vida sejam conservados a longo prazo e explorados com precaução".

3.2. Princípio da precaução

O princípio da precaução deriva do *Vorsorgeprinzip*, do ordenamento jurídico alemão, conforme lembra Maria Alexandra de Sousa Aragão,[163] e exige a actuação mesmo antes do princípio da prevenção impor qualquer actuação preventiva.[164]

Aragão[165] lembra que "a primeira adopção expressa do princípio da precaução no âmbito internacional foi em 1987, na Segunda Conferência Internacional sobre a protecção do Mar do Norte: emissões de poluição potencialmente poluentes deveriam ser reduzidas, mesmo quando não haja prova científica evidente do nexo causal entre as emissões e os efeitos".[166] O princípio da precaução significa então que as pessoas e o seu ambiente devem ter em seu favor o benefício

---

[160] FIORILLO, Celso Antonio Pacheco. *Curso de direito ambiental*. São Paulo: Saraiva, 2006, p. 36.

[161] SAMPAIO, José Adércio Leite. *Princípios de direito ambiental*. Belo Horizonte: Del Rey, 2003.

[162] REHBINDER, Eckard. *Los princípios del derecho ambiental en la Republica Federal Alemana*. Ambiente y Futuro. Buenos Aires: Fundacion Maliba, 1987, p. 157.

[163] ARAGÃO, Maria Alexandra de Sousa. *O princípio do poluidor pagador pedra angular da política comunitária do ambiente*. Coimbra: Coimbra Editora, 1997, p. 68.

[164] Enquanto a prevenção requer que os perigos comprovados sejam eliminados, o princípio da precaução determina que a acção para eliminar possíveis impactos danosos no ambiente seja tomada antes de um nexo causal ter sido estabelecido com uma evidência científica absoluta. (FREESTONE, David. *Maastricht Treaty – Implications for European Environmental Law*. European environmental Law Review, v. 1, june 1992, p 24.)

[165] ARAGÃO, op. cit., p. 69.

[166] Declaração Ministerial da Segunda Conferência Internacional sobre a Protecção do Mar do Norte, Londres, 1987. Citado em FALOMO, Luca M. L'Incidenza del Trattato di Maastricht sul Diritto Comunitário Ambientale. *Rivista di Diritto Europeo*, n. 3, lug./set. 1992, p. 598.

da dúvida[167] quando haja incerteza sobre se uma dada acção os vai prejudicar.

Já se assenta na doutrina e jurisprudência em matéria ambiental que, para a invocação do princípio da precaução, basta haver uma verossimilhança ou plausibilidade mínima do risco para o meio ambiente.[168]

Patryck de Araújo Ayala[169] dispõe que mesmo nos casos em que a ciência não dispõe de respostas seguras e infalíveis deve a administração em prol do interesse público primário assegurar que as próximas gerações tenham um mínimo de qualidade de vida digna e saudável.

A implementação do princípio da precaução não tem por finalidade imobilizar as atividades humanas. Não se trata da precaução que tudo impede ou que em tudo vê catástrofes ou males. O princípio da precaução visa a durabilidade da sadia qualidade de vida das gerações humanas e a continuidade da natureza existente no planeta. A precaução deve ser visualizada não só em relação às gerações presentes, como em relação ao direito ao meio ambiente das gerações futuras. Filiamo-nos a esta corrente entendendo que na realidade estão presentes na gestão ambiental os princípios da prevenção e o da precaução em momentos distintos.

Em artigo publicado na Revista de Agroecologia e Desenvolvimento Rural Sustentável, Auro Machado[170] defende que os governos

---

[167] Podemos falar a esse propósito de uma espécie de princípio *in dubio pro ambiente*. Na dúvida sobre a perigosidade de uma certa atividade para o ambiente, decide-se a favor do ambiente e contra o potencial poluidor.

[168] Vide ARAGÃO, Alexandra. Direito constitucional do ambiente na União Européia. In: CANOTILHO, José Joaquim Gomes e LEITE, José Rubens Morato (org.). *Direito Constitucional Ambiental Brasileiro*. São Paulo: Saraiva, 2008, p. 42-43.

[169] AYALA, Patryck de Araújo. O princípio da precaução e a proteção jurídica da fauna brasileira. *Revista de Direito Ambiental*, v. 39, n. 147, 2005. – texto no qual sustenta: "O princípio da precaução vem estabelecer no domínio da regulação dos riscos e da proteção jurídica do ambiente uma autêntica proibição de *non liquet*, mesmo perante o conhecimento indisponível, inacessível ou inexistente", p. 167.

[170] MACHADO, Auro de Quadros. *Transgênicos*: é melhor prevenir do que remediar... Porto Alegre, v.1, n. 3, jul/set 2000. É preciso pensar que "Todos têm direito ao meio ambiente ecologicamente equilibrado, bem de uso comum do povo e essencial à sadia qualidade de vida, impondo-se ao Poder Público e à coletividade o dever de defendê-lo e preservá-lo para as presentes e futuras gerações". Considerações finais: Este ensaio procurou enfatizar alguns pontos relevantes acerca dos transgênicos, sobretudo a questão referente aos aspectos legais não obedecidos pela CTNBio e os direitos do consumidor e o direito ambiental, matéria esta tão em evidencia nos dias de hoje, o que denota que o cidadão brasileiro passou a exercer os seus direitos constitucionalmente assegurados, como por exemplo, exigir do empreendedor que queira comercializar organismos geneticamente modificados, o prévio estudo de impacto ambiental e respectiva audiência pública. A proteção ao meio ambiente é de *relevante interesse público*, e a sua supressão causa *grave lesão à ordem pública, à economia pública e à saúde pública*. É importante que tenhamos normas eficientes para rotulagem, segregação, fiscalização e segurança alimentar

ao mesmo tempo em que se preocupam com o problema da alimentação, levem em consideração a proteção ao consumidor, seus direitos assegurados pelos ordenamentos jurídicos nacionais, como o direito à rotulagem, fiscalização e segurança alimentar. Também não podemos esquecer as normas ambientais em vigor no Brasil, consideradas uma das legislações ambientais mais avançadas do mundo. A temática envolvida era a questão dos transgênicos.

Decisão proferida pelo Tribunal Regional Federal da 4ª Região, da lavra da Desembargadora Federal Marga Tessler,[171] dão conta de que eventual irreversibilidade de um dano ambiental autoriza a aplicação do princípio da precaução.

Os princípios sugerem que o mero risco de dano ao ambiente é suficiente para que sejam tomadas todas as medidas necessárias a evitar a sua concretização. Isso decorre tanto da importância que o meio ambiente adquiriu no ordenamento constitucional inaugurado com a Constituição de 1988 quanto da irreversibilidade e gravidade dos danos em questão, e envolve inclusive a paralisação de empreendimentos que, pela sua magnitude, possam implicar significativo dano ambiental, ainda que este não esteja minuciosamente comprovado pelos órgãos protetivos.

Artigo de autoria do juiz federal Zenildo Bodnar e publicado na edição nº 15 da Revista de Doutrina do TRF 4ª Região:[172] O Poder Judi-

---

e que o empreendedor apresente o devido estudo de impacto ambiental, na forma da lei e da Constituição Federal vigente.

[171] TRF 4ª Região, AI n. 2007.04.00.030983-2, Quarta Turma, Rel. Desa. Federal Marga Inge Barth Tessler, D. E. de 11/03/2008.) PROCESSUAL CIVIL. AÇÃO CIVIL PÚBLICA. TERRENOS DE MARINHA. LOTEAMENTO. EMBARGO JUDICIAL DE OBRA. ÁREA DE PRESERVAÇÃO PERMANENTE. PRINCÍPIO DA PRECAUÇÃO. [...] 3. Em direito ambiental se aplica o princípio da precaução, cujo centro de gravidade é a aversão ao risco, que recomenda que a incerteza quanto à ofensividade ou inofensividade ambiental de determinada atividade deve levar a tomada de cautelas. Em uma ponderação de valores, contraposto o interesse econômico dos empreendedores em questão à integridade ambiental da área ocupada, avulta a importância do meio ambiente como perigo maior a ser enfrentado na demora do deslinde do presente controvérsia. 4. A liminar inicialmente concedida fala, não em demolição das obras, apenas em sobrestamento da construção até o deslinde da questão em pauta, o que só vem a recrudescer a necessidade da estagnação das obras sob análise, situadas em terreno de marinha composto, ao que tudo indica, por restinga de praia. Eventual prejuízo econômico, por mais vultoso que seja, é infinitamente inferior ao eventual – e irreversível – dano ambiental resultante da continuidade da obra.

[172] A sociedade contemporânea da globalização, da revolução tecnológica e de ataques suicidas do homem ao meio ambiente caracteriza um novo tempo. Um tempo de grandes mudanças e transformações, as quais atingem espaços jurídicos, políticos, econômicos e até culturais. Surgem, então, novos direitos, novos atores sociais e novas demandas, as quais reclamam novas e inteligentes formas de equacionamento. ...No Estado constitucional ecológico a qualidade da vida humana é o principal objetivo a ser atingido. Esse desiderato é buscado a partir dos princípios fundamentais estabelecidos no artigo 3º da CRFB/88, cuja pauta axiológica central tem como base a dignidade da pessoa humana, a solidariedade, a erradicação da pobreza e a construção de

ciário e a tutela do meio ambiente. Faz uma abordagem a respeito do Estado constitucional ecológico impõe uma redefinição do conteúdo dos direitos de feição individualista, os quais devem estar também a serviço de toda a coletividade. Atualmente vivemos uma época de re (definição) de valores pelos quais a humanidade priorizou ao longo dos milênios que se passaram.

---

uma sociedade livre, justa e solidária. O conceito de meio ambiente tutelado pelo Estado constitucional ecológico não é um conceito apenas naturalista, envolve o ambiente em sentido amplo como todas as circunstâncias exteriores (econômicas, sociais e culturais) que influenciam direta ou indiretamente na qualidade da vida humana. O meio ambiente é um dos bens jurídicos mais caros e preciosos para o ser humano, especialmente nos tempos em que vivemos, tendo em vista que a vida nunca esteve tão ameaçada (inundações, extinção da camada de ozônio, falta de água potável e energia, chuva ácida) pelo risco da falta de bens indispensáveis. Trata-se de um dos direitos humanos mais relevantes e merece proteção em escala mundial. Possui, também, status de direito fundamental à medida que constitui a principal forma de concretização da dignidade da pessoa humana, sua existência e qualidade de vida. O Estado constitucional ecológico impõe uma redefinição do conteúdo dos direitos de feição individualista, os quais devem estar também a serviço de toda a coletividade. O direito de propriedade, por exemplo, deve ser exercido em consonância com suas finalidades socioambientais, sob pena de não estar legitimado e protegido constitucionalmente. A Constituição da República Federativa do Brasil de 1988 impõe ao Estado e à sociedade o dever de preservar e proteger o meio ambiente em todos os lugares e tempos para todas as gerações vindouras (CRFB/88, art. 225). O Poder Judiciário, como um dos Poderes do Estado, tem a função proeminente de fazer valer esse comando constitucional e também de tutelar o meio ambiente com a utilização da função promocional do direito. A construção desse novo paradigma, inclusive nas decisões do Poder Judiciário, depende da redefinição de alguns dogmas individualistas dos últimos séculos, a exemplo da sacralização do direito à propriedade privada. É com o direito fundamental de propriedade que o direito ao meio ambiente equilibrado vai experimentar as maiores tensões. ...O Poder Judiciário deve reconhecer que o caráter absolutista dos direitos não pode mais ser aceito na atualidade, hoje os direitos de cunho individualista devem ser reconhecidos com certa relativização a fim de contemplar os interesses da coletividade. Os princípios e normas precisam, na colisão, conviver harmonicamente, devendo ser prestigiados os interesses maiores da comunidade... Por sua natureza e dimensão, os novos direitos e em especial os ambientais estão sempre em rota de colisão com outros direitos e interesses, fato este que exige do intérprete uma ponderação de valores com perspectiva multitemática para compatibilizar os rigores do princípio da legalidade (direito estrito) com a riqueza do caso concreto, sempre na busca de resultados mais satisfatórios socialmente. A resolução dos casos difíceis pelo Poder Judiciário exige necessariamente a assunção de compromissos valorativos, os quais nem sempre estão expressamente positivados e também não são tão facilmente identificados nas fontes sociais, o que exige do intérprete alto grau de discricionariedade e redobrada fundamentação nas decisões para que estas sejam legítimas. Ao abordar a temática relativa à solução dos casos difíceis, Dworkin [2002, p. 14] defende que o juiz deve insistir na busca de critérios e na construção de teorias que justifiquem a sua decisão, utilizando-se de princípios. E quando estes estiverem em rota de colisão, "el juez ante un caso difícil debe balancear los principios y decidirse por el que tiene más peso". Conforme expõe Alexy, na obra Teoria de los Derechos Fundamentales [1993, p. 86], os princípios são mandatos de otimização que podem ser cumpridos em maior ou menor grau, de acordo com as possibilidades reais e jurídicas do caso concreto. Defende que eventuais colisões entre princípios serão resolvidas pela ponderação. O método de ponderação consiste na atribuição de pesos aos princípios que estão em rota de colisão no caso concreto, tendo em vista que este autor não admite a existência de hierarquia abstrata entre os direitos fundamentais. *Nas lides ambientais, em muitos casos, também estarão em conflito direitos fundamentais e princípios, entretanto, em se tratando do macrobem meio ambiente, a ponderação será especial em face da presença de um direito fundamental de destaque que merecerá proteção privilegiada, pois é em última análise a fonte e a garantia da vida humana. A ponderação ecológica, portanto, deverá operar de forma diferenciada, ou seja, o intérprete deverá, sem comprometer o núcleo essencial de outros direitos fundamentais ou princípios, conferir um peso maior ao meio ambiente.* (Grifei.)

Licenciamento Ambiental

Sobre a prudência e sua relação com a precaução, ora entendidas como modo de agir e de decidir, diz o *Pequeno Tratado das Grandes Virtudes*[173] "que nas lides ambientais, em muitos casos, também estarão em conflito direitos fundamentais e princípios, entretanto, em se

---

[173] COMTE-SPONVILLE, André. *Pequeno tratado das grandes virtudes*. São Paulo: Martins Fontes, 1999, capítulo 3, "A Prudência"). Os estoicos consideravam a prudência uma ciência ("a ciência das coisas a fazer e a não fazer", diziam eles), o que Aristóteles recusara legitimamente, pois só há ciência do necessário e prudência do contingente. A prudência supõe a incerteza, o risco, o acaso, o desconhecido. Um deus não a necessitaria; mas como um homem poderia prescindir dela? A prudência não é uma ciência; ela é o que faz as suas vezes quando a ciência falta. Só se delibera quando se tem escolha, em outras palavras, quando nenhuma demonstração é possível ou suficiente. É então que é necessário querer não apenas o bom fim, mas os bons meios que conduzem a ele! Não basta amar os filhos para ser bom pai, nem querer o bem deles para fazê-lo. Amar, diria o humorista, não dispensa ninguém de ser inteligente. Os gregos o sabiam, e talvez melhor do que nós. A "phronésis" é como que uma sabedoria prática, sabedoria da ação, para a ação, na ação. No entanto, ela não faz as vezes de sabedoria (de verdadeira sabedoria: "sophia"), porque tampouco basta agir bem para viver bem, ou ser virtuoso para ser feliz. Aristóteles tem razão, aqui, contra quase todos os antigos: a virtude não basta mais à felicidade do que a felicidade à virtude. A prudência é, porém, necessária a uma e à outra, e a própria sabedoria não poderia prescindir dela. Sabedoria sem prudência seria sabedoria louca, e não seria sabedoria. Epicuro talvez diga o essencial: a prudência, que escolhe (pela "comparação e pelo exame das vantagens e desvantagens") os desejos que convém satisfazer e os meios para satisfazê-los, é "mais preciosa até que a filosofia" e é dela que "provêm todas as outras virtudes". Que importa o verdadeiro, se não sabemos viver? Que importa a justiça, se somos incapazes de agir justamente? E por que iríamos querê-la, se ela não nos trouxesse nada? A prudência é como um saber-viver real (e não simplesmente aparente, como a polidez), que também seria uma arte de desfrutar. Ocorre-nos recusar numerosos prazeres, explica Epicuro, quando devem acarretar maior desprazer, ou buscar determinada dor, se ela permitir evitar dores piores ou obter um prazer mais vivo ou mais duradouro. Assim, é sempre pelo prazer que vamos, por exemplo, ao dentista ou ao trabalho, mas por um prazer no mais das vezes posterior ou indireto (pela evitação ou pela supressão de uma dor), que a prudência prevê ou calcula. Virtude temporal, sempre, e temporizadora, às vezes. É que a prudência leva em conta o futuro, na medida em que depende de nós encará-lo (nisso ela pertence não à esperança, mas à vontade). Virtude presente, pois, como toda virtude, mas previsora ou antecipadora. O homem prudente é atento, não apenas ao que acontece, mas ao que pode acontecer; é atento, e presta atenção. Prudentia, observava Cícero, vem de providere, que significa tanto prever como prover. Virtude da duração, do futuro incerto, do momento favorável (o kairós dos gregos), virtude de paciência e de antecipação. Não se pode viver no instante. Não se pode chegar sempre ao prazer pelo caminho mais curto. O real impõe sua lei, seus obstáculos, seus desvios. A prudência é a arte de levar isso tudo em conta, é o desejo lúcido e razoável. Os românticos, por preferirem os sonhos, torcerão o nariz. Os homens de ação sabem, ao contrário, que não há outro caminho, mesmo para realizar o improvável ou o excepcional. A prudência é o que separa a ação do impulso, o herói do desmiolado. No fundo, é o que Freud chamará de princípio da realidade, ou pelo menos a virtude que lhe corresponde: trata-se de desfrutar o mais possível, de sofrer o menos possível, mas levando em conta as imposições e incertezas do real, em outras palavras (tornamos a encontrar a virtude intelectual de Aristóteles), inteligentemente. Assim, no homem, a prudência faz as vezes do que é, nos animais, o instinto – e, dizia Cícero, do que é, nos deuses, a providência. A prudência dos antigos (phronésis, prudentia) vai, portanto, bem além da simples evitação dos perigos, a que a nossa praticamente se reduz. As duas, no entanto, estão ligadas, e esta, de fato, aos olhos de Aristóteles ou de Epicuro, pertenceria ao domínio daquela. A prudência determina o que é necessário escolher e o que é necessário evitar. Ora, o perigo pertence, na maioria dos casos, a esta última categoria; daí a prudência, no sentido moderno do termo (a prudência como precaução). Todavia, há riscos que é necessário correr, perigos que é preciso enfrentar; daí a prudência, no sentido antigo (a prudência como "virtude do risco e da decisão"). A primeira, longe de abolir a segunda, depende dela. A prudência não é nem o medo nem a covardia. Sem a coragem, ela seria apenas pusilânime, assim como a coragem, sem ela, seria apenas temeridade ou loucura.

tratando do macrobem meio ambiente, a ponderação será especial em face da presença de um direito fundamental de destaque que merecerá proteção privilegiada, pois é em última análise a fonte e a garantia da vida humana. A ponderação ecológica, portanto, deverá operar de forma diferenciada, ou seja, o intérprete deverá, sem comprometer o núcleo essencial de outros direitos fundamentais ou princípios, conferir um peso maior ao meio ambiente".

Ora é indubitável e razoável que o intérprete da norma dê um peso maior ao ambiente por tudo que ele representa para ele, para a espécie, para o planeta, enfim para a vida como a conhecemos. A questão ambiental atualmente é tema obrigatório em todos os cenários porque implica em nosso futuro, das gerações futuras, da qualidade de vida de todos os que habitam no planeta. Enfim, devemos buscar resultados nos erros do passado, presentemente e nos iluminar e nos inspirar que tomamos decisões sábias e justas para o futuro, pois embora a Terra seja apenas um grão de areia diante do universo qualquer desastre ambiental implicará em mudanças no cosmos.

Importante decisão proferida pelo TRF 4ª R acerca dos transgênicos decidiu que a inexistência de certeza quanto à ausência de riscos decorrentes do plantio e cultivo de organismos geneticamente modificados, de modo que a possibilidade de degradação ao meio ambiente não pode ser descartada. O fato de terem sidos realizados os estudos técnicos prévios para subsidiar o Presidente da República na edição do Decreto nº 5.950/2006 não retiram a inconstitucionalidade dessa norma, pois se constata a flagrante violação ao artigo 225 da Constituição Federal, e em especial aos princípios da precaução e da prevenção, que regem a proteção ambiental.[174]

---

[174] AGRAVO DE INSTRUMENTO Nº 2009.04.00.002830-0/RS. [...] Outro fator relevante a demonstrar a inconstitucionalidade do referido decreto é a inexistência de certeza quanto à ausência de riscos decorrentes do plantio e cultivo de organismos geneticamente modificados, de modo que a possibilidade de degradação ao meio ambiente não pode ser descartada; portanto, faz-se imprescindível o estudo prévio de impacto ambiental, conforme previsto no artigo 225, § 1º, inciso IV, da Constituição Federal, principalmente em se tratando de área de entrono de unidades de conservação. Também se pauta a decisão agravada no feto de que a determinação dos limites previstos pelo artigo 1º do Decreto nº 5.950/2006 sem observância da zona de amortecimento e do plano de manejo de cada unidade de conservação viola o dever do poder público de proteção da fauna e da flora, previsto no artigo 225, § 1º, inciso VII, da Constituição Federal. Com efeito, é notório o risco de práticas nocivas que venham a prejudicar a genética ecológica das espécies silvestres e outros elementos do ecossistema, inclusive pelo uso de agrotóxicos utilizados no cultivo de transgênicos cujo potencial lesivo é maior monta. Por fim, cabe mencionar que o fato de o Ministério da Agricultura e a CTNBio terem realizado os estudos técnicos prévios para subsidiar o Presidente da República na edição do Decreto nº 5.950/2006 – o que nem sequer restou comprovado nos autos – não retiram a inconstitucionalidade dessa norma, pois se constata a flagrante violação ao artigo 225 da Constituição Federal, e em especial aos princípios da precaução e da prevenção, que regem a proteção ambiental. Nesse ponto, constata-se que os referidos estudos, se existentes, se mostraram insuficientes a embasar a edição do referido

Por intermédio da sentença proferida em mandado de segurança (sentença 0520/99 no processo 1999.71.00.007692-2), na Justiça Federal da 4ª Região, o juiz federal Cândido Alfredo Silva Leal Junior, que tem se destacado pelo excelente trabalho que vem desempenhando à frente da varas especializadas criadas pelo Conselho da Justiça Federal, discutiu a necessidade de prévio estudo de impacto ambiental para pesquisas com sementes de organismos geneticamente modificados e reconhecendo naquela ocasião que a norma do art. 225, § 1º, inciso IV, da CF/88 era autoaplicável e alcançava as pesquisas realizadas com organismos geneticamente modificados.[175]

O Tribunal de Justiça da Europa,[176] por sua vez, fez uso do princípio ao manter a proibição de exportação para os países da União Europeia, da carne bovina oriunda da Grã-Bretanha:

> Em vista da seriedade do risco – da doença da vaca louca – encefalopatia bovino espongiforme – e da urgência da situação, a Comissão não agiu de maneira manifestamente desapropriada, ao impor, em bases temporárias e dependendo de informações científicas mais detalhadas, a proibição da exportação de produtos bovinos.

3.3. Princípio da prevenção

Para Juarez Freitas,[177]

> O princípio da prevenção, no direito administrativo, estatui que a administração pública, ou quem faça as suas vezes, na certeza de que determinada atividade implicará dano injusto, se encontra na obrigação de evitá-lo. [...] Quer dizer, tem o dever incontornável de agir preventivamente, não podendo invocar juízos de conveniência ou de oportunidade, nos termos das concepções de outrora acerca da discricionariedade administrativa.

---

decreto, porquanto este, em seu artigo 2º, prevê a necessidade de novas informações junto à CTNBio".

[175] [...] Décimo, para responder essa questão, há de se examinar a Constituição Federal, onde se verifica no seu art. 225, § 1º que existe um inciso IV que estabelece a obrigatoriedade: "incumbe ao Poder Público: ... IV – exigir, na forma da lei, para instalação de obra ou atividade potencialmente causadora de significativa degradação do meio ambiente, estudo prévio de impacto ambiental, a que se dará publicidade" (grifou-se). A previsão está na Constituição Federal, que cria a obrigação. Se está na Constituição, certamente é porque é requisito básico, essencial, relevante. Não é apenas a vontade de um Governador Estadual ou do Presidente da República, mas é a vontade da norma fundamental, do Constituinte Originário, que trata minuciosamente o tema. A topologia constitucional da exigência mostra que ela é relevante e como e como tal deve ser tratada.

[176] EUROPA. Tribunal de Justiça Europeu, case E-180-96, United Kingdom of Great Britain and Northern Ireland v Commission of the European Communities, 5/5/1998: <europa.eu.int/cj/em/juris/index.htm>.

[177] FREITAS, op. cit., p. 96.

Já tivemos oportunidade de desenvolver anteriormente acerca da importância e da cautela que os administradores devem ter quando do exame dos atos discricionários. Continua o autor:

[...] O grave e contínuo aquecimento global, entre outras causas, resulta das imediatas ações e omissões humanas, avessas à solidariedade intertemporal com as novas gerações. Brota da conduta humana fáustica e poluidora, desregulada e ensandecida, que põe em risco a vida do próprio homem, com a preliminar supressão de várias espécies.

Podemos utilizar o raciocínio de Juarez Freitas acerca da prevenção também para a questão ambiental, vez que os integrantes do SISNAMA integram a Administração Pública, seja na esfera federal, estadual e municipal. Pelo princípio da prevenção, a premissa é de que, onde exista incerteza ou ignorância concernente à natureza ou extensão do prejuízo ambiental (se isto resulta de políticas, decisões ou atividades), os que decidem devem ser cautelosos. A prevenção não é estática; e, assim, tem-se que atualizar e fazer reavaliações, para poder influenciar a formulação das novas políticas ambientais, das ações dos empreendedores e das atividades da Administração Pública, dos legisladores e do Judiciário.

No dizer de Jared Diamond,[178] o enfrentamento de grandes desafios, principalmente na área ambiental,

demanda a coragem de praticar raciocínio de longo prazo, e tomar decisões antecipadas. [...] Este tipo de tomada de decisão é o oposto da tomada de decisão de curto prazo que em regra nossos políticos praticam. Para amargura nossa os governantes tem tido decisões que privilegiam garantir votos na próxima eleição e assegurar que os eleitores mantenham as suas convicções. Não é séria a conduta destes governantes, pois não atendem ao interesse público primário anteriormente desenvolvido no capítulo segundo. Ao mesmo tempo penso que devemos ter fé e esperança que a sociedade amadureça e cresça, onde os interesses públicos prevaleçam sobre os interesses privados, ainda mais se tratando da proteção e preservação do ambiente em que vivemos e esperamos que as gerações futuras vivam ainda melhor.

O saneamento básico, por exemplo, é uma triste realidade brasileira. Inúmeras cidades brasileiras sequer têm saneamento. Estima-se em 80% das doenças e mais de 1/3 da taxa de mortalidade mundiais decorram da má qualidade da água utilizada pela população ou da falta de esgotamento sanitário adequado.[179] Da mesma forma, o atendimento preventivo em geral, [...] bem como as ações preventivas de

---

[178] DIAMOND, Jared. *Colapso*: como as Sociedades escolhem o fracasso ou o sucesso. Rio de Janeiro: Record, 2009, p. 624.

[179] ALLAIS, Catherine. O estado do planeta em alguns números. In: MARTINE, Barrère (org.). Terra, patrimônio comum, 1992, p. 250, *apud* ANTUNES, Paulo de Bessa. *Direito ambiental*. Rio de Janeiro: Lumen Juris, 2005, p. 259.

epidemias, são medidas de saúde pública de necessidade e impacto coletivos, capazes de realizar a melhor relação custo-benefício na matéria, pois preservam as condições de saúde do paciente evitando despesas maiores no futuro com ações de saúde reparadoras.[180]

Outra questão a ser considerada é o custo da prevenção. Como bem observa Luciane Gonçalves Tessler:[181]

> Um princípio, como qualquer norma, para adquirir efetividade, precisa estar adequado ao contexto no qual se insere. Destarte, a concretização deste princípio depende de sua conformação com os problemas econômico-sociais presentes na sociedade brasileira. [...] Isto porque o afastamento do risco implica custos, ou seja, acarreta alterações no desenvolvimento da atividade econômica, e estas alterações devem ter por fundamento uma razão de existir que objetive o bem-estar da sociedade.

3.4. Princípio da publicidade

É incontestável que os atos administrativos devem atender ao princípio da publicidade, ou seja, os atos devem ser publicizados inclusive para dar eficácia aos mesmos. A Constituição Federal de 1988, em seu art. 225, § 1º, inciso IV,[182] que se dará publicidade ao estudo de impacto ambiental, matéria que será tratada adequadamente no capítulo quarto. Não somente no estudo de impacto ambiental deve se dar a publicidade a nosso ver. Entendemos que em todos os atos do SISNAMA, desde que inexistente o sigilo, solicitado a pedido do empreendedor (este não se dá de ofício) os atos devem ser publicados. Preocupado com a temática da publicidade, a Presidência da República editou a Lei federal nº 10.650 em 16 de abril de 2003.[183]

---

[180] É antiga a percepção de que o custo da prevenção é muito menor que o das ações curativas, como registrou George Rosen, Uma história da saúde pública, 1994, p. 170: "Em 1838, a Comissão da Lei dos Pobres relatou a Lorde John Russel, secretário do Interior, que três inspetores médicos tinham sido empregados para examinar a situação e as causas das doenças evitáveis, em Londres". E que, em suas opiniões, "o montante de despesas necessárias para adotar e manter medidas de prevenção seria, no final das contas, menor que o custo das doenças ora constantemente geradas", apud Ana Paula de Barcellos, A Eficácia jurídica dos princípios constitucionais, 2002, p. 179.

[181] TESSLER, Luciane Gonçalves. Tutelas jurisdicionais do meio ambiente. Tutela inibitória, tutela de remoção, tutela do ressarcimento na forma específica. Coleção temas atuais de direito processual civil, volume 9. São Paulo: Editora Revista dos Tribunais. 2004, p. 111. Segundo a autora a restrição do direito ao desenvolvimento da atividade econômica deve ser útil e necessária ao ambiente, assim como os sacrifícios que lhe são impostos devem ser justificáveis pelo benefício produzido. Trata-se de um imperativo do princípio da proporcionalidade.

[182] CF/88, art. 225, § 1º, inciso IV – exigir, na forma da lei, para instalação de obra ou atividade potencialmente causadora de significativa degradação do meio ambiente, estudo prévio de impacto ambiental, a que se dará publicidade.

[183] Lei 10.650/2003. Dispõe sobre o acesso público aos dados e informações existentes nos órgãos e entidades integrantes do Sisnama.

Esta Lei dispõe sobre o acesso público aos dados e informações ambientais existentes nos órgãos e entidades integrantes do Sistema Nacional do Meio Ambiente – SISNAMA –, instituído pela Lei nº 6.938, de 31 de agosto de 1981. Os órgãos e entidades da Administração Pública, direta, indireta e fundacional, integrantes do SISNAMA, ficam obrigados a permitir o acesso público aos documentos, expedientes e processos administrativos que tratem de matéria ambiental e a fornecer todas as informações ambientais que estejam sob sua guarda, em meio escrito, visual, sonoro ou eletrônico, especialmente as relativas a qualidade do meio ambiente, políticas, planos e programas potencialmente causadores de impacto ambiental, resultados de monitoramento e auditoria nos sistemas de controle de poluição e de atividades potencialmente poluidoras, bem como de planos e ações de recuperação de áreas degradadas, acidentes, situações de risco ou de emergência ambientais, emissões de efluentes líquidos e gasosos, e produção de resíduos sólidos, substâncias tóxicas e perigosas, diversidade biológica e organismos geneticamente modificados. Veja-se que esta lei meramente sinaliza para estas atividades o que não significa que outras atividades também estejam obrigadas a dar publicidade. Entretanto, todos sabemos que para a efetividade desse direito, é mister que os órgãos integrantes do SISNAMA efetivamente deem aplicabilidade às normas em vigor sob pena da norma ser mais uma norma sem aplicabilidade alguma como milhares de normas em vigor no país.

No Estado do Rio Grande do Sul, por sua vez, foi editada a Lei nº 12.995, de 24 de junho de 2008,[184] que dispõe acerca do acesso a informações sobre o meio ambiente.

---

[184] Lei 12.995/2008. Art. 1º Fica assegurado ao público, o acesso aos processos administrativos que tratem de matéria pertinente ao Sistema Estadual de Informações Ambientais, instituído pela Lei nº 11.520, de 03 de agosto de 2000 – Código Estadual do Meio Ambiente – e o fornecimento de todas as informações desta natureza que estejam sob responsabilidade dos órgãos da administração direta e indireta do Estado do Rio Grande do Sul, especialmente sobre: I – produção, armazenagem, transporte, comércio, descarte e destinação final de poluentes; II – presença de substâncias potencialmente nocivas à saúde, na água potável e nos alimentos; III – acidentes, situações de risco e emergência ambiental; IV – aplicação de infrações administrativas ambientais; e V – *resultados de Licenciamento Ambiental, Estudo de Impacto Ambiental/Relatório de Impacto Ambiental, de automonitoramento físico, químico, biológico e toxicológico das fontes poluidoras e de auditorias ambientais, nos termos previstos na Lei nº 11.520/2000.* § 1º O acesso à informação ou consulta previsto neste artigo será pleiteado por qualquer indivíduo, mediante requerimento escrito, no qual constará a obrigação de não utilizar as informações colhidas para fins comerciais, sob as penas das leis civil e penal, e a obrigação de, se divulgadas, por qualquer meio, referir-se a fonte de informação. § 2º O acesso à informação ou consulta previsto neste artigo respeitará o disposto na legislação sobre o sigilo industrial, assim expressamente caracterizado a pedido do empreendedor e aceito pelo órgão público competente. Art. 2º Serão divulgadas anualmente, na forma impressa ou eletrônica, as seguintes informações, exigidas dos poluidores e dos utilizadores de recursos naturais, nos termos dos arts. 86 e 87 da Lei nº 11.520/2000: I – nome das pessoas físicas ou jurídicas, de direito público ou privado, que utilizam, produzem, armazenam, transportam e comercializam ou descartam metais pesados e/ou poluentes orgânicos persistentes; II – loca-

Podemos então dizer que o acesso à informação ambiental é um verdadeiro direito consagrado da pessoa humana e uma garantia constitucional positivada inclusive, além de proporcionar a democratização no que se refere à proteção ambiental.

Assim, é importante estar atento e se inteirar sobre as atividades ambientais realizadas ou delegadas pelo Poder Público, tal como orienta Franzon:[185]

> No manejo da *res* publica, a Administração deve agir com a maior transparência possível, de modo que os administrados tenham continuamente conhecimento do que o Poder Público está fazendo, admitindo-se, apenas excepcionalmente, ações sigilosas. Esta é uma exigência constitucional. Razão disso é que o direito à informação ambiental reitera e afirma de modo inconteste o princípio da publicidade dos atos administrativos, se afirmando, de um lado, como meio de conscientização e de participação popular na defesa do meio ambiente, e de outro, como instrumento de controle do poder pela coletividade.

A Constituição Federal procurou dar ao meio ambiente a proteção necessária, conferindo a todos a responsabilidade pela defesa de um meio ambiente sadio, não só para a presente, mas também, para as futuras gerações, convidando o cidadão a participar desse processo.

Previu, também, ao longo de seu texto, de forma genérica, o direito de acesso à informação pública,[186] e ao tratar de matéria ambiental, inseriu de modo específico, o direito à informação ambiental, ao

---

lização de unidades que utilizam, produzem, armazenam e comercializam poluentes orgânicos persistentes; III – quantidade utilizada, produzida, armazenada, transportada e comercializada de cada poluente orgânico persistente em cada unidade, bem como dos resíduos liberados em qualquer forma; IV – identificação das formas de liberação de poluentes orgânicos persistentes no ambiente; V – identificação das operações de transporte de poluentes orgânicos persistentes, com discriminação da origem, destino, percurso, condutor e demais responsáveis pela segurança destes produtos; e VI – itens relacionados ao prévio licenciamento de atividades envolvendo poluentes orgânicos persistentes. Parágrafo único – Considera-se, para os efeitos desta Lei, que poluentes orgânicos persistentes são compostos orgânicos de origem natural ou antropogênica, que resistem à degradação fotolítica, química e biológica resultando na bioacumulação dos organismos vivos. Art. 3º O não-cumprimento das disposições estabelecidas nesta Lei acarretará a aplicação das sanções estabelecidas na Lei nº 11.520/2000, sem prejuízo das demais medidas previstas nas legislações federal e estadual. Art. 4º Esta Lei entra em vigor na data de sua publicação. (grifo nosso).

[185] FRANZON, S. *Direito à informação ambiental.* R. Spei, Curitiba, v. 4, n. 1, p. 31-38, jan./jul. 2003.

[186] A Constituição Federal de 05/10/1988 em seu art. 5º, XIV, assegura a todos o acesso à informação e resguarda o sigilo da fonte, quando necessário ao exercício profissional. Prevê, ainda, no art. 5º, XXXIII, que todos têm o direito a receber dos órgãos públicos, informações de seu interesse particular, ou de interesse coletivo ou geral, que serão prestadas no prazo da lei, sob pena de responsabilidade; inc. XXXIV direito de petição e certidão e inc. LXXII institui o *habeas data* para o reconhecimento ou retificação de dados pessoais; no art. 216 prevê a gestão da documentação governamental franqueando sua consulta e no *caput* do art. 37 prevê o princípio da publicidade ou da transparência da Administração Pública.

estabelecer no *caput* do art. 225, § 1°, IV, conforme abordado anteriormente.

A Constituição Federal de 1988 veio a contemplar previsão legal já prevista na PNMA[187] no art. 9°, inciso XI acerca da garantia da prestação de informações relativas ao Meio Ambiente, obrigando-se o Poder Público a produzí-las, quando inexistentes.

A Desembargadora Federal Silvia Goraieb, do TRF 4ª R., quando do julgamento do processo n° 2000.72.01.000607-8/SC teve oportunidade de tratar do princípio da publicidade.[188] Lembrou que o texto constitucional constitucionalizou a figura do estudo de impacto ambiental e garantiu a sua publicidade na forma da lei.

Vê-se, portanto que os princípios em geral têm sido frequentemente debatidos pelo Poder Judiciário, fazendo valer as normas, princípios vigentes no ordenamento jurídico pátrio.

3.5. Princípio da cooperação

A cooperação vem sendo trabalhada buscando a solução de problemas que afligem o planeta. Vários eventos nos últimos anos se destacam como em Estocolmo em 1972, no Rio de Janeiro em 1992, em Quioto, no Japão em 1997, em Bonn na Alemanha em 2006.

O Brasil busca firmar termos de cooperação com países do MERCOSUL e demais países visando à cooperação na proteção ambiental. A cooperação internacional na área ambiental é também essencial a fim de criar boas soluções para os desafios ambientais globais que

---

[187] Lei federal n° 6.938/1981. (Incluído pela Lei n° 7.804, de 1989) Trata acerca da Política Nacional de Meio Ambiente. É um marco legal na história do ambientalismo nacional. Demonstra, sobretudo uma ousadia dos juristas que a elaboram considerando o período negro da República em que foi editado, quiçá nunca mais o tenhamos repetido na história desse país. Em seu texto vários artigos referem-se à publicidade tais como: art. 9°, inciso VII – o sistema nacional de informações sobre o meio ambiente; Art. 10, § 1° Os pedidos de licenciamento, sua renovação e a respectiva concessão serão publicados no jornal oficial do Estado, bem como em um periódico regional ou local de grande circulação.

[188] AC N° 2000.72.01.000607-8/SC. Desembargadora Federal Silvia Goraieb. PROCESSO CIVIL. DIREITO AMBIENTAL. NULIDADE DE AUDIÊNCIA PÚBLICA. DESCUMPRIMENTO DO PRAZO FIXADO NA RESOLUÇÃO DO CONAMA N° 9/87. . O Estudo de Impacto Ambiental ,assim como o respectivo Relatório de Impacto Ambiental, são norteados pelos princípios da publicidade e da participação pública que visam a ampla discussão da comunidade acerca da obra ou atividade a ser licenciada. O art. 2°, § 1°, da Resolução n° 09/87 do CONAMA, prevê 45 dias, contados a partir da data de recebimento do RIMA, para ser fixado edital e anunciado, pela imprensa local, a abertura de prazo para a solicitação de audiência pública. . Impossibilitada a eficaz participação na audiência pública da autora por descumprimento do prazo legal, é ineficaz a convocação e a designação da audiência na data estabelecida pelo IBAMA. Remessa oficial improvida.

Licenciamento Ambiental

afetam todos os países, sob a forma de mudanças climáticas, perda de diversidade biológica e dispersão de produtos químicos perigosos e poluentes na natureza. A Noruega desempenha um papel proeminente nos esforços para o estabelecimento duma cooperação internacional vinculativa em questões ambientais. A gestão ambiental e dos recursos naturais são componentes fundamentais da política externa e de desenvolvimento da Noruega. A existência de condições ambientais satisfatórias ajuda a promover estabilidade e segurança. Um ambiente saudável e diversificado é necessário para o combate à pobreza e o desenvolvimento sustentável em benefício de toda a humanidade. As áreas prioritárias são: mudanças climáticas, produtos químicos perigosos e biodiversidade.[189]

Os termos de cooperação não se dão somente na seara internacional, mas na nacional é muito usual este tipo de envolvimento entre as pessoas jurídicas de direito público interno.[190]

Portanto, essa abertura para as relações internacionais, traço fundamental do Estado Constitucional Cooperativo, pode-se dar no plano global e no plano regional. No plano global a cooperação se dá entre Estados e Organizações Internacionais. Estas passam a definir políticas públicas globais, sejam elas econômicas, sociais ou ambientais. A Organização das Nações Unidas (ONU) é um grande exemplo de integração global, atualmente é formada por 192 Estados soberanos e é palco de discussões de interesse global. A ONU atua na política global buscando uma globalização como projeto humano, centrado no Homem.[191]

O art. 4º da Constituição Federal de 1988[192] tem entre os seus princípios a previsão expressa da cooperação entre os povos, visando à melhoria da qualidade de vida global. Importante destacar que, embora a Constituição Federal de 1988 não contemple um artigo que

---

[189] Informação obtida através do *site:* <http://www.noruega.org.br/About_Norway/Politica-Externa/Questoes-Ambientais/cooperation> no dia 15 de julho de 2010.

[190] Termo de Cooperação Ambiental que celebram entre si, o Governo do Estado de São Paulo, a Secretaria de Estado do Meio Ambiente e a Federação das Indústrias do Estado de São Paulo/Comin, para a adoção de ações destinadas a consolidar o Desenvolvimento Sustentável da Indústria Mineral no Estado de São Paulo. Termo de Cooperação Ambiental tem por objeto promover a cooperação técnica e institucional entre as partes de forma a criar condições que viabilizem, de forma objetiva e transparente, o desenvolvimento de um conjunto de ações para a consolidação do processo de desenvolvimento sustentável do setor mineral no Estado de São Paulo. O termo de seu mediante adesão voluntária ao Termo de Cooperação Ambiental.

[191] MALISKA, Marcos Augusto. Estado e Século XXI. *A integração sob a ótica do Direito Constitucional*. Rio de Janeiro: Renovar, 2006, p. 71.

[192] Constituição Federal de 1988. Art. 4º A República Federativa do Brasil rege-se nas suas relações internacionais pelos seguintes princípios: I..., IX – cooperação entre os povos para o progresso da humanidade.

trate expressamente acerca da cooperação na seara ambiental, não podemos esquecer que o ambiente é um Direito Humano, e a cooperação deve-se dar, conforme prevê o artigo 4º, para o progresso da humanidade, objetivando a prevalência dos direitos humanos, também na temática ambiental, por que não.

Também no que toca aos licenciamentos ambientais têm sido firmados termos de cooperação[193] visando ao seu controle e aprimoramento. Tal atitude é bem-vinda indo ao encontro da PNMA. A gestão do ambiente impõe aos administradores união de esforços em prol do ambiente buscando concretizar o direito ao ambiente ecologicamente equilibrado previsto na Constituição Federal de 1988. Então a cooperação se presta tanto a nível internacional como nacional a reunir atores envolvidos na proteção ambiental.

A necessidade de uma atuação estratégica e conjunta entre os órgãos e entidades do Poder Público vem fortalecendo cada vez mais a cooperação objetivando a proteção ambiental.

3.6. Princípio do desenvolvimento sustentável

O desenvolvimento sustentável é definido pela Comissão Mundial sobre Meio Ambiente e Desenvolvimento como "aquele que atende às necessidades do presente sem comprometer a possibilidade de as gerações futuras atenderem a suas próprias necessidades",[194] podendo também ser empregado com o significado de "melhorar a qua-

---

[193] Informação obtida através do *site*: <http://conexaoto.com.br/noticia/termo-de-coopera-cao-deve-facilitar-licenciamento-ambiental-de-postos-de-combustiveis/5900>. Termo de cooperação deve facilitar licenciamento ambiental de postos de combustíveis. o vice-presidente do Naturatins – Instituto Natureza do Tocantins, Melck Aires, e o presidente do Sindiposto – Sindicato dos Revendedores de Combustíveis do Estado do Tocantins, Eduardo Pereira, assinaram um Termo de Cooperação Técnica firmando a parceria entre as instituições por dois anos, com o objetivo de possibilitar a regularização do licenciamento ambiental dos postos de combustíveis em todo o Estado. O documento foi assinado durante o 2º Encontro de Revendedores de Combustíveis do Estado do Tocantins, realizado no auditório da OAB – Ordem dos Advogados do Brasil, em Palmas. Também participaram do evento proprietários de postos de combustíveis, presidente da Assembléia Legislativa, Carlos Henrique Gaguim; coordenador de Atividades de Fiscalização da ANP – Agência Natural do Petróleo, Gás Natural e Biocombustíveis; chefe do Gabinete da Prefeitura de Palmas, Hilton Faria; Paulo Miranda, presidente da Fecombustiveis – Federação Nacional de Combustíveis; presidente da Sindepa – Sindicato Varejista do Comércio de Combustíveis do Estado do Pará e diretores e técnicos da Diretoria de Licenciamento e da Assessoria Jurídica do Naturatins. Durante o evento, o Vice-Presidente do Naturatins destacou a importância da assinatura do Termo de Cooperação. "Isso mostra que os proprietários de postos de combustíveis estão preocupados em se enquadrar nos padrões ambientais", ressaltou Melck Aires.

[194] Comissão Mundial sobre Meio Ambiente e Desenvolvimento. *Nosso futuro comum*. 2 ed. Rio de Janeiro: Fundação Getúlio Vargas, 1991, p. 46.

lidade de vida humana dentro dos limites da capacidade de suporte dos ecossistemas".[195]

O desenvolvimento sustentável já estava previsto na PNMA, no art. 2º.[196] Estava prevista na norma incentivos para empreendedores

---

[195] Cuidando do planeta Terra: uma estratégia para o futuro da vida. São Paulo: publicação conjunta de UICN – União Internacional para a Conservação da Natureza, PNUMA – Programa das Nações Unidas para o Meio Ambiente –, e WFF – Fundo Mundial para a Natureza (Governo do Estado de São Paulo, ECO 92), 1991, p. 10.

[196] Lei nº 6.938/81 que trata da Política Nacional de Meio Ambiente – PNMA. [...] Art. 2º A Política Nacional do Meio Ambiente tem por objetivo a preservação, melhoria e recuperação da qualidade ambiental propícia à vida, visando assegurar, no País, condições ao desenvolvimento socioeconômico, aos interesses da segurança nacional e à proteção da dignidade da vida humana, atendidos os seguintes princípios: I – ação governamental na manutenção do equilíbrio ecológico, considerando o meio ambiente como um patrimônio público a ser necessariamente assegurado e protegido, tendo em vista o uso coletivo; II – racionalização do uso do solo, do subsolo, da água e do ar; III – planejamento e fiscalização do uso dos recursos ambientais; IV – proteção dos ecossistemas, com a preservação de áreas representativas; V – controle e zoneamento das atividades potencial ou efetivamente poluidoras; VI – incentivos ao estudo e à pesquisa de tecnologias orientadas para o uso racional e a proteção dos recursos ambientais; VII – acompanhamento do estado da qualidade ambiental; VIII – recuperação de áreas degradadas; IX – proteção de áreas ameaçadas de degradação; X – educação ambiental a todos os níveis do ensino, inclusive a educação da comunidade, objetivando capacitá-la para participação ativa na defesa do meio ambiente. Art. 4º – A Política Nacional do Meio Ambiente visará: I – à compatibilização do desenvolvimento econômico social com a preservação da qualidade do meio ambiente e do equilíbrio ecológico; II – à definição de áreas prioritárias de ação governamental relativa à qualidade e ao equilíbrio ecológico, atendendo aos interesses da União, dos Estados, do Distrito Federal, dos Territórios e dos Municípios; III – ao estabelecimento de critérios e padrões da qualidade ambiental e de normas relativas ao uso e manejo de recursos ambientais; IV – ao desenvolvimento de pesquisas e de tecnologia s nacionais orientadas para o uso racional de recursos ambientais; V – à difusão de tecnologias de manejo do meio ambiente, à divulgação de dados e informações ambientais e à formação de uma consciência pública sobre a necessidade de preservação da qualidade ambiental e do equilíbrio ecológico; VI – à preservação e restauração dos recursos ambientais com vistas á sua utilização racional e disponibilidade permanente, concorrendo para manutenção do equilíbrio ecológico, observados os princípios estabelecidos no art. 2º desta Lei. VII – à imposição, ao poluidor e ao predador, da obrigação de recuperar e/ou indenizar os danos causados, e ao usuário, de contribuição pela utilização de recursos ambientais com fins econômicos. [...]. Art. 5º As diretrizes da Política Nacional do Meio Ambiente serão formuladas em normas e planos, destinados a orientar a ação dos Governos da União, dos Estados, do Distrito Federal, dos Territórios e dos Municípios no que se relaciona com a preservação da qualidade ambiental e manutenção do equilíbrio ecológico, observados os princípios estabelecidos no art. 2º desta Lei. Parágrafo único. As atividades empresariais públicas ou privadas serão exercidas em consonância com as diretrizes da Política Nacional do Meio Ambiente. [...]. Art. 9º São Instrumentos da Política Nacional do Meio Ambiente: I – o estabelecimento de padrões de qualidade ambiental; II – o zoneamento ambiental; III – a avaliação de impactos ambientais; IV – o licenciamento e a revisão de atividades efetiva ou potencialmente poluidoras; V – os incentivos à produção e instalação de equipamentos e a criação ou absorção de tecnologia, voltados para a melhoria da qualidade ambiental; (grifo nosso) [...]. Art. 12. As entidades e órgãos de financiamento e incentivos governamentais condicionarão a aprovação de projetos habilitados a esses benefícios ao licenciamento, na forma desta Lei, e ao cumprimento das normas, dos critérios e dos padrões expedidos pelo CONAMA. Parágrafo único. As entidades e órgãos referidos no caput deste artigo deverão fazer constar dos projetos a realização de obras e aquisição de equipamentos destinados ao controle de degradação ambiental e a melhoria da qualidade do meio ambiente. Art. 13. O Poder Executivo incentivará as atividades voltadas ao meio ambiente, visando: I – ao desenvolvimento, no País, de pesquisas e processos tecnológicos destinados a reduzir a degradação da qualidade ambiental; II – à fabricação de equipamentos antipoluidores; III – a outras iniciativas que propiciem a racionaliza-

que preservassem o ambiente e inclusive de linhas de financiamento. Neste sentido, atualmente, órgãos de financiamento[197] vêm disponibi-

---

ção do uso de recursos ambientais. Parágrafo único. Os órgãos, entidades e programas do Poder Público, destinados ao incentivo das pesquisas científicas e tecnológicas, considerarão, entre as suas metas prioritárias, o apoio aos projetos que visem a adquirir e desenvolver conhecimentos básicos e aplicáveis na área ambiental e ecológica.

[197] BRDE, órgão de financiamento com sede em Porto Alegre. O BRDE pertence aos Estados do Paraná, de Santa Catarina e do Rio Grande do Sul. Sua direção é composta por um colegiado, formado por dois representantes de cada Estado, indicados pelos governadores. Operando com apenas três agências, localizadas em Porto Alegre, Florianópolis e Curitiba, e seis escritórios de divulgação, nossa ação alcança atualmente 1.045 Municípios nos três Estados do Sul – cerca de 93% do total. Desde março de 2009, atua também em Mato Grosso do Sul. Disponível em: <http://www.brde.com.br/ index.php/default/institucional/mostrar/id/50/secao/55/tipo/ conteudo/titulo/index>. Acesso em: 19 jul. 2010. O BNDES considera a preservação, conservação e recuperação do meio ambiente condições essenciais para a humanidade. Por isso, o desenvolvimento socioambiental é uma diretriz estratégica e se reflete na política de financiamentos do Banco. Assim, o BNDES busca sempre o aperfeiçoamento dos critérios de análise ambiental dos projetos que solicitam crédito e oferece suporte financeiro a empreendimentos que tragam benefícios para o desenvolvimento sustentável. Além disso, o Banco reforça sua política ambiental por meio de ações internas que buscam o envolvimento do corpo funcional e por meio de protocolos em que firma o compromisso público de promover o desenvolvimento em harmonia com o equilíbrio ecológico. O Banco também está envolvido em duas iniciativas voltadas à preservação de importantes regiões naturais do planeta: Fundo Amazônia O BNDES assumiu, em 2008, a gestão e administração do fundo, destinado a financiamentos não-reembolsáveis de ações que possam contribuir para o combate ao desmatamento da floresta, além de iniciativas que promovam a conservação e o uso sustentável da região. O fundo captará recursos exclusivamente por meio de doações. Iniciativa BNDES Mata Atlântica – O BNDES recebeu, até 1° de julho de 2009, projetos para receber colaboração financeira, também não-reembolsável, visando ao reflorestamento com espécies nativas da região. O BNDES realiza financiamento de longo prazo, subscrição de valores mobiliários e prestação de garantia, atuando por meio de Produtos e Fundos, conforme a modalidade e a característica da operação. Os três mecanismos de apoio (financiamento, valores mobiliários e garantias) podem ser combinados numa mesma operação financeira, a critério do BNDES. Também são oferecidos Programas de Financiamento que podem se vincular a mais de um produto e visam a atender a demandas específicas, apresentando prazo de vigência e dotação previamente estabelecidos. Veja os Produtos que podem ser usados no apoio ao Meio Ambiente: BNDES Finem Financiamento, de valor superior a R$ 10 milhões, a projetos de implantação, expansão e modernização de empreendimentos. A atuação do BNDES, no âmbito do Finem, para apoio a investimentos no meio ambiente é realizada através das seguintes linhas de financiamento: Apoio a Investimentos em Meio Ambiente. Condições especiais para projetos ambientais que promovam o desenvolvimento sustentável do país BNDES Florestal. Destinado ao reflorestamento, à conservação e à recuperação florestal de áreas degradadas ou convertidas, e ao uso sustentável de áreas nativas na forma de manejo florestal Eficiência Energética Destinado a projetos que contribuam para a eficiência energética. Saneamento Ambiental e Recursos Hídricos Destinado a projetos de investimentos, públicos e privados, que visem à universalização do acesso aos serviços de saneamento básico e à recuperação de áreas ambientalmente degradadas. BNDES Automático Financiamento, de até R$ 10 milhões, a projetos de implantação, expansão e modernização de empreendimentos. BNDES Finame Financia a aquisição isolada de máquinas e equipamentos novos, de fabricação nacional, credenciados no BNDES, sem limite de valor. BNDES Finame Leasing Financia a compra isolada de máquinas e equipamentos novos em operações de arrendamento mercantil. Cartão BNDES Crédito rotativo, pré-aprovado, de até R$ 1 milhão, para aquisição de produtos, insumos e serviços credenciados no Portal de Operações do Cartão BNDES, direcionado às micro, pequenas e médias empresas. BNDES Limite de Crédito. Crédito rotativo para o apoio a empresas ou Grupos Econômicos já clientes do BNDES e com baixo risco de crédito. BNDES Empréstimo-Ponte Financiamento a um projeto, concedido em casos específicos, para agilizar a realização de investimentos por meio da concessão de recursos no período de estruturação da operação de longo prazo. BNDES Project

lizando aos interessados linhas de financiamento desde que os interessados apresentem juntamente com a documentação licença ambiental referente ao objeto a ser contemplado pelo financiamento.

Édis Milaré[198] alerta que no princípio do direito ao desenvolvimento sustentável, "direito e dever estão de tal forma imbricados entre si que, mais do que termos relativos, são termos recíprocos, mutuamente condicionantes. Daí a legitimidade, a força e a oportunidade deste princípio como referencia basilar do Direito do Ambiente". Assim podemos traduzir o dispositivo constitucional previsto no art. 225, *caput*, da CF/88 "todos tem direito a um meio ambiente ecologicamente equilibrado" como usufruir adequadamente os recursos ambientais traduz um direito enquanto que corretamente um dever de proteger e manter o equilíbrio do ambiente para as presentes e futuras gerações.

Maria Luiza Machado Granziera[199] destaca que "o princípio originou-se no início da década de 70, quando uma equipe de cientistas do Instituto de Tecnologia de Massachusetts (MIT) encaminhou ao Clube de Roma, em 1974, o relatório denominado *The limits to growth*. Esse documento, também conhecido como Relatório Meadows, nome da chefe da comissão que o elaborou, Donella Meadws, teve grande repercussão internacional".

O relatório influenciou a elaboração de estudos preliminares para a Conferência de Estocolmo, em que, inicialmente, "os conceitos meio ambiente e desenvolvimento eram tidos como antagônicos".[200]

A Conferência de Estocolmo, por sua vez, estabeleceu em seus princípios o planejamento racional de modo a compatibilizar a necessidade de proteger e de melhorar o ambiente, no interesse da coletividade. O Princípio 13 dispõe:

---

finance Engenharia financeira suportada contratualmente pelo fluxo de caixa de um projeto, servindo como garantia os ativos e recebíveis desse mesmo empreendimento. BNDES Fianças e Avais Prestação de fiança e avais pelo BNDES com objetivo de diminuir o nível de participação nos projetos financiados. Programas. Atualmente, está em vigor os seguintes programas destinados à preservação do meio ambiente: BNDES Compensação Florestal – Apoiar a regularização do passivo de reserva legal em propriedades rurais destinadas ao agronegócio e a preservação e a valorização das florestas nativas e dos ecossistemas remanescentes. BNDES Proplástico – Socioambiental Apoiar investimentos envolvendo a racionalização do uso de recursos naturais, mecanismos de desenvolvimento limpo, sistemas de gestão e recuperação de passivos ambientais e financiar projetos e programas de investimentos sociais realizados por empresas da cadeia produtiva do plástico. Informação obtida no dia 19 de julho de 2010 no *site*: <http://www.bndes.gov.br/SiteBNDES/bndes/bndes_pt/Areas_de_Atuacao/Meio_Ambiente>

[198] MILARÉ, op. cit., p. 150.

[199] GRANZIERA, Maria Luiza Machado. *Direito ambiental*. São Paulo: Atlas, 2009, p. 53.

[200] Cf. SILVA, Geraldo Eulálio Nascimento e. *Direito ambiental internacional*. 2 ed. Rio de Janeiro: Thex, Biblioteca Estácio de Sá, 2002, p. 48

A fim de lograr um ordenamento mais racional dos recursos e, assim, melhorar as condições ambientais, os Estados deveriam adotar um enfoque integrado e coordenado da planificação de seu desenvolvimento, de modo a que fique assegurada a compatibilidade do desenvolvimento com a necessidade de proteger e melhorar o meio ambiente humano, em benefício da população.

Ora, para assegurar o cumprimento desse princípio mister que o Poder Público disponha de estrutura capaz de fiscalizar as normas protetivas em vigor . Isto se dá através dos órgãos integrantes do SISNAMA por intermédio de seu poder de polícia, conforme já desenvolvido em capítulo anterior.

O CNJ – Conselho Nacional de Justiça[201] também preocupado com o desenvolvimento sustentável, tem se manifestado a respeito. Segundo o então Presidente Gilmar Mendes o Poder Judiciário também tem compromisso com o ambiente. Isto demonstra a maturidade que este Poder tem enfrentado a situação.

Segundo Celso Antônio Pacheco Fiorillo,[202] o "Princípio do Desenvolvimento Sustentável tem por conteúdo a manutenção das bases vitais da produção e reprodução do homem e de suas atividades, ga-

---

[201] Desenvolvimento sustentável deve seguir princípios da Constituição, diz presidente do CNJ "O desenvolvimento só será sustentável se for realizado de forma responsável com os princípios estabelecidos pela Constituição Federal". As palavras do presidente do Conselho Nacional de Justiça (CNJ) e do Supremo Tribunal Federal (STF), ministro Gilmar Mendes, foram proferidas no encerramento do Congresso Internacional de Direito Ambiental na Amazônia, na noite desta sexta-feira (13/11), no Teatro das Bacabeiras, em Macapá , no Amapá(AP). O evento foi o último das comemorações do Ano da França no Brasil (de 21 de abril a 15 de novembro). Segundo o ministro, há muito desafios pela frente, como "o equilíbrio legislativo para um desenvolvimento econômico com segurança jurídica". O Congresso Internacional de Direito Ambiental da Amazônia, promovido pelo Tribunal de Justiça do Amapá, e que reuniu especialistas de vários países, discutiu os problemas atuais da região Amazônica e suas conseqüências para o futuro. Durante três dias foram apresentados temas afetos à importância da preservação, conservação e utilização racional dos recursos da Amazônia Brasileira e Latino Americana, em vista de uma qualidade de vida melhor de seus habitantes e da vida do planeta. Segundo o ministro Gilmar Mendes, o meio ambiente tem merecido discussões no mundo inteiro "e nós temos ressaltado sua importância no plano jurídico, político e administrativo, desafio que fez a Constituição de 88", ressaltou o ministro, depois de citar o julgamento do processo relativo à importação de pneus usados no País. O governador do Amapá, Antônio Vadez Gois da Silva, disse que esse Congresso Internacional servirá de exemplo para outros países e que a presença do presidente do SFT no evento "é uma demonstração do compromisso do Judiciário com a Amazônia e seu meio ambiente". Para o presidente do Tribunal de Justiça do Amapá, desembargador Dôglas Evangelista Ramos "é preciso mobilizar o Poder Judiciário em defesa da Amazônia e seu ambiente". Ao final do encontro foi divulgada a "Carta do Direito Ambiental da Amazônia", com 16 propostas apresentadas, entre elas a imediata implantação de uma justiça com competência agro-ambiental; a criação de um código de conduta ambiental no âmbito do Pan-Amazônia e criação de um fundo mundial para a implementação de medidas mais enérgicas na pesquisa e proteção da biodiversidade da Amazônia. Informação obtida no dia 19 de julho de 2010 através do *site*: <http://www.cnj.jus.br/index.php?option=com_content&view=article&id=9337:desenvolvimento-sustentavel-deve-seguir-principios-da-constituicao-diz-presidente-do-cnj-&catid=1:notas&Itemid=675>

[202] FIORILLO, op. cit., p. 31.

Licenciamento Ambiental

rantindo igualmente uma relação satisfatória entre os homens e destes com seu ambiente. A busca pelo equilíbrio entre o desenvolvimento econômico e os recursos naturais exige um planejamento prévio que leve em conta não só o crescimento social, mas também a esgotabilidade dos recursos naturais".

Partilhamos a tese de Fiorillo no que diz respeito à necessidade de um planejamento prévio que antecipe os efeitos do crescimento e da esgotabilidade dos recursos naturais. As dificuldades enfrentadas pelos gestores públicos à frente dos órgãos é uma realidade. Desconhecem muitas vezes questões básicas. A sustentabilidade requer que todos os envolvidos na questão unam esforços em prol da preservação do equilíbrio do ambiente. Quando isto se dá geralmente há o crescimento da economia, a preservação do ambiente, geração de empregos, estabilidade. A integração do Poder Público, do Poder Judiciário, do Poder Legislativo, do Ministério Público, do Tribunal de Contas, da coletividade é fundamental e necessário para o bom desempenho da sustentabilidade.

Enfrentadas as questões mais relevantes para o bom andamento do processo de licenciamento, a busca do equilíbrio entre o crescimento econômico e a sustentabilidade, a atuação do Estado e da coletividade, juntos, em defesa dos recursos naturais e pela busca da concretização do interesse público primário e a questão principiológica, no capítulo que segue se abordará o licenciamento ambiental e suas nuances e peculiaridades como a sua natureza jurídica, que segundo alguns autores trata-se de autorização, outros asseguram que se trata de licença e há quem diga que é uma combinação entre licença e autorização. Além disso, torna-se relevante também destacar as atividades sujeitas ao processo de licenciamento ambiental.

4. A Relevância do Licenciamento Ambiental em Busca do Equilíbrio

> Não está parado, mas se move e gira. Tudo quanto no céu e sob o céu podemos ver. Cada coisa se move, às vezes para o alto, às vezes para baixo, em tempo longo ou breve, seja ele pesado, seja leve. E pode ser que tudo se movimente com o mesmo passo para o mesmo lugar. E tudo se movimenta até chegar ao ponto que lhe compete. Tanto gira na água uma bóia que uma mesma parte se vê ora virada para cima ora virada para baixo, e a mesma agitação o mesmo destino impõe a tudo.
>
> *Giodarno Bruno*

4.1. Natureza jurídica da licença ambiental

A natureza jurídica da licença ambiental tem sido alvo de debates entre os doutrinadores. A jurisprudência também não é uníssona quanto à natureza jurídica da licença ambiental. A Resolução do CONAMA nº 237/97, em seu art. 1º, inciso II[203] define o que seja licença ambiental.

A licença se caracteriza pelo fato de que o ato administrativo de caráter vinculado e definitivo que concede ao interessado, o exercício de determinada atividade, declaratório de direito preexistente. Preenchidos os requisitos pelo interessado, a autoridade não pode negar

---

[203] Resolução CONAMA nº 237, de 19 de dezembro de 1997. Art. 1º Para efeito desta Resolução são adotadas as seguintes definições: I – Licenciamento Ambiental: procedimento administrativo pelo qual o órgão ambiental competente licencia a localização, instalação, ampliação e a operação de empreendimentos e atividades utilizadoras de recursos ambientais, consideradas efetiva ou potencialmente poluidoras ou daquelas que, sob qualquer forma, possam causar degradação ambiental, considerando as disposições legais e regulamentares e as normas técnicas aplicáveis ao caso. II – Licença Ambiental: ato administrativo pelo qual o órgão ambiental competente, estabelece as condições, restrições e medidas de controle ambiental que deverão ser obedecidas pelo empreendedor, pessoa física ou jurídica, para localizar, instalar, ampliar e operar empreendimentos ou atividades utilizadoras dos recursos ambientais consideradas efetiva ou potencialmente poluidoras ou aquelas que, sob qualquer forma, possam causar degradação ambiental.

a licença. A concessão de licença pelos órgãos ambientais integrantes do SISNAMA faz-se necessária para obras ou atividades que venham a provocar qualquer alteração das propriedades físicas, químicas e biológicas no ambiente, causadas por qualquer forma de matéria ou energia resultante das atividades humanas que, direta ou indiretamente afetem, entre outros, a saúde, a segurança, o ambiente e o bem estar da população.

Autorização, por sua vez, é um ato administrativo precário que decorre do poder discricionário da administração pública, podendo ser cassada a qualquer momento, desde que assegurado o direito constitucional de defesa.

Maria Luiza Machado Granziera[204] considera "que a diferença entre autorização e licença é que esta tem caráter vinculado e pre-existente, ganhando existência formal, enquanto que a autorização constitui um direito pelo cumprimento dos preceitos legais, mas que condiciona a conduta conforme os limites impostos."

No Rio Grande do Sul, o licenciamento ambiental é regulado pelo Código Estadual de Meio Ambiente e pela Resolução CONSEMA nº 038/2003 que estabelece procedimentos, critérios técnicos e prazos para Licenciamento Ambiental realizado pela Fundação Estadual de Proteção Ambiental – FEPAM,[205] no Estado do Rio Grande do Sul.

Em Porto Alegre, foi editado em 1983 o Decreto nº 8183/83[206] que já conceituava autorização ambiental e contemplava as expressões au-

---

[204] GRANZIERA, Maria Luiza Machado. *Direito de águas*: disciplina jurídica das águas doces. São Paulo: Atlas, 2001, p. 211.

[205] A FEPAM foi criada em 1990 pela lei estadual 9.077, que substituiu o DPA – Departamento de Meio Ambiente do Estado do RS. Em publicação editada pela FEPAM denominada O Licenciamento Ambiental no Estado do Rio Grande do Sul, conceitos jurídicos e documentos associados, coleção referencias, volume 1, julho de 2003, p. 15 faz referência à licença ambiental como "instrumento da Política Estadual do Meio Ambiente, decorrente do exercício do poder de polícia ambiental, *cuja natureza jurídica é autorizatória*. (grifo nosso).

[206] Decreto nº 8.183/83 regulamenta a Lei Complementar nº 65, de 22.12.81, institui o Plano de Avaliação do Impacto Ambiental e procedimentos administrativos, e dá outras providências. Art. 3º, inciso VI – Autorização – é o documento expedido pela SMAM, mediante solicitação, atestatório de que, do ponto de vista da proteção ambiental, o evento especial, a atividade ou o equipamento está em condições de ser instalado ou ter prosseguimento, tendo sua vigência e validade subordinadas ao estrito cumprimento das condições de sua expedição. (...) Da Autorização Prévia. Art. 11. A Autorização Prévia aprova a viabilidade de um projeto, apresentado em nível de estudo preliminar, quanto ao aspecto de impacto ambiental, especificando os condicionantes a serem atendidos durante a implantação e operação da proposição, sendo que sua concessão implica compromisso do responsável em manter o projeto final compatível com as condições de deferimento. § 1º A Autorização Prévia terá prazo de validade de até 02 (dois) anos. § 2º A Autorização Prévia deverá ser requerida tanto no caso de novas atividades ou equipamentos, quanto em casos de reformas, alterações, ampliações e outras modificações causadoras de efeitos significativos, de atividades ou equipamentos já existentes. Art. 12. Para a concessão da Autorização Prévia (AP), serão obedecidos os seguintes requisitos: I – Ao res-

torização prévia, autorização de instalação e autorização de operação. Atualmente, o Licenciamento Ambiental em Porto Alegre[207] é regula-

ponsável caberá: a) preencher o requerimento padronizado; b) apresentar informações, estudo preliminar e outros documentos que forem exigidos; c) apresentar formal garantia da veracidade das informações prestadas. II – Recebido o pedido, a SMAM: a) informará ao responsável os requisitos básicos exigidos para implantação e operação da atividade ou equipamento, sugerindo, inclusive, alternativas de localização; b) solicitará, caso necessário, a complementação dos dados fornecidos, durante o processamento da AP; c) analisará a proposição, elaborará parecer técnico e expedirá a AP; d) prestará esclarecimentos, quando solicitada, sobre o processamento da AP. Da Autorização de Implantação. Art. 13. A Autorização de Implantação permite o início de instalação, construção, ampliação, alteração e reforma de equipamento ou atividade, e será expedida com base na verificação da observância dos condicionantes estabelecidos por ocasião da liberação da AP, tendo o prazo de validade de até 03 (três) anos. Art. 14. Para a concessão de Autorização de Implantação (AI), serão obedecidos os seguintes requisitos: I – Ao responsável caberá antes da implantação da atividade ou equipamento: a) preencher requerimento padronizado; b) apresentar Autorização Prévia, juntamente com o projeto final executado segundo as especificações constantes da AP; c) apresentar informações e outros documentos que forem exigidos; d) apresentar formal garantia da veracidade das informações prestadas; e) atender às solicitações de esclarecimentos necessários para análise e julgamento de seu pedido, no decorrer do processamento da AI. II – Recebido o pedido, a SMAM: a) informará ao interessado os requisitos exigidos para a implantação do projeto; b) solicitará a complementação, caso necessário, dos dados fornecidos pelo responsável durante o processamento da AI; c) prestará esclarecimentos, quando solicitada, sobre o processamento da AI; d) analisará o projeto, elaborará parecer técnico e expedirá a AI; e) aprovará ou indeferirá a renovação da AI, à vista de eventuais modificações ocorridas na legislação vigente quando da concessão anterior. SEÇÃO IV – Da Autorização de Operação. Art. 15. A Autorização de Operação libera o funcionamento de atividades ou equipamentos, estando sua expedição condicionada à vistoria e à avaliação técnica, não podendo seu prazo de validade ultrapassar 5 (cinco) anos. § 1º Quando for o caso de equipamentos ou atividades que necessitem de AI, a expedição da AO ficará condicionada à observância dos requisitos estabelecidos naquela autorização. § 2º A AO também será requerida no caso de atividades ou equipamentos já existentes por ocasião da entrada em vigor das demais autorizações previstas neste Decreto. Art. 16. Na concessão de Autorização de Operação (AO), serão obedecidos os seguintes requisitos: I – Ao responsável caberá: a) preencher requerimento padronizado; b) apresentação da AI, se for o caso, juntamente com compromisso expresso de manter as especificações aprovadas quando da sua expedição; c) apresentação de informações, projetos e outros documentos que forem exigidos; d) formal garantia da veracidade das informações prestadas; e) requerimento de renovação da AO, tanto nos casos de expiração de sua validade, quanto nos de eventual modificação dos condicionantes estabelecidos por ocasião da concessão anterior. II – Recebido o pedido, a SMAM: a) informará ao responsável os requisitos exigidos para a operação do equipamento ou atividade; b) solicitará a apresentação de Relatório de Impacto Ambiental, quando necessário; c) solicitará a complementação, caso necessário, dos dados fornecidos pelo responsável, durante o processamento da AO; d) prestará esclarecimentos, quando solicitada, sobre processamento da AO; e) vistoriará e verificará tecnicamente a atividade ou equipamento implantado, elaborando parecer técnico e emitirá a AO; f) aprovará ou indeferirá a renovação da AO, à vista de eventuais modificações ocorridas nas condições legais vigentes quando da concessão da anterior. Art. 17. Poderá ser fornecida Autorização de Operação a título precário, nos casos em que for necessário funcionamento ou operação de atividade ou equipamento para teste de eficiência do sistema de controle da poluição, bem como no caso de atividades ou equipamentos já existentes antes da entrada em vigor deste Regulamento, em que seja necessária a efetivação de medidas de controle da poluição. Parágrafo único – No primeiro caso o prazo de validade não poderá ser superior a 06 (seis) meses; no segundo caso o prazo de validade será definido de acordo com a complexidade da situação em estudo.

[207] Importante consultar o Manual do Licenciamento Ambiental de Porto Alegre, publicação da Secretaria Municipal de Meio Ambiente de Porto Alegre de dezembro de 2004 que dispõe de informações acerca de como se desenvolve o processo de licenciamento ambiental no município de Porto Alegre. Cabe registrar com muito orgulho para a cidade de Porto Alegre que a SMAM

do pela Lei municipal nº 8.267/98, que dispõe sobre o licenciamento ambiental no Município de Porto Alegre, cria a Taxa de Licenciamento Ambiental e dá outras providências.

A doutrina não é unânime quanto à natureza jurídica da licença ambiental. Alguns autores entendem que a licença tradicional é um ato administrativo vinculado que não pode ser negada se o interessado comprovado ter atendido a todas as exigências legais para o exercício de seu direito a uma atividade empresarial.[208] Isto não ocorre com a licença ambiental que pode ser cassada, suspensa ou até mesmo cancelada conforme dispõe o art. 19[209] da Resolução CONAMA nº 237/97.

Há os que entendem que o licenciamento ambiental tem a natureza jurídica de autorização. Paulo Afonso Leme Machado[210] entende que licença e autorização no direito brasileiro são vocábulos empregados sem rigor técnico. Em matéria ambiental a intervenção do Poder Público tem o sentido de prevenção do dano. Inclusive o autor utiliza em seu livro a expressão licenciamento ambiental como equivalente a autorização ambiental, mesmo quando o termo utilizado seja simplesmente licença. Nesse ponto Paulo Affonso de Leme Machado, justifica trazendo à baila decisão proferida pelo Tribunal de Justiça de São Paulo que analisando a Lei nº 6.938/81, assim decidiu:

> O exame dessa lei revela que a licença em tela tem natureza jurídica de autorização, tanto que o § 1º de seu art.10 fala em pedido de renovação de licença, indicando, assim, que se trata de autorização, pois, se fosse juridicamente licença, seria ato definitivo, sem necessidade de renovação. A alteração é ato precário e não vinculado, sujeito sempre às alterações ditadas pelo interesse público.[211]

– Secretaria Municipal de Meio Ambiente foi a primeira Secretaria de Meio Ambiente criada no país em dezembro de 1976.

[208] Por exemplo, autores como BANDEIRA DE MELLO, Celso Antonio. *Curso de direito administrativo*, p. 388 e 389; MEDAUAR, Odete. *Direito administrativo moderno*. São Paulo: RT. 395; FIGUEIREDO, Lúcia Valle. *Curso de direito administrativo*. São Paulo: Malheiros, p. 165. DI PIEREO, Maria Sylvia Zanella. *Direito administrativo*. São Paulo: Atlas, p. 189; SILVA, José Afonso da. *Direito ambiental constitucional*. São Paulo: Saraiva, p. 278, entre outros.

[209] Art. 19. O órgão ambiental competente, mediante decisão motivada, poderá modificar os condicionantes e as medidas de controle e adequação, suspender ou cancelar uma licença expedida, quando ocorrer: I – violação ou inadequação de quaisquer condicionantes ou normas legais; II – omissão ou falsa descrição de informações relevantes que subsidiaram a expedição da licença; III – superveniência de graves riscos ambientais e de saúde.

[210] MACHADO, op. cit., p. 266.

[211] TJSP, 7ª Câmara, AR Ação Civil Pública I 78.554-1-6, Rel. Des. Leite Cintra j. 12.5.1993 (*Revista de Direito Ambiental* 1/200-203, janeiro-março de 1996).

Daniel Roberto Fink,[212] por sua vez, entende que se trata de licença ambiental:

No entendimento da maioria da doutrina, a licença ambiental tem a natureza jurídica mesmo de licença, no sentido que o direito administrativo lhe atribui. Resulta de um direito subjetivo do interessado que, para seu exercício, precisa preencher alguns requisitos previstos em lei. Daí decorre que a Administração não pode negá-la quando o requerente satisfaz todos esses requisitos. Trata-se, portanto, de um ato administrativo vinculado.

José Afonso da Silva[213] sustenta que "há tanto licença quanto autorização ambiental, ressaltando que as licenças ambientais, em geral, são atos administrativos de controle preventivo de atividades de particulares no exercício de seus direitos".

Para outros, embora seja o licenciamento um ato administrativo vinculado, com características de licença, há que entendê-lo segundo os princípios do direito ambiental. Esse é o entendimento de Milaré,[214] que ao tratar dessa questão, assim se manifesta:

Vale dizer, fundamentalmente a capacidade decisória da Administração resume-se ao reconhecimento formal de que os requisitos ambientais para o exercício do direito de propriedade estão preenchidos. Não há se falar, portanto, em equívoco do legislador na utilização do vocábulo licença. O equívoco está em se pretender identificar na licença ambiental, regida pelos princípios informadores do Direito do Ambiente, os mesmos traços que caracterizam a licença tradicional, modelada segundo cânon do Direito Administrativo, nem sempre compatíveis.

Estamos diante de um instituto jurídico que transita no direito administrativo e no direito ambiental. O licenciamento ambiental possui regras próprias sem, contudo excluir as normas de direito administrativo. Ora, nos parece adequado tecer a seguinte questão: se um empreendedor protocola um pedido de licença prévia perante o órgão licenciador, este por sua vez, à luz das normas vigentes e diante do caso concreto, principalmente dos estudos ambientais, expedirá ou não a licença.

Não existe direito ao empreendedor da certeza da liberação do pedido de licença. Tanto é assim que, por exemplo, o Código Estadual de Meio Ambiente do Estado do Rio Grande do Sul, editado pela lei estadual nº 11.520/2003, em seu art. 68, parágrafo único, dispõe:

---

[212] FINK, Daniel Roberto. *Aspectos jurídicos do licenciamento ambiental*. 2. ed. Rio de Janeiro: Forense, 2003, p. 10.

[213] SILVA, op. cit., p. 281.

[214] MILARÉ, op. cit., p. 363.

Licenciamento Ambiental

Art. 68. A expedição das licenças previstas no artigo 56 fica sujeita ao pagamento de valores de ressarcimento, ao órgão ambiental competente, dos custos operacionais e de análise do licenciamento ambiental.

Parágrafo único – O ressarcimento dos custos de licenciamento se dará no ato de solicitação da licença e *não garante ao interessado a concessão da mesma.* (grifo nosso)

Além disso, a licença, conforme já vimos, poderá ser cassada ou revogada pelo órgão licenciador em caso de descumprimento de alguma condicionante, por exemplo. Não se trata de ato administrativo discricionário, mas sim ato administrativo necessariamente fundamentado e conclusivo pelo agente público responsável pela liberação da licença ambiental. Aliás, oportuno lembrar que todos os atos administrativos da Administração Pública, seja direta ou indireta deverão obrigatoriamente ser fundamentados. Neste caso não nos parecer haver uma insegurança jurídica. Portanto, a licença ambiental não é irrevogável.

Ricardo Martins[215] afirma que "o conceito de licença não pode ter pretensão de universalidade e atemporalidade, pois "a doutrina brasileira fixou-lhes contornos conceituais independentes do direito positivo, possivelmente inspirada na análise do direito alienígena ou de diplomas normativos há muito revogados", o que torna necessária a "desmitificação" dos próprios termos de licença e de autorização".

A questão referente à natureza jurídica da licença ambiental não é tarefa simples. Pelo contrário. Como vimos estamos longe da unanimidade. Krell[216] destaca que "a sua interligação, contudo, permite falar, isto sim, de uma necessária releitura de alguns princípios e preceitos doutrinários do direito administrativo tradicional na seara da proteção do meio ambiente, que estão sujeitos a um processo gradual de mutação".[217] Inclusive entende este autor que "seria mais coerente considerar a licença ambiental uma nova espécie de ato administrativo, que reúne características das duas referidas categorias tradicionais, o que se torna evidente dos prazos determinados de vigência destas licenças e da falta de sua precariedade, inviabilizando a sua revogação por meras razões de conveniência e oportunidade. Ao mes-

---

[215] MARTINS, Ricardo M. Regime jurídico da licença ambiental. *Revista de Direito Ambiental* nº 40, 2005, p. 189, com referência à lição de Carlos A. Sundfeld (Licenças e autorizações no direito administrativo. Revista Trimestral de Direito Público, São Paulo, Malheiros, n. 3, p. 66-72, 1993.

[216] KRELL, Andreas J. Licença ou autorização ambiental? Muita discussão em torno de um falso dilema. *Revista de Direito Ambiental*, n. 49, p. 55-72, 2008.

[217] BENJAMIN, Antônio H. *Dano ambiental*: prevenção, reparação e repressão, 1993, p. 13 e SS. Apesar de as afirmações do autor datarem do início dos anos 90 do século passado, este processo ainda está em pleno curso.

mo tempo, a licença ambiental de operação é precária por sua própria natureza, pois deve ser renovada periodicamente".

Aliás, neste aspecto, o pedido de renovação da LO não assegura o seu deferimento. Dependerá da análise dos documentos e de uma vistoria in loco pelos técnicos do órgão ambiental para assegurar que o relatório e demais documentos apresentados pelo empreendedor estão de acordo com as normas técnicas vigentes. Caso não esteja atendendo as condicionantes ou algum parâmetro o pedido de renovação não será atendido. Deste modo constata-se que a licença ambiental tem prazo de validade determinado, podendo ser renovada ou revisada pelo órgão ambiental.

O procedimento administrativo do licenciamento ambiental é composto de várias etapas, variando de acordo com a fase específica em que se encontra o empreendimento. O art. 19 do Decreto nº 99.247/90 e o art. 8º da Resolução nº 237/97, do CONAMA dispõem que o processo administrativo de licenciamento ambiental se desdobra em três etapas, devendo cada uma dessas três etapas ensejar a concessão da licença ambiental compatível com o pedido proposto pelo empreendedor, quais sejam:

I – Licença Prévia (LP) – concedida na fase preliminar do planejamento do empreendimento ou atividade aprovando sua localização e concepção, atestando a viabilidade ambiental e estabelecendo os requisitos básicos e condicionantes a serem atendidos nas próximas fases de sua implementação;

II – Licença de Instalação (LI) – autoriza a instalação do empreendimento ou atividade de acordo com as especificações constantes dos planos, programas e projetos aprovados, incluindo as medidas de controle ambiental e demais condicionantes, da qual constituem motivo determinante;

III – Licença de Operação (LO) – autoriza a operação da atividade ou empreendimento, após a verificação do efetivo cumprimento do que consta das licenças anteriores, com as medidas de controle ambiental e condicionantes determinados para a operação. Sendo assim, o licenciamento ambiental é dividido em três etapas: a licença prévia, a licença de instalação e a licença de operação.

Na licença prévia, o empreendedor manifesta a intenção de realizar determinada atividade, devendo ser avaliadas a localização e a concepção do empreendimento de maneira a atestar a sua viabilidade ambiental e a estabelecer os requisitos básicos para as próximas fases, e devendo ser também elaborados os estudos de viabilidade do projeto. Após a análise, a discussão e a aprovação desses estudos de viabilidade a instância administrativa responsável pela gestão ambiental do caso em questão poderá conceder a licença prévia que, por ser a primeira licença ambiental, deverá funcionar como um alicerce para a edificação de todo o empreendimento. Assim, cabe à licença prévia aprovar a localização e a concepção da atividade, bem como atestar a sua viabilidade ambiental.

Antonio Inagê de Assis Oliveira[218] adverte que:

> Vista sob o aspecto da proteção ambiental, além de consagradora do encerramento de uma etapa do licenciamento, avulta sobre as demais a importância da licença prévia, que determinará a localização do empreendimento. É nesta fase que são examinadas em profundidade as possíveis conseqüências que a implantação e operação do empreendimento sob licença acarretará ao meio ambiente.

Em seguida, elabora-se o projeto executivo, que é uma reestruturação do projeto original com muito mais detalhes e no qual são fixadas as prescrições de natureza técnica capazes de compatibilizar a instalação do empreendimento com a proteção do meio ambiente por meio de medidas técnicas adequadas.

Após a aprovação do projeto executivo, se expede a licença de instalação, contendo as especificações de natureza legal e técnica para a efetiva proteção do meio ambiente, sendo a partir daí que o órgão administrativo ambiental competente autoriza a implantação da atividade. Qualquer alteração na planta ou nos sistemas instalados deve ser formalmente enviada ao órgão licenciador para avaliação e conferência *in loco*.

A etapa seguinte, logo depois de instalada ou edificada a atividade, o órgão administrativo ambiental vistoria *in loco* a obra ou o empreendimento com o objetivo de constatar se todas as exigências de controle ambiental realizadas nas fases anteriores foram devidamente cumpridas. Após constatado isto será concedida a licença de operação, autorizando o início da operação, o funcionamento propriamente dito da atividade.

Na licença de operação estão determinados os métodos de controle e as condições de operação bem como as condicionantes a serem atendidas pelo empreendedor. Isto é muito importante, pois vai depender seu atendimento para habilitá-lo a postular a sua renovação mais adiante.

Existem situações em que se dá o licenciamento simplificado previsto na Resolução n° 237/99 do CONAMA. Esse licenciamento simplificado, previsto no parágrafo único do art. 8° e no § 1° do art. 12 da

---

[218] OLIVEIRA, Antônio Inagê de Assis. *Introdução à legislação ambiental brasileira e licenciamento ambiental*. Rio de Janeiro: Lumen Juris, 2005, p. 362.

Resolução CONAMA n° 237/97, é aplicado às atividades de pequeno potencial poluidor e às atividades que já estejam em funcionamento quando delas começa a se exigir a licença ambiental.

4.2. A constitucionalização do estudo prévio de impacto ambiental prevista no artigo 225, inciso IV, da Constituição da República Federativa do Brasil de 1988

No Brasil, a Constituição promulgada pelo Constituinte originário deu lugar a novos direitos dentre os quais o ambiente ecologicamente equilibrado, de natureza pluralista e coletivo e, inclusive, previsto constitucionalmente também o estudo de impacto ambiental no inciso IV do artigo 225 da Carta Política. Neste sentido cabe lembrar que o EIA/RIMA nem sempre é obrigatório, como expressamente previsto no texto constitucional no art. 225, §1°, inciso IV.

Com efeito. Como ressalta Prieur,[219] há uma interdependência do homem e do meio ambiente a partir de três questões: em primeiro lugar, os recursos e os equilíbrios naturais condicionaram o surgimento da humanidade; em segundo lugar, o futuro e a existência da própria humanidade são indissociáveis do meio ambiente; e, finalmente a diversidade biológica, o bem-estar dos seres humanos e o progresso das sociedades humanas são afetados por certos modos de produção e de consumo e pela exploração excessiva dos recursos naturais.

Efetivamente, o licenciamento ambiental, nos últimos anos no Brasil, vem sendo tema de intenso debate extrapolando os meios jurídico-ambientais e alcançando a pauta dos grandes debates públicos. Representantes de setores da economia importantes como industrial, comércio, exportador, queixam-se de exigências ambientais, de burocracia, falta de clareza e uniformidade nos processos de licenciamento, altos custos e incapacidade técnica dos órgãos ambientais na análise e processamento dos processos.

Com efeito, há também insatisfação com a sistemática violação das normas ambientais, falta de transparência e dificuldades para a participação de setores organizados da sociedade civil organizada, como por exemplo, as ONGs.

Por outro lado os órgãos ambientais reclamam da falta de recursos, de falta de compromisso ambiental dos empreendedores e, ulti-

---

[219] PRIEUR, Michel. Vers um droit de lenvironnement renouvelé. Cahiers du conseil constitutionnel – la constitution et lenvironnement n. 15, 2003. Disponível em: <http://www.conseil-constitutionnel.fr/cahiers/ccc15/env2.htm>. Acesso em: 15 set. 2010.

mamente, os empresários vêm sistematicamente insistindo na tese do excesso de judicialização do licenciamento ambiental, ou seja, a de que estaria havendo um exagero no questionamento, pelo viés jurisdicional, de processos de licenciamento ambiental, causando prejuízos nos cronogramas e mesmo na realização de projetos.

Cabe destacar que estes debates não são novidades no contexto nacional. Atualmente não só pela constitucionalização da matéria e considerando os problemas estruturais dos órgãos ambientais, chega-se um ponto crítico e de alta tensão que pode por em cheque o sistema de controle ambiental, com riscos de atingir os seus próprios pressupostos.[220]

Neste sentido, o conceito de ambiente previsto tanto na Política de Meio Ambiente como na Constituição Federal foi construído culturalmente em um momento histórico de redemocratização em que o país mergulhou em um período de ditadura militar apoiado pela sociedade dominante à época.

Na Constituição Federal de 1988, por exemplo, estão previstos deveres fundamentais, o dever de não degradar e o dever de proteger e de preservar o meio ambiente, onde o Poder Público e a coletividade têm juntos responsabilidade para com a manutenção de um estado socioambiental mínimo e sadio. O direito fundamental ao ambiente previsto no artigo 225 da Constituição Federal de 1988 tem um duplo significado: em primeiro lugar afirma o valor do meio ambiente para assegurar a dignidade humana. O fundamento da constitucionalização do direito ao meio ambiente é a própria dignidade da pessoa humana, das gerações presentes e futuras. Poderíamos dizer que inclusive a dignidade da vida em todas as suas formas e não a meramente humana.

O Estudo Prévio de Impacto Ambiental foi inspirado no EIA norte-americano, que exigia o estudo de impacto de obras do governo federal que pudessem afetar a qualidade do meio ambiente.[221] Desde o início da aplicação desse instituto jurídico, observava a jurisprudência que o propósito primário da avaliação de impacto ambiental é obrigar as agências federais a dar séria importância aos fatores ambientais ao tomar suas decisões discricionárias.[222]

---

[220] Um exemplo dessa alta tensão, além da intensidade ou frequência com que o assunto vem sendo tratado, ainda por ser indicado pela agressividade e contundência do debate. No início de abril de 2004, o Instituto Socioambiental denunciou que estaria havendo um investimento de peso do setor privado contra o licenciamento ambiental na imprensa.

[221] DESPAX, Michel. *Droit de L Environnement*. Paris: Litec, 1980, p. 160.

[222] Conselho de Conservação do Condado de Monroe, Inc. X Volpe – 472 F2d, 693, 697- 2d Circ. 1972.

Em França, a ausência de estudo de impacto ambiental obriga o juiz à concessão da suspensão da decisão administrativa atacada em juízo (art. L 122-2 do Código de Meio Ambiente.[223] A ausência desse estudo deve ser constatada em procedimento de urgência. Essa medida liminar, portanto, não está no campo da discricionariedade judicial.

Também oportuno abordar a situação do ambiente em Portugal. A previsão normativa, naquele país, de um ambiente sadio e ecologicamente equilibrado, fez com que muitas vozes se levantassem, dentre elas a do conhecido constitucionalista Jorge Miranda,[224] considerando com um dos pais da Constituição portuguesa, previu que o ambiente será o grande palco dos conflitos ideológicos no século XXI.

Para ele uma coisa é a consagração constitucional, legal, mas outra coisa é prática. Embora se possa falar em uma constituição ambiental portuguesa e de uma normatividade legislativa abrangente, o fato é que nem sempre os resultados positivos conseguem aparecer. Sustenta o autor que não há por parte da população de um modo geral e dos poderes públicos, uma conscientização da importância de um ambiente realmente sadio e ecologicamente equilibrado.

No nosso ordenamento legal foi previsto pela primeira vez através da Lei nº 6.830/80, no seu artigo 10, § 3º que trata acerca do zoneamento industrial. Contudo, o tratamento conferido ao instituto era bastante sucinto em relação à sua disciplina atual, pois não havia previsão de participação pública. Era restrito à aprovação de zonas estritamente industriais e, não pertencia ao procedimento de licenciamento ambiental.

Posteriormente, o Estudo Prévio de Impacto Ambiental, por intermédio da Lei nº 6.938/81 recebeu um tratamento mais adequado, sendo elevado à categoria de instrumento da Política Nacional do Meio Ambiente, conforme o artigo 9º, inciso III. Portanto, o EIA é um dos instrumentos da Política de Meio Ambiente nacional. A regulamentação da Lei da Política Nacional do Meio Ambiente se deu com a edição do Decreto nº 88.351/83, revogado pelo Decreto nº 99.274/90, em que permaneceu fixada a competência ao CONAMA – Conselho Nacional de Meio Ambiente –, para determinar as diretrizes gerais e critérios básicos do EIA com fim de licenciamento de atividades.

---

[223] Anexe à L Ordenance n. 2000-914, de 18.8.2000, Journal Officiel de 21.9.2000 (anexo ao n. 219). A expressão "fait droit" do art. 122-2 tem o sentido de dever jurídico.

[224] MIRANDA, Jorge. *Direito natural*. Caderno Verde – Comunicação e Educação Ambiental, n. 33, Lisboa, 1996.

A resolução nº 1/86 do CONAMA, em que pese anterior à Constituição Federal de 1988 está em vigor, portanto foi recepcionada pela Carta Política, deu tratamento legal ao EIA, elevando-o à categoria de modalidade de avaliação de impacto ambiental e explicitou um rol exemplificativo das situações em que é necessário o EIA. Portanto, cabe lembrar que o artigo 2º é meramente exemplificativo, o que quer dizer que aquela atividade não contemplada ali não necessariamente estará dispensada de apresentar o estudo de impacto ambiental. Exemplo que tivemos recentemente foram as estações de rádio base de telefonia celular. Ora, em 1981 não existiam antenas telefônicas nas cidades brasileiras.

Devemos destacar que a Resolução n. 1/86 foi editada em regime constitucional anterior ao atual, onde não havia previsão expressa sobre a proteção ambiental. Com o surgimento da Resolução em debate, foram disciplinadas as atividades que pudessem proporcionar dano ao meio ambiente, atendendo aos objetivos da Lei nº 6.938/81.

No âmbito constitucional, a Carta Política possui um capítulo especialmente dedicado ao meio ambiente, em que estabelece que o Estudo de Impacto Ambiental deva ser exigido para a instalação de obras ou atividades potencialmente causadoras de significativa degradação ambiental. A previsão Constitucional na Lei Maior de 1988 sobre o Estudo Prévio de Impacto Ambiental está contida no artigo 225, § 1º, IV.[225]

Observa-se que o texto constitucional inseriu o termo "prévio", para situar o momento em que ele deverá ser utilizado, pois o Estudo Prévio de Impacto Ambiental deverá ocorrer em caráter anterior ao licenciamento da obra ou da atividade. Ao ter elevado o Estudo Prévio de Impacto Ambiental à condição de norma constitucional, com certeza tivemos uma evolução no contexto ambiental nacional. O direito assegurado na Constituição Federal de 1988 do ambiente, qual seja, o direito de exigir para instalações de obras ou atividades potencialmente causadoras de significativas degradações do meio ambiente, estudo prévio de impacto ambiental, a qual se dará publicidade.

Segundo os termos da Constituição, somente será exigido o Estudo de Impacto Ambiental quando houver significativa degradação ao ambiente e os casos exemplificativos da Resolução 1/86 do CONAMA

---

[225] Art. 225. Todos têm direito ao meio ambiente ecologicamente equilibrado, bem de uso comum do povo e essencial à sadia qualidade de vida, impondo-se ao poder público e a coletividade o dever de defendê-lo e preservá-lo para as presentes e futuras gerações. § 1º Para assegurar a efetividade desse direito, incumbe ao Poder Público: IV – exigir, na forma da lei, para instalação de obra ou atividade potencialmente causadora de significativa degradação do meio ambiente estudo prévio de impacto ambiental, a que se dará publicidade.

"só são passíveis de apresentação de Estudo Prévio de Impacto Ambiental e o Relatório de Impacto Ambiental se e quando houver significativa degradação ambiental".

Não podemos esquecer que a Constituição Federal de 1988 expressamente prevê a publicidade do estudo de impacto ambiental. A regra dos atos dos gestores ambientais é a publicidade de todos os seus atos, exceto é claro os que a legislação atinente ao sigilo protege. Assim, considerando a realidade que nos norteia, seja nos âmbito federal, estadual ou municipal, a efetividade do licenciamento ambiental dependerá do atendimento dos princípios constitucionais, principalmente do princípio da precaução, prevenção e publicidade.

No que tange à atuação da administração pública, aqui compreendida como a atuação do Poder executivo e Legislativo, além da atuação jurisdicional, a doutrina de Juarez Freitas[226] faz referência que "o princípio do interesse público exige a simultânea subordinação das ações administrativas à dignidade da pessoa humana e o fiel respeito aos direitos fundamentais". Nos processos de licenciamento ambiental em que há a necessidade do estudo prévio do impacto ambiental seria forma de efetividade do poder dever estatal de proteger o meio ambiente. Neste sentido buscar-se-á verificar quais seus pressupostos e se há margem de discricionariedade nos atos que o cercam.

Questão relevante a destacar é contextualizar o que é significativa degradação ambiental. O que é uma atividade potencialmente poluidora?

Conforme bem leciona o professor Paulo Afonso Leme Machado,[227] a interpretação de que o licenciamento ambiental deve abranger a obra como um todo, não devendo ser fragmentado, decorre da lógica do próprio licenciamento. O licenciamento só existe porque a atividade porque a atividade ou a obra podem oferecer potencial ou efetiva degradação ao meio ambiente.

A avaliação, a ser feita antes do licenciamento, deve ser a mais ampla possível. A Resolução nº 01/1986 do CONAMA indica que o EIA deve abranger a área geográfica a ser direta ou indiretamente afetada pelos impactos, denominada área de influência do projeto, considerando, em todos os casos, a bacia hidrográfica na qual se localiza, nos termos de seu artigo 5º, inciso III.

---

[226] FREITAS, Juarez. *O controle dos atos administrativos e os princípios fundamentais*. São Paulo: Malheiros, 2004. p 36.

[227] MACHADO, Paulo Afonso Leme. *Direito ambiental brasileiro*. São Paulo: Malheiros, 2005, p. 278.

Fragmentar o licenciamento é subtrair-lhe sua própria força. O estudo global de um projeto, evidentemente, deve conter o estudo e suas partes. Não se licencia máquina por máquina, unidade por unidade, separadamente, em cada licenciamento ambiental inicial. É a razoabilidade, a proporcionalidade e a motivação aplicadas ao ato administrativo. Se o licenciamento for parcelado se perderá o sentido da real dimensão da obra ou do projeto.

De outra banda, o mesmo autor Paulo Afonso Leme Machado, em outra obra, afirma:[228] "O Estudo de Impacto Ambiental representa verdadeiro procedimento administrativo de prevenção e de monitoramento dos danos ambientais".

Importante trazer à baila decisão proferida pelo egrégio STF no sentido de que matéria de estudo de impacto ambiental que considerou que dispositivo de lei municipal não poderia autorizar dispensa do estudo de impacto ambiental, pois o texto constitucional estabelece o dever do Poder Público de exigi-lo sempre que configurada a hipótese de obra ou atividade potencialmente causadora de significativa degradação ambiental. Trata-se do caso de dispositivo de LC 434/99, do Município de Porto Alegre, cuja análise literal sugere que o Estudo de Viabilidade Urbanística – EVU poderia dispensar o EIA em qualquer hipótese nos casos de projetos especiais. Considerando-se a importância do EIA como poderoso instrumento preventivo ao dano ecológico e a consagração, pelo constituinte, da preservação do meio ambiente como valor e princípio, conclui-se que a competência conferida ao Município para legislar em relação a esse valor só será legítima se, no exercício dessa prerrogativa, esse ente estabelecer normas capazes de aperfeiçoar a proteção à ecologia, nunca, de flexibilizá-la ou abrandá-la.[229]

Impacto ambiental, do latim *impactus* (do verbo *impingere* – atirar, lançar, quebrar uma coisa na outra – com a noção de "impelido contra", "arremessado com ímpeto para outro"), tanto em seu sentido próprio como no figurado, significa o "choque" de um corpo contra outro corpo, algo que se quebra violentamente com outro em decorrência de uma "colisão", com efeitos evidentemente danosos.[230]

---

[228] MACHADO, Paulo Afonso Leme. *Regulamentação de estudo de impacto ambiental*. Porto Alegre: Mercado Aberto, 1986.

[229] STF, AgRg no RE 396.541-7/RS, Rel. Min. Carlos Veloso, j. 14.06.2005.

[230] F.R. dos Santos. *Novíssimo Dicionário Latino-Português etmológico, prosódico, histórico, geográfico, mitológico, biográfico*. 3ª ed. H. Garnier, Rio de Janeiro-Paris (sem data). A noção de impacto, como "choque" ou "colisão resultante de algo que se arremessa ou que se lança no espaço com efeitos prejudiciais, é a mesma do termo inglês impact, francês impact, italiano impatto e espanhol impacto.

Helita Barreira Custódio[231] chama a atenção de que "como definição legal, merece destaque a prevista no art. 29 da Lei Regional Italiana de Veneto, n. 33, de 16/4/85, segundo a qual o impacto ambiental constitui cada alteração, qualitativa ou quantitativa (de forma alternada ou simultânea), do ambiente, compreendido como sistema de relações entre os fatores humanos, físicos, químicos, naturalísticos, climáticos e econômicos, em consequência da realização de projetos relativos a obras particulares ou intervenções públicas.[232] Na Comunidade Econômica Europeia, a Política ambiental comunitária tem-se a introdução da avaliação do impacto ambiental nos processos nacionais aplicáveis em matéria de autorização de novos complexos industriais e de infra-estrutura agrícola, no projeto do Terceiro "Programma d'azione in matéria ambientale". Sucessivamente, a "Direttiva del Consiglio del 27 giugno 1985, referente à avaliação do impacto ambiental de determinados projetos públicos e privados (85/337/CEE)".[233]

Com efeito, oportuno também mencionar a reclamação envolvendo a construção do Projeto da Transposição do Rio São Francisco, denominado atualmente Projeto de Integração do Rio São Francisco.[234] O STF entendeu neste caso a questão do estudo de impacto sob o viés de um conflito federativo. Neste caso, em reclamatória, o STF avocou o julgamento da ação civil pública em que o Estado de Minas Gerais questiona a observância da completude do estudo de impacto ambiental, contemplando estudos dos impactos diretos na porção mineira da bacia do Rio São Francisco.

De acordo com o relator Min. Sepúlveda Pertence,

A matéria em questão configura-se em política governamental, que transcende aos interesses locais do Estado de Minas Gerais. Efetivamente, a matéria é de interesse de todos os cidadãos brasileiros que almejam que os preceitos constitucionais, tal qual o EIA, sejam observados assegurando a todos o direito ao meio ambiente ecologicamente equilibrado. Não se trata de discutir a política de governo, mas o atendimento dos instrumentos de gestão ambiental previstos na Carta Política vigente. Como men-

---

[231] CUSTÓDIO, Helita Barreira. *Direito ambiental e questões jurídicas relevantes*. Campinas/São Paulo: Millennium editora, 2005, p. 725.

[232] Texto integral in *Rivista Giuridica Dell'Edilizia*, fasc. 6, Giuffrè, 1985, p. 598. O texto apresenta 69 artigos, constitui texto exemplar, pela riqueza de seu conteúdo em favor do meio ambiente, pela excelente técnica legislativa adotada, estabelecendo um capítulo inteiro (Cap. III – arts. 29 a 32) para a matéria de impacto ambiental.

[233] GIALDINO, Carlos Curti. Attività Della Comunità Europee Normativa Internazionale e Legislazione Straniera. In: Impresa, Ambiente e Pubblica Amministrazione. *Rivista di Studi Giuridici, Economici e dell' Ambiente*, v. 4-6, Giufrè, 1982, p. 335 e s. V. *Rivista Giuridica dell' Ambiente*, v. 1, GIUFFRÈ, Milano, 1986, p. 174.

[234] STF, Reclamação 3.074-1/MG, Rel. Min. Sepúlveda Pertence, j. 04.08.2005.

Licenciamento Ambiental

cionou o Min. Carlos Britto, o objeto da ação civil pública, a qual não é outra se não exigir do IBAMA complementação dos estudos e análises dos impactos ambientais na porção mineira da bacia do São Francisco, vale dizer, para que o IBAMA observe o devido processo legal na matéria que deita raízes na Constituição, penso não se tratar sequer de discutir uma questão de direito material e que o Estado de Minas nada mais faz além de exigir o cumprimento de uma condição constitucionalmente prevista para o início da execução do projeto em foco. Ou seja, o Estado de Minas não está a se opor a uma política pública, ao exercício de uma função executiva do Governo Federal, nem sequer quanto aos meios de concreção da obra, no caso. O que faz o Estado de Minas é se irresignar contra uma indevida condução, do ponto de vista procedimento, porque diz respeito aos estudos e análises dos impactos ambientais exatamente naquela porção mineira da bacia do São Francisco. Acho que o Estado de Minas Gerais nada mais faz do que fazer uso de sua autonomia político-administrativa conferida pela Constituição.

No mesmo sentido pronunciou-se o Ministro Marco Aurélio em seu voto: "O Estado de Minas Gerais e o Ministério Público de Minas Gerais, ao ajuizarem a ação contra o IBAMA, buscara, simplesmente, a realização de estudos de impacto ambiental, como previsto na legislação de regência. Não se pretendeu obstaculizar os trabalhos voltados à consagração da política governamental idealizada".

Em que pese o brilhantismo esclarecedor dos votos destes dois Ministros relatados acima, os votos foram, contudo, vencidos no julgamento do feito. Esta é uma situação, aliás, presente no momento em que vivemos. O STF enquanto corte constitucional ou deveria ao menos exercer esta condição, é composta por Ministros indicados pelo Chefe do Executivo federal. Ora, defendemos que a indicação não só para o STF como para os tribunais pátrios sejam feitas por eleição direta de seus plenos e que sejam compostas tão somente por magistrados de carreira.

O licenciamento ambiental está ancorado na norma constitucional prevista no artigo 170, enquanto instrumento de realização do princípio da defesa do meio ambiente, inciso VI, seja como parte do poder de polícia administrativa do Estado, e, dessa forma, em ambos como controle e buscando contribuir para a realização da justiça social e de uma existência digna.

4.3. O estudo de impacto ambiental e o relatório de impacto ambiental

O estudo de impacto ambiental com os respectivos relatório de impacto ambiental e avaliação de impacto ambiental, direta e indiretamente relacionado com a preservação do ambiente e a proteção da saúde, da segurança, do sossego e do bem-estar da população, constitui instrumento de real importância e atualidade, diante das graves e crescentes repercussões prejudiciais, decorrentes da execução de projetos de serviços, construções ou obras de interesse público ou particular, da realização de atividades industriais ou comerciais, da exploração ou utilização de recursos minerais, da ocupação do solo, da aplicação de praguicidas e agrotóxicos em geral na agricultura, além de outras atividades efetiva ou potencialmente poluidoras, sem quaisquer medidas preventivas, com iminentes riscos e danos ao ambiente e à saúde pública.[235]

A própria Constituição Federal, em seu art. 225, IV, exige a apresentação de EIA/RIMA apenas nos casos de "atividade potencialmente causadora de significativa degradação do meio ambiente". Nesses termos, não é qualquer atividade potencialmente lesiva ao meio ambiente que deve ser precedida do EIA/RIMA, mas apenas aquelas atividades que agravem substancialmente o risco de lesão a esse bem jurídico constitucional. Neste sentido vem decidindo os tribunais.[236]

---

[235] Sob o aspecto ambiental, é recomendável observar o novo conceito de saúde, aprovado pela Organização Mundial de Saúde, de conteúdo amplo, compreendendo todos os procedimentos que possam ocasionar dano não somente ao estado físico ou psíquico da pessoa humana, mas também à segurança, à tranqüilidade e ao bem-estar do cidadão individual, social ou publicamente considerado, diante dos abrangentes fenômenos da poluição ambiental. Assim, ultrapassado o conceito tradicional e condicionado a enfermidade, considera-se saúde, para os fins ambientais, "um estado de completo bem-estar físico, mental e social e não apenas a ausência de doença ou enfermidade" (GILPIN, Alan. *Dicionário de Termos do Meio Ambiente*, trad. Do inglês "Dictionary of Environmental Terms" por Álvaro de Figueiredo, pub. Dom Quixote, Lisboa, 1980, p. 200.

[236] TRF 4ª R. Agravo de Instrumento n° 2003.04.01.010070-3/SC. Relator: Des. Federal Valdemar Capeletti. ADMINISTRATIVO. AÇÃO CIVIL PÚBLICA. LAGOA DA CONCEIÇÃO. CONSTRUÇÕES E EDIFICAÇÕES DE GRANDE PORTE. PRÉDIOS DE APARTAMENTOS E MULTIFAMILIARES. ESTUDOS DE IMPACTO AMBIENTAL E DE VIZINHANÇA. LIMINAR DEFERIDA. AGRAVO DE INSTRUMENTO. EFEITO SUSPENSIVO DENEGADO. AGRAVO REGIMENTAL. Em razão das imposições ambientais e legais, afigura-se imprescindível que quaisquer construções ou edificações de grande porte no entorno da Lagoa da Conceição ou, mais precisamente, na respectiva bacia hidrográfica devam sujeitar-se à exigência dos estudos de impacto ambiental e de vizinhança.

Apelação em Ação Civil Pública n° 2003.04.01.014704-5/PR. Relator: Des. Federal Carlos Eduardo Thompson Flores Lenz. AÇÃO CIVIL PÚBLICA. DANO AMBIENTAL. LICENÇAS CONCEDIDAS PELO IAP E AUTORIZAÇÃO DE DESMATE PELO IBAMA À SUDERHSA PROCEDER MACRODRAGAGEM DO LITORAL PARANAENSE SEM ESTUDO DE IMPACTO AMBIENTAL. SUSPENSÃO DAS OBRAS E REPARAÇÃO DOS DANOS AMBIENTAIS. RISCOS DE ENCHENTES. SAÚDE PÚBLICA. QUESTÃO SANITÁRIA. 1. Não há necessidade de estudo de impacto ambiental para mera limpeza de canais de escoamento e, *in casu*, a pretensão de nulidade de todas as autorizações, bem como a paralisação das obras de desassoreamento dos canais, deixa ao desamparo as populações vizinhas, que sofrem riscos de calamidades decorrentes das cheias, como a proliferação de doenças como a dengue e a leptospirose, além de danos em residências, móveis e utensílios. 2. A aplicação da Resolução n° 237/97 do CONAMA deve ser feita com razoabilidade à luz do que dispõe o art. 225 da Constituição, sem esquecer que a obra

O estudo prévio de impacto ambiental, importante instrumento de proteção ao meio ambiente, constitui requisito para a concessão de licenciamento de atividades que possam causar efeitos ao meio ambiente. O referido instituto jurídico também é caracterizado como procedimento administrativo preventivo ao próprio exercício das atividades potencialmente danosas ao meio ambiente. Portanto, a realização do estudo de impacto ambiental deve ser efetuada antes da autorização e instalação da própria atividade, no qual serão analisados os riscos de implantação do projeto, bem como as soluções aos danos causados ao meio ambiente.

Na Itália, evidenciam-se, dentre as noções de ambiente, aquelas relacionadas com as normas que tutelam a paisagem, que visam a defesa do solo, do ar, da água, que disciplinam a matéria de urbanismo.[237] Neste sentido, observa Salvatore Patti a interessante definição do meio ambiente, introduzida na Constituição da Pennsylvania, que compreende, em seu conteúdo, o direito de toda pessoa "a ar puro, a água limpa e a manutenção dos valores paisagísticos, históricos e estéticos do meio ambiente (art. 127)".

Para Amedeo Postiglione,[238]

> o meio ambiente é tudo aquilo que nos cerca e compreende, antes de tudo, os recursos naturais: água, ar, natureza, alimentos, energia, compreendida a cultura (como expressa nos monumentos, nos centros históricos, na paisagem, no artesanato, etc.). (...) O direito, neste conjunto, tem que desenvolver um conjunto de dever próprio com as outras disciplinas, fornecendo ao homem de hoje instrumentos adequados ás suas responsabilidades.

---

que necessita de estudo de impacto ambiental/relatório de impacto ambiental, é predicada pela "significativa degradação do meio ambiente". 3. Verificando a situação concreta, limpeza e desassoreamento de canais vintenários, operação que deveria ocorrer periodicamente, anualmente quiçá, não se mostra necessário o EIA/RIMA a cada operação de limpeza, o que seria uma demasia, pelo seu alto custo e complexidade, daí a conclusão de que as autoridades avaliaram bem a situação, ao dispensá-los, neste caso. 4. Não podem, todavia, ser realizadas obras novas, como o canal entre os balneários ST Etiene e Albatroz, no balneário Matinhos, o do Rio da Onça e o ligando o Balneário Monções ao canal do Guaraçu, bem como o próprio alargamento do canal do Guaraçu sem os devidos EIA/RIMAs, no qual se discuta também a opção de "não fazer". 5. À despeito da função institucional dos órgãos ambientais-réus, IBAMA e IAP, de fiscalizarem tudo o quanto se refira ao meio ambiente, degradação ou restauração, fica mantida a condenação de todos os réus, no que se refere ao cumprimento do Plano de Recuperação Ambiental, inclusive com a promoção da desocupação das áreas invadidas ou irregularmente ocupadas. 6. Parcialmente providos os recursos e a remessa oficial, afastada a condenação em honorários advocatícios, por incabíveis na espécie.

[237] SALVATORE, Patti. Ambiente (Tutela civilística). In: *Dizionari del diritto privato* – Diritto Civile, GIUFFRÈ, Milano, v. 1, 1980, p. 31.

[238] POSTIGLIONE, Amedeo. *Manuale Dell'ambiente* – Guida Allá Legilazione Ambientale. La nuova itália scientifica-NIS, Roma, 1986, p. 16-18.

José Afonso da Silva, com propriedade, afirma:[239]

O Estudo de Impacto tem por objeto avaliar as proporções das possíveis alterações que um empreendimento público ou privado, pode ocasionar ao meio ambiente. Trata-se de um meio de atuação preventiva, que visa a evitar as conseqüências danosas, sobre o ambiente, de um projeto de obras, de urbanização ou de qualquer atividade. (...) O Estudo Prévio de Impacto Ambiental tem por objeto conciliar o desenvolvimento econômico como a conservação do meio ambiente. Assim também deve ser entendido entre nós, pois, como já observamos, compatibilizar o desenvolvimento econômico social com a preservação da qualidade do meio ambiente e do equilíbrio ecológico constitui um dos principais objetivos da Política Nacional do Meio Ambiente (Lei 6.938/81, art. 4º, I). O Estudo de Impacto Ambiental é um instrumento da política de defesa da qualidade ambiental. Realiza-se mediante um procedimento de direito público, cuja elaboração há que atender a diretrizes estabelecidas na legislação e às que, em cada caso, forem fixadas pela autoridade competente.

No mesmo sentido, a lição de Celso Antônio Pacheco Fiorillo:[240]

Evidenciada sua existência ao princípio da prevenção do dano ambiental, o EIA/RIMA constitui um dos mais importantes instrumentos de proteção do meio ambiente. A sua essência é preventiva e pode compor uma das etapas do licenciamento ambiental. (...) O conteúdo do estudo também foi trazido pela resolução, que previu a existência de um diagnóstico da situação ambiental presente, antes da implantação do projeto, possibilitando fazer comparações com as alterações ocorridas posteriormente, caso o projeto será aceito. Esse diagnóstico deverá levar em considerações os aspectos ambientais (na larga acepção conceitual que possui). Além disso, será necessário elaborar uma previsão dos eventuais impactos ao meio ambiente, diagnosticando danos potenciais. Feita a previsão, deverá haver a indicação no EIA das medidas que possam ser mitigadoras dos impactos previamente previstos, bem como a elaboração de um programa de acompanhamento e monitoramento destes.

Questão que merece destaque é aquela atividade já instalada em determinado local e que o órgão ambiental vem a exigir o licenciamento mediante a apresentação de licença prévia. A respeito, assim escreve Édis Milaré:[241] "Seu objetivo maior é influir no mérito da decisão administrativa de concessão da licença. Se esta já foi expedida ou mesmo já foi tomada, o EIA perde sua *ratio*, não tendo qualquer valor".

Poder-se-ia afirmar que, já não sendo possível realizar o Estudo Prévio de Impacto Ambiental, ainda assim o Estudo de Impacto Am-

---

[239] SILA, José Afonso da. *Comentário contextual à constituição*. 2. ed., São Paulo: Malheiros, 2006, p. 844.

[240] FIORILLO, Celso Antônio Pacheco. *Curso de Direito ambiental brasileiro*. 7. ed. São Paulo: Saraiva, 2006, p. 83-84.

[241] MILARÉ, Édis. op. cit., p. 450. Escreve ainda o autor: Dado o seu papel de instrumento preventivo de danos, é claro que, para cumprir sua missão, deve ser elaborado antes da decisão administrativa de outorga da licença para a implementação de obras ou atividades com efeito ambiental no meio considerado.

Licenciamento Ambiental

biental seria possível – embora não mais "Prévio". Tal ideia, no entanto, decorre de compreensão equivocada da função de tal instrumento. Com efeito, como afirma Édis Milaré:[242]

> Aí, evidentemente, não mais terá cabimento o EIA, com a liturgia desenhada na Resolução nº 001/86 do CONAMA, certo que, segundo a Constituição, é sempre prévio, mas sim outras espécies de estudos de avaliação destinados a acompanhar ou controlar os possíveis impactos ambientais.

Há quem defenda que dessa forma, a constatação da atividade poluidora deve ser apurada através de outra prova técnica, mas não através do EIA/RIMA.[243] Os tribunais não são unânimes neste aspecto prevalecendo a tese de que não procede a exigência de estudo de impacto ambiental para aquelas atividades já localizadas e instaladas há anos.[244]

Com efeito. O Desembargador Federal Antonio Souza Prudente, do TRF da 1ª Região, à época juiz federal da 6ª Vara Federal do Distrito Federal que laborou no processo envolvendo o IDEC, IBAMA e MONSANTO acerca dos transgênicos,[245] observa com muita proprie-

---

[242] No mesmo sentido, a doutrina é pacífica: MACHADO, Paulo Affonso Leme. *Direito ambiental brasileiro*. 7. ed. São Paulo: Malheiros, 1998, p. 157; BENJAMIM, Antônio Herman Vasconcelos. Os princípios do estudo de impacto ambiental como limites da discricionariedade administrativa. *Revista Forense*, v. 317, jan./mar.1992; BUGALHO, Nelson R. Estudo Prévio de Impacto Ambiental. *Revista de Direito Ambiental*, n. 15, jul./set. 1999, p. 18; OLIVEIRA, Antônio Inagé de Assis. Avaliação de Impacto Ambiental X Estudo de Impacto Ambiental. *Revista de Direito Ambiental*, n. 17, jan./mar. 2000, p. 151.

[243] TJRS, 2.ª Câm. Cív., AgIn n. 597044999, Rel. Des. Arno Werlang, j. 28.04.99.

[244] PROCESSUAL CIVIL. RECURSO ESPECIAL. ADMINISTRATIVO. AÇÃO CIVIL PÚBLICA. PROTEÇÃO AO MEIO AMBIENTE. ESTUDO PRÉVIO DE IMPACTO AMBIENTAL. RELATÓRIO DE IMPACTO AMBIENTAL. DESNECESSIDADE NO CASO CONCRETO. 1. REsp nº 766.236 – PR. Relator: Ministro Francisco Falcão R.P/Acórdão: Ministro Luiz Fux. O Estudo Prévio de Impacto Ambiental revela exigência administrativa que não se coaduna com o funcionamento de empresa instalada há mais de 3 (três) décadas, conjurando, a um só tempo, a evidência do direito e o *periculum in mora* (art. 273 do CPC). 2. Deveras, sobressai carente de prova inequívoca a ação que visa à referida exigência legal instituída após 1 (uma) década da instalação da empresa, por isso que, *in casu*, através de cognição exauriente e no curso da lide, prova técnica, sob contraditório, encerra meio pertinente à aferição da verossimilhança da alegação. 3. É defeso ao juiz, em nome do "poder geral de cautela", deferir medida antecipatória satisfativa, porquanto diversos os requisitos para a concessão da tutela jurisdicionais referidas. É que a tutela cautelar reclama aparência (*fumus boni juris*), e a tutela satisfativa, evidência (prova inequívoca conducente à verossimilhança da alegação). 4. A fungibilidade dos requisitos viola o art. 273 do CPC, tanto mais que, *in casu*, a tutela antecipada visa a estagnação das atividades da empresa, caso não apresente o Estudo Prévio, sendo certo que a atividade resta exercida por 37 (trinta e sete) anos. 5. Recurso Especial provido.

[245] Ação cautelar inominada, Processo nº 1998.34.00.027681-8. O magistrado ainda comenta: Não se pode esquecer que o Estudo de Impacto Ambiental é de suma importância para a execução do princípio da precaução, de modo a tornar possível no mundo real a previsão de possíveis danos ambientais ocasionados pelo descarte de OGM no meio ambiente com todos os riscos já ditos aqui. Antes que sejam todos devorados pela insanidade do século, urge adotar-se medidas de precaução.

dade acerca do rol exemplificativo constante na Resolução nº 001/86 do CONAMA. Segundo o magistrado:

> O EIA não é uma formalidade *de menos*; uma faculdade, arbítrio ou capricho que possa ser dispensada no exame tão delicado das conseqüências do descarte de OGM no meio ambiente. A exigência constitucional não pode ser, evidentemente, limitada por um decreto regulamentador. O art. 225, inciso IV, da Constituição Federal exige, na forma da lei, estudo prévio de impacto ambiental, para instalação de qualquer obra ou atividade potencialmente causadora de significativa degradação do meio ambiente, incluindo-se nesse rol a liberação de organismo geneticamente modificado. Nos termos da Lei nº 6.938/81 e da Resolução nº 237, de 19/12/97, do Conselho nacional do Meio Ambiente (CONAMA), que expressamente exige a licença ambiental em casos de introdução de espécies geneticamente modificadas no meio ambiente.

Ponto relevante a destacar é no tocante à vinculação do estudo e relatório de impacto ambiental ao Gestor. Entendemos que o estudo de impacto ambiental não vincula a administração. Pode esse estudo concluir, por exemplo, que um empreendimento não deve ser implantado e a autoridade administrativa ainda assim conceder a licenciamento solicitado. É claro que o administrador terá de justificar muito bem a sua decisão, demonstrando as razões pelas quais não acatou o estudo científico. Se a licença é concedida, e inicia-se a fase de implantação, é óbvio que, em tese, podem ser causados danos ao meio ambiente. Se tais danos forem provocados, responde o empresário objetivamente, pouco importando se obteve a licença ambiental para exercer a sua atividade.

O estudo de impacto ambiental[246] é um requisito procedimental do ato administrativo de licenciamento ambiental, tendo grande importância para a sua motivação; este estudo contém as razões que devem ser levadas em conta pelo administrador no momento do licenciamento. Como já foi dito, se o administrador diverge da conclusão do estudo de impacto ambiental, ele terá de demonstrar as razões que o levaram a optar por uma solução diversa. É a motivação do ato que, quando em desacordo com a finalidade da norma, abre oportunidade para a impugnação judicial do licenciamento.

---

[246] Segundo relatório sobre o licenciamento ambiental no Brasil, preparado pelo Banco Mundial: "Essa ausência de regras setoriais ou temáticas (por exemplo, sobre compensação social) resulta na obrigação de cada empreendedor de equacionar demandas não derivadas do potencial impacto social ou ambiental direto do empreendimento proposto. São exemplos desse tipo que mostram que o processo de licenciamento ambiental lida com atividades sociais que nada têm a ver com o impacto ambiental per se, tais como: investimentos nos municípios para construção ou asfaltamento de rodovias em áreas distantes do empreendimento e ações sociais voltadas para as populações não atingidas pelo empreendimento, como o fornecimento de cestas básicas para moradores carentes, instalação de postos de saúde e escolas, entre outros." (BANCO MUNDIAL, *Licenciamento ambiental de empreendimentos hidrelétricos no Brasil*: uma contribuição para o debate. Relatório-síntese. 2008, p. 16.)

Trata-se de é um instrumento da política de defesa da qualidade ambiental. Realiza-se mediante um procedimento de direito público, cuja elaboração há que atender a diretrizes estabelecidas na legislação e nas que, em cada caso, forem fixadas pela autoridade competente. O procedimento compreende elementos subjetivos e objetivos. Os primeiros consistem no proponente do projeto, a equipe multidisciplinar e a autoridade competente. Os segundos são a elaboração das diretrizes, os estudos técnicos da situação ambiental, o relatório de impacto ambiental – RIMA e avaliação do órgão competente.

4.4. Acesso ao estudo de impacto ambiental, publicidade dos atos administrativos e audiência pública

Importante assinalar que quando no objeto do empreendimento existir danos significativos, apontados pelos órgãos ambientais à luz das normas ambientais, em especial a resolução do CONAMA nº 01/86, será necessária a apresentação do EIA e RIMA. Apesar de suas grandes limitações, esses instrumentos podem contribuir significativamente para o desenvolvimento do processo democrático, ao oferecer um mínimo de condições de informação, debate e controle público. Aliás, a participação popular no processo de licenciamento ambiental, em especial nas audiências públicas, é tão relevante a ponto de tornar nulo o ato administrativo que licenciar determinada atividade nos casos em que a audiência é obrigatória.

As normas ambientais visando a atender aos princípios que norteiam o licenciamento ambiental possibilitam a participação da sociedade envolvendo o meio ambiente considerando que este é um bem de uso comum do povo.

Neste sentido um dos principais instrumentos de participação popular é a audiência pública. Paulo de Bessa Antunes[247] considera que a audiência pública tem por objetivo prestar as informações necessárias contidas no EIA/RIMA e ao mesmo tempo receber sugestões e críticas para que os gestores saibam qual a opinião da sociedade acerca do objeto e implantação do empreendimento.

As audiências públicas foram regulamentadas pelas Resoluções do CONAMA nº 01/86 e 09/87. O art. 1º da Resolução CONAMA nº 09/87 diz que a audiência pública tem por finalidade expor aos interessados o conteúdo do produto em análise e do seu referido RIMA, dirimindo dúvidas e recolhendo dos presentes as críticas e sugestões a respeito. O

---

[247] ANTUNES, Paulo de Bessa. *Direito ambiental.* 6 ed. Rio de Janeiro: Lumen Juris, 2002.

art. 2º, por sua vez, estabelece que a audiência pública se realizará sempre que julgar necessário o gestor ambiental, ou quando for solicitado por entidade civil, pelo Ministério Público, ou por 50 ou mais cidadãos, o órgão ambiental promoverá a realização de audiência pública.

Neste ponto, Luiz Antonio Abdalla de Moura[248] considera que a audiência pública é realizada com dois objetivos: "Informar o público sobre o projeto e seus impactos, de modo que os interessados (população próxima à empresa e outros) tenham oportunidade de expor suas dúvidas sobre o empreendimento e vê-las esclarecidas. Informar aos responsáveis pela decisão e ao proponente do projeto as expectativas e eventuais objeções do público (para serem consideradas como um dos critérios de decisão)".

Importante assinalar que embora a audiência pública não tenha cunho obrigatório,[249] só será naqueles casos em que a Resolução nº 009/87[250] do CONAMA assim dispor, ou seja, sempre que julgar necessário, ou quando for solicitado por entidade civil, pelo Ministé-

---

[248] MOURA, Luiz Antônio Abdalla de. *Qualidade e gestão ambiental.* 3. ed. São Paulo: Juarez de Oliveira, 2002.

[249] Neste sentido cabe citar a decisão do TRF 4ª Região: Embargos de declaração em APELRE Nº 2001.71.01.001497-1/RS, Rel. Desa. Federal Marga Inge Barth Tessler. DIREITO PROCESSUAL CIVIL. EMBARGOS DECLARATÓRIOS. OMISSÃO EXISTENTE. DESCABIMENTO DOS EFEITOS INFRINGENTES. SENTENÇA ADEQUADA. 1. Deverá ser desentranhada dos autos e devolvida ao ilustre subscritor a peça vertida pelo douto órgão Ministerial Estadual (fls. 302-307), subscrita pelo eminente 1º Promotor de Justiça da Promotoria de Justiça Especializada Dr. Voltaire de Freitas Michel. 2. Não se há de ter uma visão excessivamente burocrática do licenciamento, mas ter os olhos postos na sua nobre finalidade estabelecida constitucionalmente. Segundo Antônio Herman Benjamin (A principiologia do Estudo Prévio de Impacto Ambiental e o controle da discricionariedade administrativa. In: *Estudo Prévio de Impacto Ambiental.* São Paulo: Revista dos Tribunais, 1993, p. 71, 85-86), o Estudo de Impacto Ambiental (EIA) deve ser um documento científico de coleta de dados de variadas fontes preditores de resultados da introdução de novos fatos no ecossistema, avaliando projeto, construção, operação e abandono. Não é mera técnica, mas deve repercutir diretamente no conteúdo e na qualidade da decisão administrativa final. Deve possibilitar um perfeito conhecimento das condições ambientais preexistentes ao empreendimento, das reais dimensões dos impactos, eficácia das medidas preventivas e mitigadoras propostas. Assim, as informações devem ser completas e precisas, e todas as informações devem estar disponíveis antes da outorga da Licença Prévia. 3. *O órgão licenciador não está vinculado às conclusões da audiência pública, na decisão, mas deve levar em consideração, na decisão, as colocações que nela são feitas, a finalidade da participação pública no procedimento apenas é atingida se as manifestações foram fundadas e efetivas. O princípio da participação pública assegura ao cidadão o direito de intervir na tomada da decisão devidamente informado, participação desinformada não é participação e o direito à informação deve ser dar no momento adequado, na profundidade necessária e com clareza suficiente.* 4. Não há efeitos infringentes a agregar, apenas proclamar o parcial provimento do apelo Ministerial para desentranhar dos autos a manifestação (fls. 302-307) subscrita pelo eminente 1º Promotor de Justiça da Promotoria de Justiça Especializada Dr. Voltaire de Freitas Michel, sendo a mesma devolvida ao ilustre subscritor, bem como esclarecer sobre a necessidade da reelaboração do EIAs. (grifo nosso).

[250] RESOLUÇÃO CONAMA nº 9, de 3 de dezembro de 1987, Publicada no DOU, de 5 de julho de 1990. Dispõe sobre a realização de Audiências Públicas no processo de licenciamento ambiental. A resolução embora tenha sido elaborada em 1987 só foi publicada no ano de 1990.

Licenciamento Ambiental

rio Público, ou por 50 (cinquenta) ou mais cidadãos, o órgão de Meio Ambiente promoverá a realização de audiência pública. Inclusive no caso de haver solicitação de audiência pública e na hipótese do órgão ambiental não realizá-la, a licença concedida não terá validade. Tal situação demonstra a relevância deste instituto do processo de licenciamento ambiental que oportuniza aos cidadãos se manifestar acerca de empreendimentos a serem instalados na região.

Também presente no decorrer da audiência pública é a publicidade dos atos de gestão ambiental praticados pelos órgãos ambientais. A publicidade é um dos pilares do estudo de impacto ambiental. A lei federal n° 10.650/2003 em seu art. 1° dispõe sobre o acesso público aos dados e informações ambientais existentes nos órgãos e entidades integrantes do SISNAMA. Esta lei obriga aos órgãos integrantes do SISNAMA, da Administração Pública, seja direta ou indireta, a permitir o acesso público de qualquer indivíduo aos documentos, que tratem de matéria ambiental, independentemente da comprovação de interesse específico, mediante requerimento escrito, no qual assumirá a obrigação de não utilizar as informações colhidas para fins comerciais, sob as penas da lei civil e penal.

Prevê ainda em seu art. 4° que devem ficar disponíveis em local de fácil acesso ao público, listagens e relações de dados referentes a pedidos de licenciamento, sua renovação e concessão. Tal lei veio a contemplar o previsto no artigo 225 e seguintes da Carta Política vigente. Defendemos que todos os atos administrativos praticados pelos gestores nos órgãos ambientais sejam públicos, acessíveis a todo e qualquer cidadão, independente de senha para acesso. A publicização dos atos é a regra, e não a exceção. O RIMA será acessível ao público, assegurado o sigilo industrial, desde que solicitado e demonstrado pelo empreendedor. Note-se que o sigilo não se dá de ofício pela Administração, mas tão somente a pedido do empreendedor.

Carla Amado Gomes[251] chama a atenção quando observa:

> Não deve esquecer-se que a realização da fase da participação constitui, mais do que uma formalidade procedimental, uma condição de validade do acto autorizativo, por apelo ao radical constitucional do artigo 267º, 5, da CRP (hoje reforçado, em sede urbanística, no artigo 65º, 5, da CRP), cuja preterição gera nulidade daquele (*ex vi* o artigo 133º, 2, *d*) do CPA).[252]

---

[251] GOMES, Carla Amado. *Textos dispersos de direito do ambiente (e matérias relacionadas)*. v. II. Lisboa: 2008, p. 309.

[252] J. M. Sérvulo Correia. O direito à audiência prévia e os direitos de participação dos particulares no procedimento e, em especial, na formação da decisão administrativa, in *CCL*, n°s 9/10, 1994, p. 133ss e 156ss. Outros autores têm sustentado esta posição: Vasco Pereira da Silva, Em busca do acto administrativo perdido, Coimbra, 1996, p. 429; DUARTE, David, *Procedimentaliza-*

4.5. Atividades sujeitas ao licenciamento ambiental

A Constituição Federal de 1988, em seu art. 225, deu uma nova dimensão ao conceito de ambiente como bem de uso comum do povo. Insere a função social e a função ambiental da propriedade. Além disso, consagra a ética da solidariedade entre as gerações, pois as gerações presentes não podem e não devem usar o ambiente sob a ótica já ultrapassada felizmente da escassez e da visão mediata, meramente sob o enfoque econômico. Agora as gerações futuras são protegidas pela nova ordem constitucional.

Há quem defenda entre eles Paulo Afonso Leme Machado, acerca da existência de uma responsabilidade ambiental entre gerações:[253]

> O princípio da responsabilidade ambiental entre gerações refere-se a um conceito de economia que conserva o recurso sem esgotá-lo, orientando-se para uma série de princípios. O dano ambiental das emissões e dos lançamentos de rejeitos não deve superar a absorção da parte do próprio meio ambiente. O consumo dos recursos não renováveis deve-se limitar a um nível mínimo. Grandes riscos ambientais, que possam prejudicar outros recursos, devem ser reduzidos numa medida calculável e submetida a contrato de seguro. Esta norma geral, já exigida pela geração atual, causa enormes problemas à ordenação atual da sociedade industrial, orientada para o crescimento contínuo – afirma o Prof. Helmuth Shultze-Fielitz.[254]

A Constituição Federal de 1988 foi a primeira a inserir o Estudo de Impacto Ambiental. O viés a ser buscado pelos Gestores a frente dos órgãos integrantes do SISNAMA é o da precaução.

Conforme bem assinala Jared Diamond:[255]

> O enfrentamento de grandes desafios, mormente na área ambiental, demanda a "coragem de praticar raciocínio de longo prazo, e tomar decisões antecipadas. [...]. Este tipo de tomada de decisão é o oposto da tomada de decisão reativa de curto prazo que muito frequentemente caracteriza nossos políticos". Os princípios da precaução e da prevenção, assimilados à luz da proporcionalidade, prescrevem o fim da tirania do curto-prazo na luta contra os maiores fatores de risco, entre os quais os prejuízos dramáticos à biodiversidade.

Todos estão envolvidos, todos dependem entre si e passam a visibilidade da responsabilidade penal do dano ambiental para outros

---

ção, participação e fundamentação: para uma concretização do princípio da imparcialidade administrativa como parâmetro decisório, Coimbra, 1996, p. 140 e segs.

[253] MACHADO, Paulo Afonso Leme. *Direito ambiental brasileiro*. São Paulo: Malheiros, 2005, p. 124.

[254] SHULTZE-FIELITZ, Helmuth. La protezione dell' ambiente nel Diritto Costituzionale Tedesco. In: *Diritto Ambientale e Costituzione*. A Cura di Domenico Amirante. Milão: Angeli, Franco, 2000, p. 78-79.

[255] DIAMOND, op. cit., p. 560-592.

que não tiveram o cuidado de se estabelecer com uma licença ambiental. Neste sentido oportuno lembrar dados informados por Márcia Elayne Berbich de Moraes,[256] [...] Importante também é lembrar que quatro anos após a publicação da Lei nº 9.605/98, a Folha de São Paulo alerta para o fato de que 40% das 75 mil indústrias paulistas não possuem licença ambiental para operar. Tal fato deve-se a serem estas pequenas empresas que não podem arcar com os custos de licenciamento ambiental. A solução que está sendo encaminhada é a discussão do assunto na Câmara Ambiental da Indústria paulista. Segundo a Secretária Municipal do Meio Ambiente em São Paulo, Stela Goldenstein: "Minha experiência diz que decisões tomadas em câmaras técnicas são mais eficientes do que aquelas impostas pelo poder público, porque representam um consenso dos diversos atores".[257]

Esta é realidade em várias partes do Brasil, não somente em São Paulo. No Rio Grande do Sul existem inúmeras empresas operando sem licença ambiental porque não tem condições de arcar com os seus custos, seja porque desconhecem a sua necessidade ou também porque assumem o risco de operarem sem autorização do órgão ambiental.

O Direito ao ambiente,[258] entre seus vários instrumentos da política de ambiente em vigor no país, tem o estudo de impacto ambiental e o licenciamento ambiental suas principais ferramentas de gestão à disposição dos Gestores à frente dos órgãos de proteção ambiental.

Como já abordamos quando tratamos acerca do princípio da precaução e da prevenção, o licenciamento ambiental é um instrumento de caráter preventivo da tutela do ambiente.

As atividades sujeitas ao licenciamento ambiental estão relacionadas no anexo I da Resolução nº 237/1999 do CONAMA. Trata-se de uma listagem meramente exemplificativa, o que significa que se uma atividade não está contemplada no anexo estará dispensada de um processo de licenciamento. Não. Se a atividade for danosa ao ambiente necessitará de um licenciamento ambiental. Sistematicamen-

---

[256] MORAES, Márcia Elayne Berbich. *A (in) eficiência do direito penal moderno para a tutela do meio ambiente na sociedade de risco (Lei nº 9.605/98)*. Rio de Janeiro: Lumen Juris, 2004, p. 186.

[257] GOLDENSTEIN, Stela. Folha de S. Paulo, 08 mar. 2002. C7.

[258] GOMES CANOTILHO e VITAL MOREIRA concebem o Direito ao ambiente enquanto direito positivo a uma acção do Estado e enquanto direito negativo á abstenção de acções ambientalmente nocivas. Na primeira vertente encontramo-lo consagrado no art. 9º, alínea e, da CRP e no art. 130 R/1 do Tratado da União Européia. Em Portugal, o Direito ao ambiente está consagrado no art. 66 da Constituição, e é considerado um direito fundamental de natureza análoga aos direitos liberdades e garantias, nos termos do art. 17 da Constituição. (*Constituição da República Portuguesa Anotada*. 3. ed. Coimbra: Coimbra Editora, 1993, p. 348).

te os Estados e os Municípios também dispõe de uma listagem das atividades sujeitas ao licenciamento ambiental como, por exemplo, em Curitiba o Decreto nº 1153/2004, que regulamenta os arts. 7º e 9º, da Lei nº 7.833/91, institui o Sistema de Licenciamento Ambiental no Município de Curitiba e dá outras providências.

Em Porto Alegre foi editada a Lei nº 10.360, de 22 de janeiro de 2008, que altera os arts. 8º, 9º, 10, 11, 12, 13, 14 e 17 e Anexos I e II, todos da Lei nº 8.267, de 29 de dezembro de 1998, que dispõe sobre o licenciamento ambiental no Município de Porto Alegre, cria a Taxa de Licenciamento Ambiental, e dá outras providências – e alterações posteriores.

Portanto, os integrantes do SISNAMA em suas diferentes esferas governamentais editam suas regras de modo a contemplar as atividades sujeitas ao licenciamento. Os municípios a partir da Constituição Federal de 1988 passaram a ter um papel de destaque na federação brasileira. O SISNAMA, em vigor desde 1981, já previa que compete aos municípios licenciar as atividades de impacto local. Isto ficou melhor demonstrado na Resolução nº 237/99 do CONAMA. O art. 6º[259] destaca que compete aos municípios licenciar as atividades de impacto local e as que forem delegadas pelos Estados. Os municípios, por sua vez, para realizarem licenciamentos deverão ter uma Secretaria responsável pela proteção ambiental, um Conselho de Meio Ambiente com caráter deliberativo e Fundo de Meio Ambiente, responsável pelos depósitos das taxas de licenciamento e multas administrativas, entre outras fontes de receitas.

Nesta obra buscamos discorrer, desde a construção de um Estado socioambiental e democrático de direito, os direitos e deveres fundamentais inerentes a ele, a questão referente ao desenvolvimento sustentável e o crescimento econômico, onde temos certeza que ambos podem trilhar um viés juntos em prol do ambiente, a questão do poder-dever do Estado em proteger o ambiente e a coletividade também tem sua parcela de responsabilidade, conforme se constata do exame do art. 225, *caput*, da Carta Política vigente.

A concretização por parte dos Gestores do ambiente do interesse público, em especial a afirmação de um interesse público primário,

---

[259] Resolução CONAMA nº 237/97. Art. 6º Compete ao órgão ambiental municipal, ouvidos os órgãos competentes da União, dos Estados e do Distrito Federal, quando couber, o licenciamento ambiental de empreendimentos e atividades de impacto ambiental local e daquelas que lhe forem delegadas pelo Estado por instrumento legal ou convênio. Art. 20. Os entes federados, para exercerem suas competências licenciatórias, deverão ter implementados os Conselhos de Meio Ambiente, com caráter deliberativo e participação social e, ainda, possuir em seus quadros ou a sua disposição profissionais legalmente habilitados.

Licenciamento Ambiental

até onde vai a discricionariedade do Gestor na aplicação das normas em vigor, em especial a exigência de um estudo de impacto ambiental e respectivo relatório, o poder de polícia inerente aos atos administrativos praticados pelos integrantes do SISNAMA, SISEPRA e do COMAM. Além disso, buscou-se também investigar a possibilidade do controle judicial do licenciamento ambiental, a concretização dos princípios constitucionais e por fim, não menos relevante, o processo de licenciamento ambiental propriamente dito, suas peculiaridades com a doutrina pátria, a constitucionalização do estudo de impacto ambiental e relatório de impacto ambiental, que necessariamente os Gestores devem dar publicidade a todos os seus atos, salvo aqueles que detém matéria envolvendo sigilo industrial, por exemplo.

Assim, o ambiente ecologicamente equilibrado e por consequência a dignidade humana são, irrefutavelmente, os pilares sobre os quais se assenta o Estado Socioambiental e Democrático de Direito.

Conclusão

> Se há alguém a quem devemos combater com todas as forças do raciocínio
> é quem, eliminando a ciência, o pensamento claro ou a inteligência,
> a esse preço afirma uma tese qualquer.
>
> *Sócrates, no Diálogo Sofista, de Platão*

A crise ambiental é o resultado do desconhecimento das leis da natureza, que desencadeou no imaginário economicista a ilusão de um crescimento sem limites, de uma produção infinita. A crise ambiental anuncia o fim deste projeto. Remete a uma pergunta sobre o mundo, sobre o ser e o saber. Apreender a complexidade ambiental implica uma nova compreensão do mundo que incorpora aos conhecimentos científicos os "saberes subjugados" (Focault). A atividade econômica não pode ser exercida em desarmonia com os princípios destinados a tornar efetiva a proteção ao ambiente.

A incolumidade do ambiente não pode ser comprometida por interesses empresariais nem ficar dependente de motivações de índole meramente econômica, ainda mais se se tiver presente que a atividade econômica, considerada a disciplina constitucional que a rege, está subordinada, dentre outros princípios gerais, àquele que privilegia a defesa do ambiente, previsto no artigo 170, inciso VI, da Carta Política, que traduz conceito amplo e abrangente das noções de meio ambiente natural, de meio ambiente cultural, de meio ambiente artificial e de meio ambiente laboral.

O problema está em como conciliar o desenvolvimento socioeconômico com a proteção do acervo ambiental, caso em que deve haver uma relevância maior do meio ambiente, por ser condição de existência da própria vida. Questão que merece atenção é o ângulo pelo qual o homem vê o planeta. Nós abusamos da terra considerando-a como um recurso que nos pertence. Pelo contrário, quando a considerarmos como uma comunidade à qual nós pertencemos, podemos começar a tratá-la com respeito e amor.

Afinal não pode haver desenvolvimento econômico sem um desenvolvimento humano que o preceda ou acompanhe. Claro que este desenvolvimento dependerá da qualidade do local onde se vive e da qualidade das atividades humanas que ele convive. Qualquer agressão a essa qualidade, se for em benefício de poucos em detrimento de todos os demais, deve ser rigorosamente recusada, mesmo que fundamentada por necessidades econômicas incontestes.

O comprometimento que a sociedade tem para com o ambiente no tocante aos resultados a serem alcançados é que o realmente importa. Esse comprometimento pode ser alcançado se os indivíduos seguirem um viés superior de equilíbrio e sobriedade.

O direito ao ambiente ecologicamente equilibrado, como pressuposto para a sadia qualidade da vida humana, ganha importância diante do advento da Constituição de 1988, pois passa a ser reconhecido como direito fundamental condição para que o indivíduo se realize como "ser humano". Busca-se um resgate de valores. A dignidade da pessoa humana transforma-se na razão de existência de todos os demais valores.

Diante dessas considerações, é notória a viabilidade da busca pelo equilíbrio entre o crescimento econômico e o desenvolvimento sustentável desde que presentes por parte dos atores envolvidos na gestão ambiental, a consciência da necessidade de preservar os recursos naturais, que muitas vezes o homem esquece a sua finitude. Exemplo disso é a água, considerado por muitos o recurso mais preocupante do século.

Os interesses empresariais devem pautar as suas condutas pelo viés da sustentabilidade, o que, diga-se de passagem, é uma realidade já em nosso país e no exterior.

Desta forma, é essencial fazer-se uma abordagem acerca do poder dever do Estado legitimado pela Carta Política vigente, detentor de poder de polícia a fim de assegurar o cumprimento do interesse público, preferencialmente primário, assegurando assim o ambiente ecologicamente equilibrado.

Traçadas as linhas pelas quais se almeja que as normas em vigor sejam efetivamente cumpridas pelos empreendedores e aplicadas pelos Gestores do ambiente, buscou-se fazer uma abordagem acerca de alguns princípios constitucionais do ambiente sensíveis ao processo de licenciamento ambiental.

Os princípios constitucionais em matéria ambiental, e especial os princípios da prevenção, precaução, publicidade, cooperação e do desenvolvimento sustentável são fundamentais para o êxito do processo de licenciamento ambiental. Os Gestores cada vez mais têm tido a certeza de que para o bom desempenho do SISNAMA faz-se necessário uma estrutura experiente e empenhada com a causa ambiental, sem extremismos de ordem política ou ideológica e com rigorismo técnico, sob o prisma constitucional e infraconstitucional. A legislação ambiental brasileira dá muito orgulho a todos nós brasileiros, mas, todavia falta-lhe efetividade por parte dos órgãos públicos. Por sua vez, a coletividade deve ter presente também que, juntamente com o poder público, tem também responsabilidade para com o ambiente em que vive. Não lhe basta apenas criticar os órgãos públicos. Tem que fazer valer a sua condição de cidadão detentor de um direito fundamental à vida, ao ambiente ecologicamente equilibrado em que cada vez mais é detentor de direitos e deveres fundamentais esculpidos na Carta Política vigente.

Há muito que fazer. Mas também é verdade que muito já foi feito. Em 1981 era editada a Política Nacional de Meio Ambiente. Porto Alegre, que se destaca pela proteção ambiental, também no mesmo ano editava a Lei municipal n° 65/81, que estabelecia a Política de Proteção ao Ambiente de Porto Alegre. Em 1990, era criada a FEPAM, fundação de direito privado responsável pela execução da política ambiental no âmbito estadual. Em 2000, foi um ano que marcou a toda a comunidade ambientalista gaúcha. Foi criada a SEMA – Secretaria Estadual de Meio Ambiente do Estado do Rio Grande do Sul – e aprovado o Código Estadual de Meio Ambiente do Estado do Rio Grande do Sul, Lei estadual n° 11.520.

Também foram editadas inúmeras leis e normas ambientais como a Resolução do CONAMA n° 237/97, que reordenou o licenciamento ambiental pátrio e a Lei federal n° 9.985/2000 que estabeleceu em seu art. 36 a compensação ambiental, ferramenta que busca minimizar na medida do possível o dano ambiental provocado pelo empreendedor.

O processo de licenciamento ambiental se modernizou nos últimos anos, vários órgãos públicos disponibilizam para os interessados pela web o seu acompanhamento e publicam as licenças e autorizações emitidas além das audiências públicas realizadas e a serem realizadas. A participação popular se destaca na gestão ambiental e o princípio da publicidade exerce fundamental importância para o deslinde da *quaestio* ambiental. A Lei federal n° 10.650/2003, que regulamenta a publicidade dos atos do SISNAMA, contemplou o dispositivo constitucional previsto no art. 225, § 1°, inciso IV. Assim todos os atos de gestão ambiental, salvo os que envolvam sigilo, serão publicizados à coletividade. O sigilo cabe lembrar, não se dá de ofício, mas apenas a pedido dos empreendedores.

Enfrentadas as questões mais relevantes para o bom andamento do processo de licenciamento, a busca do equilíbrio entre o crescimento econômico e a sustentabilidade, a atuação do Estado e da coletividade, juntos, em defesa dos recursos naturais e pela busca da concretização do interesse público primário e a questão principiológica, buscou-se abordar o licenciamento ambiental e suas nuances e peculiaridades como a sua natureza jurídica, que segundo alguns autores trata-se de autorização, outros autores defendem a existência de licença e há quem diga que é uma combinação entre licença e autorização. Além disso, torna-se relevante também destacar as atividades sujeitas ao processo de licenciamento ambiental.

Enfim, um novo Direito Ambiental vem se firmando no Estado Brasileiro. Independente e autônomo, capaz de criar normas e direitos e deveres tanto para o Poder Publico como para a coletividade. Buscar-se-á atender ao direito público primário, e não meramente o interesse público do agente político que está governando o País, o Estado ou o Município. Temos uma enorme responsabilidade para com o planeta. Ainda há tempo para equilibrar as forças que regem a natureza e que o ambiente saia vencedor da disputa que tem se dado entre o desenvolvimento econômico e o desenvolvimento sustentável. Temos que acreditar que é possível e trabalhar para isso!

Referências bibliográficas

ALTVATER, E. *O preço da riqueza:* pilhagem ambiental e a nova (des) ordem mundial. São Paulo: UNESP, 1995.

ANDRADE, José Carlos Vieira de. *Os direitos fundamentais na constituição portuguesa de 1976.* Coimbra: Almedina, 1987.

ANGELI, Franco. La protezione dell' ambiente nel Diritto Costituzionale Tedesco. In: *Diritto ambientale e costituzione.* A Cura di Domenico Amirante. Milão: [s.e.], 2000.

ANTUNES, Luis Filipe Colaço. *O procedimento administrativo de avaliação de impacto ambiental.* Coimbra: Almedina, 1998.

ANTUNES, Paulo de Bessa. *Direito ambiental.* 6 ed. Rio de Janeiro: Lumen Juris, 2002.

——. *Direito ambiental.* Rio de Janeiro: Lúmen Júris, 2005.

ARAGÃO, Alexandra. Direito constitucional do ambiente na união européia. In: CANOTILHO, José Joaquim Gomes e LEITE, José Rubens Morato (org.). *Direito constitucional ambiental brasileiro.* São Paulo: Saraiva, 2008, p. 42-43.

ARAGÃO, Alexandre *et al.* Prefácio. In: *Interesses públicos X Interesses privados:* Desconstruindo o Princípio da Supremacia do Interesse Público. Rio de Janeiro: Lúmen Júris, 2005.

ARAGÃO, Maria Alexandra de Sousa. *O princípio do poluidor pagador pedra angular da política comunitária do ambiente.* Coimbra: Coimbra Editora, 1997.

ARISTÓTELES. *A ética.* Tradução de Cássio M. Fonseca. Rio: Tecnoprint, 1965.

ÁVILA, Humberto. *Teoria dos princípios.* Paulo: Malheiros, 2003.

AYALA, Patryck de Araújo. O princípio da precaução e a proteção jurídica da fauna brasileira. *Revista de Direito Ambiental,* v. 39, n. 147, 2005.

BENJAMIM, Antônio Herman Vasconcelos. Os princípios do estudo de impacto ambiental como limites da discricionariedade administrativa. *Revista Forense,* v. 317, jan./mar.1992.

BOBBIO, Norberto *Teoria do ordenamento jurídico.* Trad. Maria Celeste Cordeiro Leite dos Santos. Brasília: Editora UNB, 1997.

BRUNO, Giordano. *Sobre o infinito, o universo e os mundos.* 2.ed. São Paulo: Abril Cultural, 1978.

BRÜSEKE, Franz Josef. Pressão modernizante, Estado territorial e sustentabilidade. In: CAVALCANTI, Clóvis (org.). *Meio Ambiente, desenvolvimento sustentável e políticas públicas.* São Paulo: Cortez; Recife: Fundação Joaquim Nabuco, 1997.

BUGALHO, Nelson R. Estudo prévio de impacto ambiental. *Revista de Direito Ambiental,* n. 15, jul./set. 1999.

CANOTILHO, José Joaquim Gomes e MOREIRA, Vital. *Constituição da república portuguesa anotada.* 3. ed. Coimbra: Coimbra Editora, 1993.

——. *Direito constitucional e teoria da constituição.* 4. ed. Coimbra: Almedina, 2000.

CAPPELLI, Silvia. O estudo de impacto ambiental na realidade brasileira. *Revista do Ministério Público do Estado do Rio Grande do Sul,* Porto Alegre, n. 27, p. 54, 1992.

CARRERA, Francisco. *Cidade sustentável:* utopia ou realidade? Rio de Janeiro: Lúmen Juris, 2005.

CARVALHO FILHO, José dos Santos. *Manual de direito administrativo*. Rio de Janeiro: Lumen Juris, 2005.

COELHO, Paulo Magalhães da Costa. *Controle jurisdicional da administração pública*. São Paulo: Saraiva, 2002.

COMTE-SPONVILLE, André *Pequeno tratado das grandes virtudes*. São Paulo: Martins Fontes, 1999.

CUSTÓDIO, Helita Barreira. *Direito ambiental e questões jurídicas relevantes*. Campinas/São Paulo: Millennium editora, 2005.

DERANI, Cristiane. *Direito ambiental econômico*. 2. ed. São Paulo: Max Limonad, 2001.

——. *Direito ambiental econômico*. São Paulo: Max Limonad, 1997.

DESPAX, Michel. *Droit del environnement*. Paris: Litec, 1980. p. 160.

DI PIETRO, Maria Sylvia Zanella. *Discricionariedade administrativa na Constituição de 1988*. São Paulo: Editora Atlas, 2001.

DIAMOND, Jared. *Colapso:* como as sociedades escolhem o fracasso ou o sucesso. Rio de Janeiro: Record, 2009.

DIAS, Eduardo Rocha. *Sanções administrativas aplicáveis a licitantes e contratados*. São Paulo: Dialética, 1997.

ESSER, Josef. *Grundsatz und Norm in der richterlichen Fortbildung des privatrechts*. 4. tir. p. 51. Apud ÁVILA, Humberto *Teoria dos Princípios* – da definição à aplicação dos princípios jurídicos. São Paulo: Malheiros, 2009.

FAGUNDES, Miguel Seabra. *O controle dos atos administrativos pelo poder judiciário*. Rio de Janeiro: Forense, 2005.

FALOMO, Luca M. L'incidenza del trattato di maastricht sul diritto comunitário ambientale. *Rivista di Diritto Europeo*, n. 3, lug./set. 1992. p. 598.

FENSTERSEIFER, Tiago. *A dimensão ecológica da dignidade humana:* as projeções normativas do direito (e dever) fundamental ao ambiente no Estado Socioambiental de Direito. PUCRS: Porto Alegre, 2007. Dissertação (Mestrado em Direito), Faculdade de Direito, Pontifícia Universidade Católica do Rio grande do Sul, 2007.

FERRARI, Maria Macedo Nery. *Direito municipal*. São Paulo: RT, 2005.

FERRAZ, Antonio Augusto Mello de Camargo. *Ministério público:* instituição e processo. São Paulo: Atlas, 1997.

FERRAZ, Luciano. Concurso público e direito a nomeação. In: MOTTA, Fabrício (coord.). *Concurso público e Constituição*. Belo Horizonte: Fórum, 2007.

FIGUEIREDO, Lucia Valle. *Curso de direito administrativo*. São Paulo: Malheiros, 1994.

FINK, Daniel Roberto. *Aspectos jurídicos do licenciamento ambiental*. 2. ed. Rio de Janeiro: Forense, 2003.

FIORILLO, Celso Antônio Pacheco. *Curso de direito ambiental brasileiro*. 7. ed. São Paulo: Saraiva, 2006.

——. *Curso de direito ambiental*. São Paulo: Saraiva, 2005.

FISCHER, Douglas. *Delinqüência econômica e estado social e democrático de direito* – uma teoria à luz da constituição. Porto Alegre: Verbo Jurídico, 2006.

FRANZON, S. Direito à informação ambiental. *R. Spei*, Curitiba, v. 4, n. 1, p. 31-38, jan./jul. 2003.

FREESTONE, David. Maastricht Treaty – implications for european environmental law. *European environmental Law Review*, v. 1, june 1992.

FREITAS, Juarez. *Discricionariedade administrativa e o direito fundamental à boa administração pública*. São Paulo: Malheiros, 2007.

——. *O controle dos atos administrativos e os princípios fundamentais*. São Paulo: Malheiros, 2004.

GASPARINI, Diógenes. *Direito administrativo*. São Paulo: Saraiva, 2006.

GAVIÃO FILHO, A.P. *Direito fundamental ao ambiente*. Porto Alegre: Livraria do Advogado, 2005.

GIALDINO, Carlos Curti. Attività della comunità europee normativa internazionale e legislazione straniera. In: Impresa, Ambiente e Pubblica Amministrazione. *Rivista di Studi Giuridici, Economici e dell' Ambiente*, v. 4-6, Giufrè, 1982.

GIANNINI, Massimo Severo. *Diritto amministrativo*. Milano: Giuffré, 1988.

——. *Legge generale sui procedimento e moralizzazione amministrativa*. Onore, 1988, v.3, p. 3-11.

GOMES, Carla Amado. *Textos dispersos de direito do ambiente* (e matérias relacionadas). v. II. Lisboa: 2008.

GOMES, J. J. *Fundamentos da constituição*: Coimbra, Coimbra Editora, 1991.

GOMES, Luis Roberto. *O Ministério Público e o controle de omissão administrativa*. Rio de Janeiro: Forense Universitária, 2003.

GOULET, Denis A. *Ética do desenvolvimento*. São Paulo: Livraria Duas Cidades, 1996.

GRANZIERA, Maria Luiza Machado. *Direito ambiental*. São Paulo: Atlas, 2009.

GRAU, Eros Roberto. *A ordem econômica na constituição de 1988:* integração e crítica. São Paulo: Revista dos Tribunais, 1990.

JUSTEN FILHO, Marçal. *Curso de direito administrativo*. 4. ed. São Paulo: Saraiva, 2009.

KRELL, Andreas J. *Discricionariedade administrativa e proteção ambiental*: o controle dos conceitos jurídicos indeterminados e a competência dos órgãos ambientais: um estudo comparado. Porto Alegre: Livraria do Advogado, 2004.

——. Licença ou autorização ambiental? Muita discussão em torno de um falso dilema. *Revista de Direito Ambiental*, n. 49, p. 55-72, 2008.

LEFF, Enrique. Sociologia y ambiente: sobre el concepto de racionalidad ambiental y las transformaciones Del conocimiento. In: VIEIRA, P. F. & MAIMON, D. (orgs). *As ciências sociais e a questão ambiental:* rumo à interdisciplinaridade. Rio de Janeiro: Aped/Naea, 1993.

——.*Saber ambiental*. Sustentabilidade, racionalidade, complexidade, poder. Rio de Janeiro: Vozes, 2009.

LEITE, José Rubens Morato. *Dano ambiental:* as dimensões do dano ambiental no direito brasileiro. Porto Alegre. Livraria do Advogado, 2004.

LEONTIEF, W., A.P. Carter, e P. Petri (1977). *The Future of the World Economy*. New York: Oxford University Press, 1977

MACHADO, Auro de Quadros. Transgênicos: é melhor prevenir do que remediar... *Revista Agroecologia e Desenvolvimento Rural Sustentável*. Porto Alegre, v.1, nº 3, jul/set 2000.

MACHADO, Paulo Affonso Leme. *Direito ambiental brasileiro*. 7. ed. São Paulo: Malheiros, 1998, p. 157.

——. *Direito ambiental brasileiro*. São Paulo: Malheiros, 2005.

——. *Regulamentação de estudo de impacto ambiental*. Porto Alegre: Mercado Aberto, 1986.

MALISKA, Marcos Augusto. *Estado e século XXI*. A integração sob a ótica do Direito Constitucional. Rio de Janeiro: Renovar, 2006.

MARES, Carlos Frederico. Introdução do Direito Socioambiental. In: LIMA, André (Org.). *O Direito para o Brasil Socioambiental*. Porto Alegre: Sérgio Antônio Fabris Editor, 2002. p. 38.

MARINHO, Josaphat. *Sociedade e estado no Brasil na transição de século*. Brasília: Centro Gráfico do Senado Federal, 1995.

MARINONI, L. G. *Tutela inibitória*: (individual e coletiva). São Paulo: Revista dos Tribunais, 2000.

MARTINS, Ricardo M. Regime jurídico da licença ambiental. Revista de Direito Ambiental nº 40, 2005, p. 189, com referência à lição de Carlos A. Sundfeld (Licenças e autorizações no direito administrativo. *Revista Trimestral de Direito Público*, São Paulo, Malheiros, n. 3, p. 66-72, 1993.

MEDAUAR, Odete. *O Direito administrativo moderno*. São Paulo: Revista dos Tribunais, 2001.

MEDEIROS, F.L.F. *Meio ambiente*: direito e dever fundamental. Porto Alegre: Livraria do Advogado, 2004

MEIRELLES, Hely Lopes. *Direito administrativo brasileiro*. 32. ed. atual. São Paulo: Malheiros, 2006.

Licenciamento Ambiental

——. *Direito administrativo brasileiro.* São Paulo: Malheiros. 1994.

MELLO, Celso Antônio Bandeira de. Funções do tribunal de contas. *Revista de Direito Público,* São Paulo, n.72, 1983.

——. *Curso de direito administrativo.* 13. ed. São Paulo: Malheiros, 2001.

——. *Curso de direito administrativo.* 25. ed. São Paulo: Malheiros, 2008.

MENDES, Gilmar. *Desenvolvimento sustentável deve seguir princípios da Constituição.* Disponível em: <http://www.cnj.jus.br/index.php?option=com_content&view=article&id=9337:desenvolvimento-sustentavel-deve-seguir-principios-da-constituicao-diz-presidente-do-cnj-&catid=1:notas&Itemid=675>. Acesso em: 16 jul. 2010.

MILARÉ, Édis. *Direito do ambiente.* Doutrina – jurisprudência – glossário. São Paulo: Revista dos Tribunais, 2004.

——. *Direito do ambiente.* São Paulo: Malheiros, 2003.

MIRANDA, Jorge. Direito natural. *Caderno verde* – Comunicação e Educação Ambiental, n. 33, Lisboa, 1996.

MOLINARO, Carlos Alberto. *Direito ambiental:* Proibição de retrocesso. Porto Alegre: Livraria do Advogado, 2007.

MORAES, Márcia Elayne Berbich. *A (in) eficiência do direito penal moderno para a tutela do meio ambiente na sociedade de risco* (lei n° 9.605/98). Rio de Janeiro: Lumen Juris, 2004.

MOREIRA NETO, Diogo de Figueiredo. *Legitimidade e discricionariedade.* Novas reflexões sobre os limites e controle a discricionariedade. Rio de Janeiro: Forense, 2002.

NABAIS, José Casalta. *O dever fundamental de pagar impostos.* Coleção Teses. Coimbra: Almedina, 1998.

OLIVEIRA, Antônio Inagé de Assis. Avaliação de impacto ambiental X estudo de impacto ambiental. *Revista de Direito Ambiental,* n. 17, jan./mar. 2000.

——. *Introdução à legislação ambiental brasileira e licenciamento ambiental.* Rio de Janeiro: Lumen Juris, 2005.

OST, François. *A natureza à margem da lei.* A ecologia à prova do direito. Lisboa: Instituto Piaget, 1995.

PEPPER, David. *Ambientalismo moderno.* São Paulo: Livraria duas Cidades, 1966.

POSTIGLIONE, Amedeo. Manuale dell'ambiente – guida allá legilazione ambientale. *La Nuova Itália Scientifica-NIS,* Roma, 1986, p. 16-18.

——. *Vers um droit de lenvironnement renouvelé. Cahiers du Conseil Constitutionnel* – La constitution et Lenvironnement n. 15, 2003. Disponível em: <http://www.conseil-constitutionnel.fr/cahiers/ccc15/env2.htm>. Acesso em: 15 set. 2010.

REHBINDER, Eckard. *Los princípios del derecho ambiental en la Republica Federal Alemana.* Ambiente y Futuro. Buenos Aires: Fundacion Maliba, 1987

REVISTA DA FACULDADE DE DIREITO DA UNIVERSIDADE DE LISBOA. Coimbra, Coimbra Editora, 2004. p. 1138.

REVISTA DE DIREITO AMBIENTAL, São Paulo, n. 27, jul./set. 2002.

——. São Paulo, n. 5, p. 185-193, jan./mar. 1997.

REY MARCOS, Francisco. La dimension Ambiental em las Relaciones Internacionales. *Anuário C.I.P.,* Madrid, 1992.

ROUSSEAU, Jean Jacques. *Do contrato social.* Os Pensadores. vol. XXIV. São Paulo: Victor Civitas, 1973.

SACHS, Ignacy. *Ecodesenvolvimento crescer sem destruir.* São Paulo: Revista dos Tribunais, 1986. p. 135.

SALVATORE, Patti. AMBIENTE (Tutela civilística). In: *Dizionari del diritto privato* – Diritto Civile, Milano: Giuffrè, v. 1, 1980, p. 31.

SAMPAIO, José Adércio Leite. *Princípios de direito ambiental.* Minas Gerais: Del Rey, 2003.

SARLET, Ingo Wolfgang. *A Eficácia dos direitos fundamentais.* 5. ed. Porto Alegre: Livraria do Advogado, 2007.

SCHIER, Adriana da Costa R. *A participação popular na administração pública o direito de reclamação.* São Paulo: Renovar, 2002.

SILVA, Geraldo Eulálio Nascimento e. *Direito ambiental internacional.* 2 ed. Rio de Janeiro: Thex, Biblioteca Estácio de Sá, 2002.

SILVA, José Afonso da. *Comentário contextual à constituição.* 2. ed., São Paulo: Malheiros, 2006, p. 844.

SILVA, José Afonso da. *Direito ambiental constitucional.* São Paulo. Malheiros, 2003.

TÁCITO, Caio. *Direito administrativo.* São Paulo: Saraiva, 1975.

TEIXEIRA, Orci Paulino Bretanha. *O direito ao meio ambiente ecologicamente equilibrado como direito fundamental.* Porto Alegre: Livraria do Advogado, 2006.

TESSLER, Luciane Gonçalves. *Tutelas jurisdicionais do meio ambiente. Tutela inibitória, tutela de remoção, tutela do ressarcimento na forma específica.* Coleção temas atuais de direito processual civil, volume 9. São Paulo: Editora Revista dos Tribunais. 2004.

TIEZZI, E. *Tempos históricos, tempos biológicos:* a Terra ou a morte – os problemas da nova ecologia. São Paulo: Nobel, 1988.

VIOLA, E. J. LEIS, H. R. Desordem global da biosfera e a nova ordem internacional: o papel organizador do ecologismo. In: LEIS, H. R (org.). *Ecologia e política mundial.* Rio de Janeiro: Vozes, 1991.

WOLD, Chris. *Introdução ao estudo dos princípios de direito internacional.* Minas Gerais: Del Rey, 2003.

Anexos

CONSTITUIÇÃO FEDERAL

Capítulo VI
DO MEIO AMBIENTE

Art. 225. Todos têm direito ao meio ambiente ecologicamente equilibrado, bem de uso comum do povo e essencial à sadia qualidade de vida, impondo-se ao Poder Público e à coletividade o dever de defendê-lo e preservá-lo para as presentes e futuras gerações.

§ 1º Para assegurar a efetividade desse direito, incumbe ao Poder Público:

I – preservar e restaurar os processos ecológicos essenciais e prover o manejo ecológico das espécies e ecossistemas;

II – preservar a diversidade e a integridade do patrimônio genético do País e fiscalizar as entidades dedicadas à pesquisa e manipulação de material genético;

III – definir, em todas as unidades da Federação, espaços territoriais e seus componentes a serem especialmente protegidos, sendo a alteração e a supressão permitidas somente através de lei, vedada qualquer utilização que comprometa a integridade dos atributos que justifiquem sua proteção;

IV – exigir, na forma da lei, para instalação de obra ou atividade potencialmente causadora de significativa degradação do meio ambiente, estudo prévio de impacto ambiental, a que se dará publicidade;

V – controlar a produção, a comercialização e o emprego de técnicas, métodos e substâncias que comportem risco para a vida, a qualidade de vida e o meio ambiente;

VI – promover a educação ambiental em todos os níveis de ensino e a conscientização pública para a preservação do meio ambiente;

VII – proteger a fauna e a flora, vedadas, na forma da lei, as práticas que coloquem em risco sua função ecológica, provoquem a extinção de espécies ou submetam os animais a crueldade.

§ 2º Aquele que explorar recursos minerais fica obrigado a recuperar o meio ambiente degradado, de acordo com solução técnica exigida pelo órgão público competente, na forma da lei.

§ 3º As condutas e atividades consideradas lesivas ao meio ambiente sujeitarão os infratores, pessoas físicas ou jurídicas, a sanções penais e administrativas, independentemente da obrigação de reparar os danos causados.

§ 4º A Floresta Amazônica brasileira, a Mata Atlântica, a Serra do Mar, o Pantanal Mato-Grossense e a Zona Costeira são patrimônio nacional, e sua utilização far-se-á, na forma da lei, dentro de condições que assegurem a preservação do meio ambiente, inclusive quanto ao uso dos recursos naturais.

§ 5º São indisponíveis as terras devolutas ou arrecadadas pelos Estados, por ações discriminatórias, necessárias à proteção dos ecossistemas naturais.

§ 6º As usinas que operem com reator nuclear deverão ter sua localização definida em lei federal, sem o que não poderão ser instaladas.

LEI COMPLEMENTAR Nº 140,
de 8 de dezembro de 2011

Fixa normas, nos termos dos incisos III, VI e VII do *caput* e do parágrafo único do art. 23 da Constituição Federal, para a cooperação entre a União, os Estados, o Distrito Federal e os Municípios nas ações administrativas decorrentes do exercício da competência comum relativas à proteção das paisagens naturais notáveis, à proteção do meio ambiente, ao combate à poluição em qualquer de suas formas e à preservação das florestas, da fauna e da flora; e altera a Lei nº 6.938, de 31 de agosto de 1981.

A PRESIDENTA DA REPÚBLICA Faço saber que o Congresso Nacional decreta e eu sanciono a seguinte Lei Complementar:

Capítulo I
DISPOSIÇÕES GERAIS

Art. 1º Esta Lei Complementar fixa normas, nos termos dos incisos III, VI e VII do *caput* e do parágrafo único do art. 23 da Constituição Federal, para a cooperação entre a União, os Estados, o Distrito Federal e os Municípios nas ações administrativas decorrentes do exercício da competência comum relativas à proteção das paisagens naturais notáveis, à proteção do meio ambiente, ao combate à poluição em qualquer de suas formas e à preservação das florestas, da fauna e da flora.

Art. 2º Para os fins desta Lei Complementar, consideram-se:

I – licenciamento ambiental: o procedimento administrativo destinado a licenciar atividades ou empreendimentos utilizadores de recursos ambientais, efetiva ou potencialmente poluidores ou capazes, sob qualquer forma, de causar degradação ambiental;

II – atuação supletiva: ação do ente da Federação que se substitui ao ente federativo originariamente detentor das atribuições, nas hipóteses definidas nesta Lei Complementar;

III – atuação subsidiária: ação do ente da Federação que visa a auxiliar no desempenho das atribuições decorrentes das competências comuns, quando solicitado pelo ente federativo originariamente detentor das atribuições definidas nesta Lei Complementar.

Art. 3º Constituem objetivos fundamentais da União, dos Estados, do Distrito Federal e dos Municípios, no exercício da competência comum a que se refere esta Lei Complementar:

I – proteger, defender e conservar o meio ambiente ecologicamente equilibrado, promovendo gestão descentralizada, democrática e eficiente;

II – garantir o equilíbrio do desenvolvimento socioeconômico com a proteção do meio ambiente, observando a dignidade da pessoa humana, a erradicação da pobreza e a redução das desigualdades sociais e regionais;

III – harmonizar as políticas e ações administrativas para evitar a sobreposição de atuação entre os entes federativos, de forma a evitar conflitos de atribuições e garantir uma atuação administrativa eficiente;

IV – garantir a uniformidade da política ambiental para todo o País, respeitadas as peculiaridades regionais e locais.

Capítulo II
DOS INSTRUMENTOS DE COOPERAÇÃO

Art. 4º Os entes federativos podem valer-se, entre outros, dos seguintes instrumentos de cooperação institucional:

I – consórcios públicos, nos termos da legislação em vigor;

II – convênios, acordos de cooperação técnica e outros instrumentos similares com órgãos e entidades do Poder Público, respeitado o art. 241 da Constituição Federal;

III – Comissão Tripartite Nacional, Comissões Tripartites Estaduais e Comissão Bipartite do Distrito Federal;

IV – fundos públicos e privados e outros instrumentos econômicos;

V – delegação de atribuições de um ente federativo a outro, respeitados os requisitos previstos nesta Lei Complementar;

VI – delegação da execução de ações administrativas de um ente federativo a outro, respeitados os requisitos previstos nesta Lei Complementar.

§ 1º Os instrumentos mencionados no inciso II do *caput* podem ser firmados com prazo indeterminado.

§ 2º A Comissão Tripartite Nacional será formada, paritariamente, por representantes dos Poderes Executivos da União, dos Estados, do Distrito Federal e dos Municípios, com o objetivo de fomentar a gestão ambiental compartilhada e descentralizada entre os entes federativos.

§ 3º As Comissões Tripartites Estaduais serão formadas, paritariamente, por representantes dos Poderes Executivos da União, dos Estados e dos Municípios, com o objetivo de fomentar a gestão ambiental compartilhada e descentralizada entre os entes federativos.

§ 4º A Comissão Bipartite do Distrito Federal será formada, paritariamente, por representantes dos Poderes Executivos da União e do Distrito Federal, com o objetivo de fomentar a gestão ambiental compartilhada e descentralizada entre esses entes federativos.

§ 5º As Comissões Tripartites e a Comissão Bipartite do Distrito Federal terão sua organização e funcionamento regidos pelos respectivos regimentos internos.

Art. 5º O ente federativo poderá delegar, mediante convênio, a execução de ações administrativas a ele atribuídas nesta Lei Complementar, desde que o ente destinatário da delegação disponha de órgão ambiental capacitado a executar as ações administrativas a serem delegadas e de conselho de meio ambiente.

Parágrafo único. Considera-se órgão ambiental capacitado, para os efeitos do disposto no caput, aquele que possui técnicos próprios ou em consórcio, devidamente habilitados e em número compatível com a demanda das ações administrativas a serem delegadas.

Capítulo III
DAS AÇÕES DE COOPERAÇÃO

Art. 6º As ações de cooperação entre a União, os Estados, o Distrito Federal e os Municípios deverão ser desenvolvidas de modo a atingir os objetivos previstos no art. 3º e a garantir o desenvolvimento sustentável, harmonizando e integrando todas as políticas governamentais.

Art. 7º São ações administrativas da União:

I – formular, executar e fazer cumprir, em âmbito nacional, a Política Nacional do Meio Ambiente;

Licenciamento Ambiental **139**

II – exercer a gestão dos recursos ambientais no âmbito de suas atribuições;

III – promover ações relacionadas à Política Nacional do Meio Ambiente nos âmbitos nacional e internacional;

IV – promover a integração de programas e ações de órgãos e entidades da administração pública da União, dos Estados, do Distrito Federal e dos Municípios, relacionados à proteção e à gestão ambiental;

V – articular a cooperação técnica, científica e financeira, em apoio à Política Nacional do Meio Ambiente;

VI – promover o desenvolvimento de estudos e pesquisas direcionados à proteção e à gestão ambiental, divulgando os resultados obtidos;

VII – promover a articulação da Política Nacional do Meio Ambiente com as de Recursos Hídricos, Desenvolvimento Regional, Ordenamento Territorial e outras;

VIII – organizar e manter, com a colaboração dos órgãos e entidades da administração pública dos Estados, do Distrito Federal e dos Municípios, o Sistema Nacional de Informação sobre Meio Ambiente (Sinima);

IX – elaborar o zoneamento ambiental de âmbito nacional e regional;

X – definir espaços territoriais e seus componentes a serem especialmente protegidos;

XI – promover e orientar a educação ambiental em todos os níveis de ensino e a conscientização pública para a proteção do meio ambiente;

XII – controlar a produção, a comercialização e o emprego de técnicas, métodos e substâncias que comportem risco para a vida, a qualidade de vida e o meio ambiente, na forma da lei;

XIII – exercer o controle e fiscalizar as atividades e empreendimentos cuja atribuição para licenciar ou autorizar, ambientalmente, for cometida à União;

XIV – promover o licenciamento ambiental de empreendimentos e atividades:

a) localizados ou desenvolvidos conjuntamente no Brasil e em país limítrofe;

b) localizados ou desenvolvidos no mar territorial, na plataforma continental ou na zona econômica exclusiva;

c) localizados ou desenvolvidos em terras indígenas;

d) localizados ou desenvolvidos em unidades de conservação instituídas pela União, exceto em Áreas de Proteção Ambiental (APAs);

e) localizados ou desenvolvidos em 2 (dois) ou mais Estados;

f) de caráter militar, excetuando-se do licenciamento ambiental, nos termos de ato do Poder Executivo, aqueles previstos no preparo e emprego das Forças Armadas, conforme disposto na Lei Complementar n.º 97, de 9 de junho de 1999;

g) destinados a pesquisar, lavrar, produzir, beneficiar, transportar, armazenar e dispor material radioativo, em qualquer estágio, ou que utilizem energia nuclear em qualquer de suas formas e aplicações, mediante parecer da Comissão Nacional de Energia Nuclear (Cnen); ou

h) que atendam tipologia estabelecida por ato do Poder Executivo, a partir de proposição da Comissão Tripartite Nacional, assegurada a participação de um membro do Conselho Nacional do Meio Ambiente (CONAMA), e considerados os critérios de porte, potencial poluidor e natureza da atividade ou empreendimento;

XV – aprovar o manejo e a supressão de vegetação, de florestas e formações sucessoras em:

a) florestas públicas federais, terras devolutas federais ou unidades de conservação instituídas pela União, exceto em APAs; e

b) atividades ou empreendimentos licenciados ou autorizados, ambientalmente, pela União;

XVI – elaborar a relação de espécies da fauna e da flora ameaçadas de extinção e de espécies sobre-explotadas no território nacional, mediante laudos e estudos técnico-científicos, fomentando as atividades que conservem essas espécies *in situ*;

XVII – controlar a introdução no País de espécies exóticas potencialmente invasoras que possam ameaçar os ecossistemas, *habitats* e espécies nativas;

XVIII – aprovar a liberação de exemplares de espécie exótica da fauna e da flora em ecossistemas naturais frágeis ou protegidos;

XIX – controlar a exportação de componentes da biodiversidade brasileira na forma de espécimes silvestres da flora, micro-organismos e da fauna, partes ou produtos deles derivados;

XX – controlar a apanha de espécimes da fauna silvestre, ovos e larvas;

XXI – proteger a fauna migratória e as espécies inseridas na relação prevista no inciso XVI;

XXII – exercer o controle ambiental da pesca em âmbito nacional ou regional;

XXIII – gerir o patrimônio genético e o acesso ao conhecimento tradicional associado, respeitadas as atribuições setoriais;

XXIV – exercer o controle ambiental sobre o transporte marítimo de produtos perigosos; e

XXV – exercer o controle ambiental sobre o transporte interestadual, fluvial ou terrestre, de produtos perigosos.

Parágrafo único. O licenciamento dos empreendimentos cuja localização compreenda concomitantemente áreas das faixas terrestre e marítima da zona costeira será de atribuição da União exclusivamente nos casos previstos em tipologia estabelecida por ato do Poder Executivo, a partir de proposição da Comissão Tripartite Nacional, assegurada a participação de um membro do Conselho Nacional do Meio Ambiente (CONAMA) e considerados os critérios de porte, potencial poluidor e natureza da atividade ou empreendimento.

Art. 8º São ações administrativas dos Estados:

I – executar e fazer cumprir, em âmbito estadual, a Política Nacional do Meio Ambiente e demais políticas nacionais relacionadas à proteção ambiental;

II – exercer a gestão dos recursos ambientais no âmbito de suas atribuições;

III – formular, executar e fazer cumprir, em âmbito estadual, a Política Estadual de Meio Ambiente;

IV – promover, no âmbito estadual, a integração de programas e ações de órgãos e entidades da administração pública da União, dos Estados, do Distrito Federal e dos Municípios, relacionados à proteção e à gestão ambiental;

V – articular a cooperação técnica, científica e financeira, em apoio às Políticas Nacional e Estadual de Meio Ambiente;

VI – promover o desenvolvimento de estudos e pesquisas direcionados à proteção e à gestão ambiental, divulgando os resultados obtidos;

VII – organizar e manter, com a colaboração dos órgãos municipais competentes, o Sistema Estadual de Informações sobre Meio Ambiente;

VIII – prestar informações à União para a formação e atualização do Sinima;

IX – elaborar o zoneamento ambiental de âmbito estadual, em conformidade com os zoneamentos de âmbito nacional e regional;

X – definir espaços territoriais e seus componentes a serem especialmente protegidos;

XI – promover e orientar a educação ambiental em todos os níveis de ensino e a conscientização pública para a proteção do meio ambiente;

XII – controlar a produção, a comercialização e o emprego de técnicas, métodos e substâncias que comportem risco para a vida, a qualidade de vida e o meio ambiente, na forma da lei;

Licenciamento Ambiental **141**

XIII – exercer o controle e fiscalizar as atividades e empreendimentos cuja atribuição para licenciar ou autorizar, ambientalmente, for cometida aos Estados;

XIV – promover o licenciamento ambiental de atividades ou empreendimentos utilizadores de recursos ambientais, efetiva ou potencialmente poluidores ou capazes, sob qualquer forma, de causar degradação ambiental, ressalvado o disposto nos arts. 7º e 9º;

XV – promover o licenciamento ambiental de atividades ou empreendimentos localizados ou desenvolvidos em unidades de conservação instituídas pelo Estado, exceto em Áreas de Proteção Ambiental (APAs);

XVI – aprovar o manejo e a supressão de vegetação, de florestas e formações sucessoras em:

a) florestas públicas estaduais ou unidades de conservação do Estado, exceto em Áreas de Proteção Ambiental (APAs);

b) imóveis rurais, observadas as atribuições previstas no inciso XV do art. 7º; e

c) atividades ou empreendimentos licenciados ou autorizados, ambientalmente, pelo Estado;

XVII – elaborar a relação de espécies da fauna e da flora ameaçadas de extinção no respectivo território, mediante laudos e estudos técnico-científicos, fomentando as atividades que conservem essas espécies *in situ*;

XVIII – controlar a apanha de espécimes da fauna silvestre, ovos e larvas destinadas à implantação de criadouros e à pesquisa científica, ressalvado o disposto no inciso XX do art. 7º;

XIX – aprovar o funcionamento de criadouros da fauna silvestre;

XX – exercer o controle ambiental da pesca em âmbito estadual; e

XXI – exercer o controle ambiental do transporte fluvial e terrestre de produtos perigosos, ressalvado o disposto no inciso XXV do art. 7º.

Art. 9º São ações administrativas dos Municípios:

I – executar e fazer cumprir, em âmbito municipal, as Políticas Nacional e Estadual de Meio Ambiente e demais políticas nacionais e estaduais relacionadas à proteção do meio ambiente;

II – exercer a gestão dos recursos ambientais no âmbito de suas atribuições;

III – formular, executar e fazer cumprir a Política Municipal de Meio Ambiente;

IV – promover, no Município, a integração de programas e ações de órgãos e entidades da administração pública federal, estadual e municipal, relacionados à proteção e à gestão ambiental;

V – articular a cooperação técnica, científica e financeira, em apoio às Políticas Nacional, Estadual e Municipal de Meio Ambiente;

VI – promover o desenvolvimento de estudos e pesquisas direcionados à proteção e à gestão ambiental, divulgando os resultados obtidos;

VII – organizar e manter o Sistema Municipal de Informações sobre Meio Ambiente;

VIII – prestar informações aos Estados e à União para a formação e atualização dos Sistemas Estadual e Nacional de Informações sobre Meio Ambiente;

IX – elaborar o Plano Diretor, observando os zoneamentos ambientais;

X – definir espaços territoriais e seus componentes a serem especialmente protegidos;

XI – promover e orientar a educação ambiental em todos os níveis de ensino e a conscientização pública para a proteção do meio ambiente;

XII – controlar a produção, a comercialização e o emprego de técnicas, métodos e substâncias que comportem risco para a vida, a qualidade de vida e o meio ambiente, na forma da lei;

XIII – exercer o controle e fiscalizar as atividades e empreendimentos cuja atribuição para licenciar ou autorizar, ambientalmente, for cometida ao Município;

XIV – observadas as atribuições dos demais entes federativos previstas nesta Lei Complementar, promover o licenciamento ambiental das atividades ou empreendimentos:

a) que causem ou possam causar impacto ambiental de âmbito local, conforme tipologia definida pelos respectivos Conselhos Estaduais de Meio Ambiente, considerados os critérios de porte, potencial poluidor e natureza da atividade; ou

b) localizados em unidades de conservação instituídas pelo Município, exceto em Áreas de Proteção Ambiental (APAs);

XV – observadas as atribuições dos demais entes federativos previstas nesta Lei Complementar, aprovar:

a) a supressão e o manejo de vegetação, de florestas e formações sucessoras em florestas públicas municipais e unidades de conservação instituídas pelo Município, exceto em Áreas de Proteção Ambiental (APAs); e

b) a supressão e o manejo de vegetação, de florestas e formações sucessoras em empreendimentos licenciados ou autorizados, ambientalmente, pelo Município.

Art. 10. São ações administrativas do Distrito Federal as previstas nos arts. 8º e 9º.

Art. 11. A lei poderá estabelecer regras próprias para atribuições relativas à autorização de manejo e supressão de vegetação, considerada a sua caracterização como vegetação primária ou secundária em diferentes estágios de regeneração, assim como a existência de espécies da flora ou da fauna ameaçadas de extinção.

Art. 12. Para fins de licenciamento ambiental de atividades ou empreendimentos utilizadores de recursos ambientais, efetiva ou potencialmente poluidores ou capazes, sob qualquer forma, de causar degradação ambiental, e para autorização de supressão e manejo de vegetação, o critério do ente federativo instituidor da unidade de conservação não será aplicado às Áreas de Proteção Ambiental (APAs).

Parágrafo único. A definição do ente federativo responsável pelo licenciamento e autorização a que se refere o *caput*, no caso das APAs, seguirá os critérios previstos nas alíneas "a", "b", "e", "f" e "h" do inciso XIV do art. 7º, no inciso XIV do art. 8º e na alínea "a" do inciso XIV do art. 9º.

Art. 13. Os empreendimentos e atividades são licenciados ou autorizados, ambientalmente, por um único ente federativo, em conformidade com as atribuições estabelecidas nos termos desta Lei Complementar.

§ 1º Os demais entes federativos interessados podem manifestar-se ao órgão responsável pela licença ou autorização, de maneira não vinculante, respeitados os prazos e procedimentos do licenciamento ambiental.

§ 2º A supressão de vegetação decorrente de licenciamentos ambientais é autorizada pelo ente federativo licenciador.

§ 3º Os valores alusivos às taxas de licenciamento ambiental e outros serviços afins devem guardar relação de proporcionalidade com o custo e a complexidade do serviço prestado pelo ente federativo.

Art. 14. Os órgãos licenciadores devem observar os prazos estabelecidos para tramitação dos processos de licenciamento.

§ 1º As exigências de complementação oriundas da análise do empreendimento ou atividade devem ser comunicadas pela autoridade licenciadora de uma única vez ao empreendedor, ressalvadas aquelas decorrentes de fatos novos.

§ 2º As exigências de complementação de informações, documentos ou estudos feitas pela autoridade licenciadora suspendem o prazo de aprovação, que continua a fluir após o seu atendimento integral pelo empreendedor.

§ 3º O decurso dos prazos de licenciamento, sem a emissão da licença ambiental, não implica emissão tácita nem autoriza a prática de ato que dela dependa ou decorra, mas instaura a competência supletiva referida no art. 15.

Licenciamento Ambiental

143

§ 4º A renovação de licenças ambientais deve ser requerida com antecedência mínima de 120 (cento e vinte) dias da expiração de seu prazo de validade, fixado na respectiva licença, ficando este automaticamente prorrogado até a manifestação definitiva do órgão ambiental competente.

Art. 15. Os entes federativos devem atuar em caráter supletivo nas ações administrativas de licenciamento e na autorização ambiental, nas seguintes hipóteses:

I – inexistindo órgão ambiental capacitado ou conselho de meio ambiente no Estado ou no Distrito Federal, a União deve desempenhar as ações administrativas estaduais ou distritais até a sua criação;

II – inexistindo órgão ambiental capacitado ou conselho de meio ambiente no Município, o Estado deve desempenhar as ações administrativas municipais até a sua criação; e

III – inexistindo órgão ambiental capacitado ou conselho de meio ambiente no Estado e no Município, a União deve desempenhar as ações administrativas até a sua criação em um daqueles entes federativos.

Art. 16. A ação administrativa subsidiária dos entes federativos dar-se-á por meio de apoio técnico, científico, administrativo ou financeiro, sem prejuízo de outras formas de cooperação.

Parágrafo único. A ação subsidiária deve ser solicitada pelo ente originariamente detentor da atribuição nos termos desta Lei Complementar.

Art. 17. Compete ao órgão responsável pelo licenciamento ou autorização, conforme o caso, de um empreendimento ou atividade, lavrar auto de infração ambiental e instaurar processo administrativo para a apuração de infrações à legislação ambiental cometidas pelo empreendimento ou atividade licenciada ou autorizada.

§ 1º Qualquer pessoa legalmente identificada, ao constatar infração ambiental decorrente de empreendimento ou atividade utilizadores de recursos ambientais, efetiva ou potencialmente poluidores, pode dirigir representação ao órgão a que se refere o *caput*, para efeito do exercício de seu poder de polícia.

§ 2º Nos casos de iminência ou ocorrência de degradação da qualidade ambiental, o ente federativo que tiver conhecimento do fato deverá determinar medidas para evitá-la, fazer cessá-la ou mitigá-la, comunicando imediatamente ao órgão competente para as providências cabíveis.

§ 3º O disposto no *caput* deste artigo não impede o exercício pelos entes federativos da atribuição comum de fiscalização da conformidade de empreendimentos e atividades efetiva ou potencialmente poluidores ou utilizadores de recursos naturais com a legislação ambiental em vigor, prevalecendo o auto de infração ambiental lavrado por órgão que detenha a atribuição de licenciamento ou autorização a que se refere o *caput*.

Capítulo IV
DISPOSIÇÕES FINAIS E TRANSITÓRIAS

Art. 18. Esta Lei Complementar aplica-se apenas aos processos de licenciamento e autorização ambiental iniciados a partir de sua vigência.

§ 1º Na hipótese de que trata a alínea "h" do inciso XIV do art. 7º, a aplicação desta Lei Complementar dar-se-á a partir da entrada em vigor do ato previsto no referido dispositivo.

§ 2º Na hipótese de que trata a alínea "a" do inciso XIV do art. 9º, a aplicação desta Lei Complementar dar-se-á a partir da edição da decisão do respectivo Conselho Estadual.

§ 3º Enquanto não forem estabelecidas as tipologias de que tratam os §§ 1º e 2º deste artigo, os processos de licenciamento e autorização ambiental serão conduzidos conforme a legislação em vigor.

Art. 19. O manejo e a supressão de vegetação em situações ou áreas não previstas nesta Lei Complementar dar-se-ão nos termos da legislação em vigor.

Art. 20. O art. 10 da Lei nº 6.938, de 31 de agosto de 1981, passa a vigorar com a seguinte redação:

"Art. 10. A construção, instalação, ampliação e funcionamento de estabelecimentos e atividades utilizadores de recursos ambientais, efetiva ou potencialmente poluidores ou capazes, sob qualquer forma, de causar degradação ambiental dependerão de prévio licenciamento ambiental.

§ 1º Os pedidos de licenciamento, sua renovação e a respectiva concessão serão publicados no jornal oficial, bem como em periódico regional ou local de grande circulação, ou em meio eletrônico de comunicação mantido pelo órgão ambiental competente.

§ 2º (Revogado).

§ 3º (Revogado).

§ 4º (Revogado)."

Art. 21. Revogam-se os §§ 2º, 3º e 4º do art. 10 e o § 1º do art. 11 da Lei nº 6.938, de 31 de agosto de 1981.

Art. 22. Esta Lei Complementar entra em vigor na data de sua publicação.

Brasília, 8 de dezembro de 2011; 190º da Independência e 123º da República.

DILMA ROUSSEFF

Francisco Gaetani

RESOLUÇÃO CONAMA nº 237, de 19 de dezembro de 1997

> Dispõe sobre a revisão e complementação dos procedimentos e critérios utilizados para o licenciamento ambiental

O CONSELHO NACIONAL DO MEIO AMBIENTE – CONAMA, no uso das atribuições e competências que lhe são conferidas pela Lei nº 6.938, de 31 de agosto de 1981, regulamentadas pelo Decreto nº 99.274, de 6 de junho de 1990, e tendo em vista o disposto em seu Regimento Interno, e Considerando a necessidade de revisão dos procedimentos e critérios utilizados no licenciamento ambiental, de forma a efetivar a utilização do sistema de licenciamento como instrumento de gestão ambiental, instituído pela Política Nacional do Meio Ambiente;

Considerando a necessidade de se incorporar ao sistema de licenciamento ambiental os instrumentos de gestão ambiental, visando o desenvolvimento sustentável e a melhoria contínua;

Considerando as diretrizes estabelecidas na Resolução CONAMA nº 11/94, que determina a necessidade de revisão no sistema de licenciamento ambiental;

Considerando a necessidade de regulamentação de aspectos do licenciamento ambiental estabelecidos na Política Nacional de Meio Ambiente que ainda não foram definidos;

Considerando a necessidade de ser estabelecido critério para exercício da competência para o licenciamento a que se refere o artigo 10 da Lei no 6.938, de 31 de agosto de 1981;

Considerando a necessidade de se integrar a atuação dos órgãos competentes do Sistema Nacional de Meio Ambiente – SISNAMA na execução da Política Nacional do Meio Ambiente, em conformidade com as respectivas competências, resolve:

Art. 1º Para efeito desta Resolução são adotadas as seguintes definições:

I – Licenciamento Ambiental: procedimento administrativo pelo qual o órgão ambiental competente licencia a localização, instalação, ampliação e a operação de empreendimentos e atividades utilizadoras de recursos ambientais, consideradas efetiva ou potencialmente poluidoras ou daquelas que, sob qualquer forma, possam causar degradação ambiental, considerando as disposições legais e regulamentares e as normas técnicas aplicáveis ao caso.

II – Licença Ambiental: ato administrativo pelo qual o órgão ambiental competente, estabelece as condições, restrições e medidas de controle ambiental que deverão ser obedecidas pelo empreendedor, pessoa física ou jurídica, para localizar, instalar, ampliar e operar empreendimentos ou atividades utilizadoras dos recursos ambientais consideradas efetiva ou potencialmente poluidoras ou aquelas que, sob qualquer forma, possam causar degradação ambiental.

III – Estudos Ambientais: são todos e quaisquer estudos relativos aos aspectos ambientais relacionados à localização, instalação, operação e ampliação de uma atividade ou empreendimento, apresentado como subsídio para a análise da licença requerida, tais como: relatório ambiental, plano e projeto de controle ambiental, relatório ambiental preliminar, diagnóstico ambiental, plano de manejo, plano de recuperação de área degradada e análise preliminar de risco.

IV – Impacto Ambiental Regional: é todo e qualquer impacto ambiental que afete diretamente (área de influência direta do projeto), no todo ou em parte, o território de dois ou mais Estados.

Art. 2º A localização, construção, instalação, ampliação, modifi cação e operação de empreendimentos e atividades utilizadoras de recursos ambientais consideradas efetiva ou potencialmente poluidoras, bem como os empreendimentos capazes, sob qualquer forma, de causar degradação ambiental, dependerão de prévio licenciamento do órgão ambiental competente, sem prejuízo de outras licenças legalmente exigíveis.

§ 1º Estão sujeitos ao licenciamento ambiental os empreendimentos e as atividades relacionadas no anexo 1, parte integrante desta Resolução.

§ 2º Caberá ao órgão ambiental competente definir os critérios de exigibilidade, o detalhamento e a complementação do anexo 1, levando em consideração as especificidades, os riscos ambientais, o porte e outras características do empreendimento ou atividade.

Art. 3º A licença ambiental para empreendimentos e atividades consideradas efetiva ou potencialmente causadoras de significativa degradação do meio dependerá de prévio estudo de impacto ambiental e respectivo relatório de impacto sobre o meio ambiente (EIA/RIMA), ao qual dar-se-á publicidade, garantida a realização de audiências públicas, quando couber, de acordo com a regulamentação.

Parágrafo único. O órgão ambiental competente, verificando que a atividade ou empreendimento não é potencialmente causador de significativa degradação do meio ambiente, definirá os estudos ambientais pertinentes ao respectivo processo de licenciamento.

Art. 4º Compete ao Instituto Brasileiro do Meio Ambiente e dos Recursos Naturais Renováveis – IBAMA, órgão executor do SISNAMA, o licenciamento ambiental a que se refere o artigo 10 da Lei nº 6.938, de 31 de agosto de 1981, de empreendimentos e atividades com signifi cativo impacto ambiental de âmbito nacional ou regional, a saber:

I – localizadas ou desenvolvidas conjuntamente no Brasil e em país limítrofe; no mar territorial; na plataforma continental; na zona econômica exclusiva; em terras indígenas ou em unidades de conservação do domínio da União.

II – localizadas ou desenvolvidas em dois ou mais Estados;

III – cujos impactos ambientais diretos ultrapassem os limites territoriais do País ou de um ou mais Estados;

IV – destinados a pesquisar, lavrar, produzir, beneficiar, transportar, armazenar e dispor material radioativo, em qualquer estágio, ou que utilizem energia nuclear em qualquer de suas formas e aplicações, mediante parecer da Comissão Nacional de Energia Nuclear – CNEN;

V – bases ou empreendimentos militares, quando couber, observada a legislação específica.

§ 1º O IBAMA fará o licenciamento de que trata este artigo após considerar o exame técnico procedido pelos órgãos ambientais dos Estados e Municípios em que se localizar a atividade ou empreendimento, bem como, quando couber, o parecer dos demais órgãos competentes da União, dos Estados, do Distrito Federal e dos Municípios, envolvidos no procedimento de licenciamento.

§ 2º O IBAMA, ressalvada sua competência supletiva, poderá delegar aos Estados o licenciamento de atividade com significativo impacto ambiental de âmbito regional, uniformizando, quando possível, as exigências.

Art. 5º Compete ao órgão ambiental estadual ou do Distrito Federal o licenciamento ambiental dos empreendimentos e atividades:

I – localizados ou desenvolvidos em mais de um Município ou em unidades de conservação de domínio estadual ou do Distrito Federal;

II – localizados ou desenvolvidos nas florestas e demais formas de vegetação natural de preservação permanente relacionadas no artigo 2o da Lei nº 4.771, de 15 de setembro de 1965, e em todas as que assim forem consideradas por normas federais, estaduais ou municipais;

III – cujos impactos ambientais diretos ultrapassem os limites territoriais de um ou mais Municípios;

Licenciamento Ambiental

IV – delegados pela União aos Estados ou ao Distrito Federal, por instrumento legal ou convênio.

Parágrafo único. O órgão ambiental estadual ou do Distrito Federal fará o licenciamento de que trata este artigo após considerar o exame técnico procedido pelos órgãos ambientais dos Municípios em que se localizar a atividade ou empreendimento, bem como, quando couber, o parecer dos demais órgãos competentes da União, dos Estados, do Distrito Federal e dos Municípios, envolvidos no procedimento de licenciamento.

Art. 6º Compete ao órgão ambiental municipal, ouvidos os órgãos competentes da União, dos Estados e do Distrito Federal, quando couber, o licenciamento ambiental de empreendimentos e atividades de impacto ambiental local e daquelas que lhe forem delegadas pelo Estado por instrumento legal ou convênio.

Art. 7º Os empreendimentos e atividades serão licenciados em um único nível de competência, conforme estabelecido nos artigos anteriores.

Art. 8º O Poder Público, no exercício de sua competência de controle, expedirá as seguintes licenças:

I – Licença Prévia (LP) – concedida na fase preliminar do planejamento do empreendimento ou atividade aprovando sua localização e concepção, atestando a viabilidade ambiental e estabelecendo os requisitos básicos e condicionantes a serem atendidos nas próximas fases de sua implementação;

II – Licença de Instalação (LI) – autoriza a instalação do empreendimento ou atividade de acordo com as especificações constantes dos planos, programas e projetos aprovados, incluindo as medidas de controle ambiental e demais condicionantes, da qual constituem motivo determinante;

III – Licença de Operação (LO) – autoriza a operação da atividade ou empreendimento, após a verificação do efetivo cumprimento do que consta das licenças anteriores, com as medidas de controle ambiental e condicionantes determinados para a operação.

Parágrafo único. As licenças ambientais poderão ser expedidas isolada ou sucessivamente, de acordo com a natureza, características e fase do empreendimento ou atividade.

Art. 9º O CONAMA definirá, quando necessário, licenças ambientais específicas, observadas a natureza, características e peculiaridades da atividade ou empreendimento e, ainda, a compatibilização do processo de licenciamento com as etapas de planejamento, implantação e operação.

Art. 10. O procedimento de licenciamento ambiental obedecerá às seguintes etapas:

I – Definição pelo órgão ambiental competente, com a participação do empreendedor, dos documentos, projetos e estudos ambientais, necessários ao início do processo de licenciamento correspondente à licença a ser requerida;

II – Requerimento da licença ambiental pelo empreendedor, acompanhado dos documentos, projetos e estudos ambientais pertinentes, dando-se a devida publicidade;

III – Análise pelo órgão ambiental competente, integrante do SISNAMA , dos documentos, projetos e estudos ambientais apresentados e a realização de vistorias técnicas, quando necessárias;

IV – Solicitação de esclarecimentos e complementações pelo órgão ambiental competente integrante do SISNAMA, uma única vez, em decorrência da análise dos documentos, projetos e estudos ambientais apresentados, quando couber, podendo haver a reiteração da mesma solicitação caso os esclarecimentos e complementações não tenham sido satisfatórios;

V – Audiência pública, quando couber, de acordo com a regulamentação pertinente;

VI – Solicitação de esclarecimentos e complementações pelo órgão ambiental competente, decorrentes de audiências públicas, quando couber, podendo haver reiteração da solicitação quando os esclarecimentos e complementações não tenham sido satisfatórios;

VII – Emissão de parecer técnico conclusivo e, quando couber, parecer jurídico;

VIII – Deferimento ou indeferimento do pedido de licença, dando-se a devida publicidade.

§ 1º No procedimento de licenciamento ambiental deverá constar, obrigatoriamente, a certidão da Prefeitura Municipal, declarando que o local e o tipo de empreendimento ou atividade estão em conformidade com a legislação aplicável ao uso e ocupação do solo e, quando for o caso, a autorização para supressão de vegetação e a outorga para o uso da água, emitidas pelos órgãos competentes.

§ 2º No caso de empreendimentos e atividades sujeitos ao estudo de impacto ambiental – EIA, se verificada a necessidade de nova complementação em decorrência de esclarecimentos já prestados, conforme incisos IV e VI, o órgão ambiental competente, mediante decisão motivada e com a participação do empreendedor, poderá formular novo pedido de complementação.

Art. 11. Os estudos necessários ao processo de licenciamento deverão ser realizados por profissionais legalmente habilitados, às expensas do empreendedor.

Parágrafo único. O empreendedor e os profissionais que subscrevem os estudos previstos no caput deste artigo serão responsáveis pelas informações apresentadas, sujeitando-se às sanções administrativas, civis e penais.

Art. 12. O órgão ambiental competente definirá, se necessário, procedimentos específicos para as licenças ambientais, observadas a natureza, características e peculiaridades da atividade ou empreendimento e, ainda, a compatibilização do processo de licenciamento com as etapas de planejamento, implantação e operação.

§ 1º Poderão ser estabelecidos procedimentos simplificados para as atividades e empreendimentos de pequeno potencial de impacto ambiental, que deverão ser aprovados pelos respectivos Conselhos de Meio Ambiente.

§ 2º Poderá ser admitido um único processo de licenciamento ambiental para pequenos empreendimentos e atividades similares e vizinhos ou para aqueles integrantes de planos de desenvolvimento aprovados, previamente, pelo órgão governamental competente, desde que definida a responsabilidade legal pelo conjunto de empreendimentos ou atividades.

§ 3º Deverão ser estabelecidos critérios para agilizar e simplificar os procedimentos de licenciamento ambiental das atividades e empreendimentos que implementem planos e programas voluntários de gestão ambiental, visando a melhoria contínua e o aprimoramento do desempenho ambiental.

Art. 13. O custo de análise para a obtenção da licença ambiental deverá ser estabelecido por dispositivo legal, visando o ressarcimento, pelo empreendedor, das despesas realizadas pelo órgão ambiental competente.

Parágrafo único. Facultar-se-á ao empreendedor acesso à planilha de custos realizados pelo órgão ambiental para a análise da licença.

Art. 14. O órgão ambiental competente poderá estabelecer prazos de análise diferenciados para cada modalidade de licença (LP, LI e LO), em função das peculiaridades da atividade ou empreendimento, bem como para a formulação de exigências complementares, desde que observado o prazo máximo de 6 (seis) meses a contar do ato de protocolar o requerimento até seu deferimento ou indeferimento, ressalvados os casos em que houver EIA/RIMA e/ou audiência pública, quando o prazo será de até 12 (doze) meses.

§ 1º A contagem do prazo previsto no caput deste artigo será suspensa durante a elaboração dos estudos ambientais complementares ou preparação de esclarecimentos pelo empreendedor.

§ 2º Os prazos estipulados no caput poderão ser alterados, desde que justificados e com a concordância do empreendedor e do órgão ambiental competente.

Art. 15. O empreendedor deverá atender à solicitação de esclarecimentos e complementações, formuladas pelo órgão ambiental competente, dentro do prazo máximo de (quatro) meses, a contar do recebimento da respectiva notificação Parágrafo único. O prazo estipulado no caput poderá ser prorrogado, desde que justificado e com a concordância do empreendedor e do órgão ambiental competente.

Art. 16. O não cumprimento dos prazos estipulados nos artigos 14 e 15, respectivamente, sujeitará o licenciamento à ação do órgão que detenha competência para atuar supletivamente e o empreendedor ao arquivamento de seu pedido de licença.

Licenciamento Ambiental

Art. 17. O arquivamento do processo de licenciamento não impedirá a apresentação de novo requerimento de licença, que deverá obedecer aos procedimentos estabelecidos no artigo 10, mediante novo pagamento de custo de análise.

Art. 18. O órgão ambiental competente estabelecerá os prazos de validade de cada tipo de licença, especificando-os no respectivo documento, levando em consideração os seguintes aspectos:

I – O prazo de validade da Licença Prévia (LP) deverá ser, no mínimo, o estabelecido pelo cronograma de elaboração dos planos, programas e projetos relativos ao empreendimento ou atividade, não podendo ser superior a 5 (cinco) anos.

II – O prazo de validade da Licença de Instalação (LI) deverá ser, no mínimo, o estabelecido pelo cronograma de instalação do empreendimento ou atividade, não podendo ser superior a 6 (seis) anos.

III – O prazo de validade da Licença de Operação (LO) deverá considerar os planos de controle ambiental e será de, no mínimo, 4 (quatro) anos e, no máximo, 10 (dez) anos.

§ 1º A Licença Prévia (LP) e a Licença de Instalação (LI) poderão ter os prazos de validade prorrogados, desde que não ultrapassem os prazos máximos estabelecidos nos incisos I e II.

§ 2º O órgão ambiental competente poderá estabelecer prazos de validade específicos para a Licença de Operação (LO) de empreendimentos ou atividades que, por sua natureza e peculiaridades, estejam sujeitos a encerramento ou modificação em prazos inferiores.

§ 3º Na renovação da Licença de Operação (LO) de uma atividade ou empreendimento, o órgão ambiental competente poderá, mediante decisão motivada, aumentar ou diminuir o seu prazo de validade, após avaliação do desempenho ambiental da atividade ou empreendimento no período de vigência anterior, respeitados os limites estabelecidos no inciso III.

§ 4º A renovação da Licença de Operação (LO) de uma atividade ou empreendimento deverá ser requerida com antecedência mínima de 120 (cento e vinte) dias da expiração de seu prazo de validade, fixado na respectiva licença, ficando este automaticamente prorrogado até a manifestação definitiva do órgão ambiental competente.

Art. 19. O órgão ambiental competente, mediante decisão motivada, poderá modificar os condicionantes e as medidas de controle e adequação, suspender ou cancelar uma licença expedida, quando ocorrer:

I – violação ou inadequação de quaisquer condicionantes ou normas legais;

II – omissão ou falsa descrição de informações relevantes que subsidiaram a expedição da licença;

III – superveniência de graves riscos ambientais e de saúde.

Art. 20. Os entes federados, para exercerem suas competências licenciatórias, deverão ter implementados os Conselhos de Meio Ambiente, com caráter deliberativo e participação social e, ainda, possuir em seus quadros ou a sua disposição profissionais legalmente habilitados.

Art. 21. Esta Resolução entra em vigor na data de sua publicação, aplicando seus efeitos aos processos de licenciamento em tramitação nos órgãos ambientais competentes, revogadas as disposições em contrário, em especial os artigos 3º e 7º da Resolução CONAMA nº 1, de 23 de janeiro de 1986.

GUSTAVO KRAUSE GONÇALVES SOBRINHO – Presidente do Conselho

RAIMUNDO DEUSDARÁ FILHO – Secretário-Executivo

Anexo 1
ATIVIDADES OU EMPREENDIMENTOS SUJEITAS AO LICENCIAMENTO AMBIENTAL

- Extração e tratamento de minerais
- pesquisa mineral com guia de utilização
- lavra a céu aberto, inclusive de aluvião, com ou sem beneficiamento
- lavra subterrânea com ou sem beneficiamento

- lavra garimpeira
- perfuração de poços e produção de petróleo e gás natural

Indústria de produtos minerais não metálicos

- beneficiamento de minerais não metálicos, não associados à extração
- fabricação e elaboração de produtos minerais não metálicos tais como: produção de material cerâmico, cimento, gesso, amianto e vidro, entre outros.

Indústria metalúrgica

- fabricação de aço e de produtos siderúrgicos
- produção de fundidos de ferro e aço / forjados / arames / relaminados com ou sem tratamento de superfície, inclusive galvanoplastia
- metalurgia dos metais não-ferrosos, em formas primárias e secundárias, inclusive ouro
- produção de laminados / ligas / artefatos de metais não-ferrosos com ou sem tratamento de su perfície, inclusive galvanoplastia
- relaminação de metais não-ferrosos , inclusive ligas
- produção de soldas e anodos
- metalurgia de metais preciosos
- metalurgia do pó, inclusive peças moldadas
- fabricação de estruturas metálicas com ou sem tratamento de superfície, inclusive galvanoplastia
- fabricação de artefatos de ferro / aço e de metais não-ferrosos com ou sem tratamento de super fície, inclusive galvanoplastia
- têmpera e cementação de aço, recozimento de arames, tratamento de superfície

Indústria mecânica

- fabricação de máquinas, aparelhos, peças, utensílios e acessórios com e sem tratamento térmico e/ou de superfície

Indústria de material elétrico, eletrônico e comunicações.

- fabricação de pilhas, baterias e outros acumuladores
- fabricação de material elétrico, eletrônico e equipamentos para telecomunicação e informática
- fabricação de aparelhos elétricos e eletrodomésticos

Indústria de material de transporte

- fabricação e montagem de veículos rodoviários e ferroviários, peças e acessórios
- fabricação e montagem de aeronaves
- fabricação e reparo de embarcações e estruturas flutuantes

Indústria de madeira

- serraria e desdobramento de madeira
- preservação de madeira
- fabricação de chapas, placas de madeira aglomerada, prensada e compensada
- fabricação de estruturas de madeira e de móveis

Indústria de papel e celulose

- fabricação de celulose e pasta mecânica
- fabricação de papel e papelão
- fabricação de artefatos de papel, papelão, cartolina, cartão e fibra prensada

Indústria de borracha
- beneficiamento de borracha natural
- fabricação de câmara de ar e fabricação e recondicionamento de pneumáticos
- fabricação de laminados e fios de borracha
- fabricação de espuma de borracha e de artefatos de espuma de borracha, inclusive látex

Indústria de couros e peles
- secagem e salga de couros e peles
- curtimento e outras preparações de couros e peles
- fabricação de artefatos diversos de couros e peles
- fabricação de cola animal

Indústria química
- produção de substâncias e fabricação de produtos químicos
- fabricação de produtos derivados do processamento de petróleo, de rochas betuminosas e da madeira
- fabricação de combustíveis não derivados de petróleo
- produção de óleos/gorduras/ceras vegetais-animais/óleos essenciais vegetais e outros produtos da destilação da madeira
- fabricação de resinas e de fibras e fios artificiais e sintéticos e de borracha e látex sintéticos
- fabricação de pólvora/explosivos/detonantes/munição para caça-desporto, fósforo de segurança e artigos pirotécnicos
- recuperação e refino de solventes, óleos minerais, vegetais e animais
- fabricação de concentrados aromáticos naturais, artificiais e sintéticos
- fabricação de preparados para limpeza e polimento, desinfetantes, inseticidas, germicidas e fungicidas
- fabricação de tintas, esmaltes, lacas, vernizes, impermeabilizantes, solventes e secantes
- fabricação de fertilizantes e agroquímicos
- fabricação de produtos farmacêuticos e veterinários
- fabricação de sabões, detergentes e velas
- fabricação de perfumarias e cosméticos
- produção de álcool etílico, metanol e similares

Indústria de produtos de matéria plástica
- fabricação de laminados plásticos
- fabricação de artefatos de material plástico

Indústria têxtil, de vestuário, calçados e artefatos de tecidos
- beneficiamento de fibras têxteis, vegetais, de origem animal e sintéticos
- fabricação e acabamento de fios e tecidos
- tingimento, estamparia e outros acabamentos em peças do vestuário e artigos diversos de tecidos
- fabricação de calçados e componentes para calçados

Indústria de produtos alimentares e bebidas
- beneficiamento, moagem, torrefação e fabricação de produtos alimentares
- matadouros, abatedouros, frigoríficos, charqueadas e derivados de origem animal

- fabricação de conservas
- preparação de pescados e fabricação de conservas de pescados
- preparação, beneficiamento e industrialização de leite e derivados
- fabricação e refinação de açúcar
- refino / preparação de óleo e gorduras vegetais
- produção de manteiga, cacau, gorduras de origem animal para alimentação
- fabricação de fermentos e leveduras
- fabricação de rações balanceadas e de alimentos preparados para animais
- fabricação de vinhos e vinagre
- fabricação de cervejas, chopes e maltes
- fabricação de bebidas não alcoólicas, bem como engarrafamento e gaseificação de águas minerais
- fabricação de bebidas alcoólicas

Indústria de fumo
- fabricação de cigarros/charutos/cigarrilhas e outras atividades de beneficiamento do fumo

Indústrias diversas
- usinas de produção de concreto
- usinas de asfalto
- serviços de galvanoplastia

Obras civis
- rodovias, ferrovias, hidrovias, metropolitanos
- barragens e diques
- canais para drenagem
- retificação de curso de água
- abertura de barras, embocaduras e canais
- transposição de bacias hidrográficas
- outras obras de arte

Serviços de utilidade
- produção de energia termoelétrica
- transmissão de energia elétrica
- estações de tratamento de água
- interceptores, emissários, estação elevatória e tratamento de esgoto sanitário
- tratamento e destinação de resíduos industriais (líquidos e sólidos)
- tratamento/disposição de resíduos especiais tais como: de agroquímicos e suas embalagens usadas e de serviço de saúde, entre outros
- tratamento e destinação de resíduos sólidos urbanos, inclusive aqueles provenientes de fossas
- dragagem e derrocamentos em corpos d'água
- recuperação de áreas contaminadas ou degradadas

Transporte, terminais e depósitos
- transporte de cargas perigosas
- transporte por dutos
- marinas, portos e aeroportos

Licenciamento Ambiental

- terminais de minério, petróleo e derivados e produtos químicos
- depósitos de produtos químicos e produtos perigosos

Turismo

- complexos turísticos e de lazer, inclusive parques temáticos e autódromos

Atividades diversas

- parcelamento do solo
- distrito e pólo industrial

Atividades agropecuárias

- projeto agrícola
- criação de animais
- projetos de assentamentos e de colonização

Uso de recursos naturais

- silvicultura
- exploração econômica da madeira ou lenha e subprodutos florestais
- atividade de manejo de fauna exótica e criadouro de fauna silvestre
- utilização do patrimônio genético natural
- manejo de recursos aquáticos vivos
- introdução de espécies exóticas e/ou geneticamente modificadas
- uso da diversidade biológica pela biotecnologia

Impressão:
Evangraf
Rua Waldomiro Schapke, 77 - POA/RS
Fone: (51) 3336.2466 - (51) 3336.0422
E-mail: evangraf.adm@terra.com.br